# 增长的质量

## （第二版）

（印）维诺德·托马斯、王燕 著
张绘、唐仲、林渊 译

中国财经出版传媒集团
中国财政经济出版社

**图书在版编目（CIP）数据**

增长的质量／（印）维诺德·托马斯，王燕著；张绘，唐仲，林渊译．—北京：中国财政经济出版社，2017.4

ISBN 978－7－5095－7355－6

Ⅰ.①增…　Ⅱ.①维…②张…③唐…④林…　Ⅲ.①世界经济－经济增长－研究　Ⅳ.①F113.4

中国版本图书馆CIP数据核字（2017）第051963号

责任编辑：吴　敏　　责任校对：徐艳丽
封面设计：孙俪铭　　版式设计：录文通

中国财政经济出版社出版

**URL**：http：//www.cfeph.cn

E－mail：cfeph@cfeph.cn



社址：北京市海淀区阜成路甲28号　邮政编码：100142

营销中心电话：88190406　北京财经书店电话：64033436　84041336

北京财经印刷厂印刷　各地新华书店经销

787×1092毫米　16开　11印张　222 000字

2017年8月第1版　2017年8月北京第1次印刷

定价：38.00元

ISBN 978－7－5095－7355－6

图字：01－2017－4450

（图书出现印装问题，本社负责调换）

本社质量投诉电话：010－88190744

# 第二版前言

《增长的质量》于2000年出版，是世界银行千禧丛书之一，曾被译为10种语言在多国出版。在世纪之交，世界盘点着发展的成就和挑战，并重新思考发展的本质。16年过去了，发展面临着新的挑战，发展方法需要新的思维。经修订的第二版审视了这些挑战，并着眼于提高经济增长模式质量，特别是在环境和社会的可持续性以及更好的治理等方面的进步与否尤其关注。

新兴市场经济体占全球国内生产总值（GDP）增长的60%以上。过去的七年中，单单中国就占了全球经济增长的30%。自2008年全球金融危机爆发以来，世界经济经历了大萧条以来最艰难的复苏。大多数工业化国家仍然没有摆脱困境，事实上，还面临新的危机和不确定性。像工业化国家一样，新兴市场经济体也遭遇了经济放缓。

本书传递的信息与这一变化的全球环境息息相关，而这也促使了《增长的质量》第二版的问世。本次更新和修订的对象是中国读者。在2000年版中，我们在序言里说："我们本着征求意见和评价的精神，将本书献给中国读者。我们相信，在实现普遍增长和减少贫困方面，他们最有资格提供做什么和不做什么的反馈意见"。这一声明现在依然是有效的。

本书不仅与中国，也与其他新兴市场经济体高度相关，特别是巴西和印度。重申这些信息是适时的，原因有三点：

首先，最近一段时间，"增长的质量"这个短语经常在领导人的政策演讲、政府文件和学术著作中出现。然而，增长质量的组成部分却仍然没有得到很好的理解。它的一些最重要的元素（例如，改善治理，反腐败，制度的质量，实施法律、法规的能力）在决策者和研究界对增长质量的讨论和陈述中显然是缺失的。

其次，本书探讨的主题往往会在增长和发展的讨论中被忽视。这些主题包括穷人拥有的三种至关重要的资产（人力、自然与实物资本）；机会，特别是教育机会的分配；环境保护和生活质量；良好的治理和反腐败的重要性。较之短期的宏观经济管理或总需求，我们更关注会影响供应面和生产率增长的长期结构性改革。

通过从定量和定性两方面观察经济增长过程，我们强调发展的三条关键原则：（1）国家应该关注所有的资产，投资实物和人力资本，保护自然资本；（2）强调分配的重要性，注重教育、卫生健康和机会的更平等分配；（3）强调良好治理的制度框架，包括打击腐败的措施。

再次，相比在2000年时，这些信息在当今与中国更相关了，但中国学者对这些主题所做的研究和分析太少。事实上，关于增长质量的讨论仍然被视为一个独立的概念，而非一个统一的经济和发展框架的一部分。特别是在治理和反腐败问题的分析上有很大的差距。

在本修订版中，我们采用增长质量的框架，并将国际经验带入中国的背景中。修订遵循以下标准：（1）保留与中国读者最相关的信息，但我们尽量更新了图表；（2）腐败等敏感问题的国际经验，但注意到中国的数据可能无法获得；（3）增加了2008年关于基于增长质量的财政政策的分析；（4）删除了2000年版中关于1997～1998年亚洲金融危机的章节；关于2008年的全球金融和经济危机替代了这些讨论；（5）加入了新的概述和结论，使这一版更符合中国读者的需求。

我们在此感谢世界银行驻华代表处的郝福满（Bert Hofman）和李莉给予的大力支持；感谢亚洲开发银行的Jonathaniel Principe和Hans van Rijn以及Josephine Jacinto Aquino，世界银行的Nalin Kishor所作的贡献；感谢中国国际扶贫中心的王小林；感谢王立敏提供的新材料；感谢Dani Kaufmann，Nalin Kishor，Ramon E. Lopez和其他作者增添的新数据；感谢乔治·华盛顿大学的研究助理陈春旭、张丰和张骊菲。

**维诺德·托马斯、王燕**

# 目 录

## 图

## 表



## 专栏



## 专栏图

**专栏表**



**附录**

# 概　述

当国际社会在21世纪伊始评估发展的进步和未来的挑战时，经济增长的质量是一个主要的谈论焦点。当时，环境可持续和更具包容性的增长等新出现的议题得到了重点关注，提供对实现平衡和持续增长至关重要的公共产品，并有助减少贫困的良好治理的重要性也同样备受瞩目。16年过去了，各国和他们的发展伙伴应对这些挑战的需求比以往任何时候都更为迫切。经济增长依然是发展的核心，但是，正如本书所说的，重要的不仅仅是经济增长的步伐。增长的质量——稳定、持续，并让所有收入阶层受益的增长——也同样重要，因为增长的来源和模式共同塑造了发展的成果。

令人瞩目的发展成果已经在发展中世界的许多地方实现，但是这些国家现在却面临停滞和挫折，其中一些国家直到2008年全球金融危机和经济衰退前都拥有着长期而稳定的增长率。由于主要发达经济体的复苏停滞以及新兴和发展中国家的增长急剧放缓，2016年年初的经济前景并不乐观。国际货币基金组织（IMF）和世界银行都下调了其2016年经济增长预期，并于此前警告全球经济正进入“新平庸”（new mediocre）状态。不仅增长的速度受到危机和复苏疲软的影响，增长的质量也处于非常危险的境地。

发展中国家面临如何在迅速变化的全球环境中保持进步的困境：收入差距日益扩大，环境恶化和气候变化失控，全球金融市场一体化使发展中国家面对外部冲击更加脆弱，并且国际贸易明显放缓。经济的持续增长将需要各国寻找新的增长动力，同时从现有产业中获得更多支持。

在这些不确定的时刻，仍然拥有大量贫困人口的发展中国家可能会被诱惑于专注增长的数量，以减少贫困和提供其他发展收益，而放松对增长质量的关注。毕竟在20世纪80年代和90年代大部分时间，相较于世界上其他中等增长率的国家，亚洲的高增长率在减少贫困方面取得了更显著的进展。在2000年本书首次出版时，这样的论调被批判性地提出，以反对本书的中心思想：增长的数量和质量同样重要，它们相辅相成，促进持续进步。但数量与质量的对立是一个错误的二分法，以数量为导向的政策在过去提供了强劲的增长，但如果今天依然采用这样的政策，则可能造成灾难性的后果。我们只需要看看亚洲为其增长付出的高昂代价便知一二：环境恶化及不断扩大的收入和非收入不平等——这些问题正是各国目前试图解决的问题。

提高增长质量需要政府、捐助者和私营部门大力投资贫困人口的人力资本。目前，由于财富和性别差距、市场失灵及政策的扭曲，该领域投资严重不足。本书 2000 年版认为，增长的质量之所以至关重要，原因有三点。首先，它通过推动教育和卫生保健的平等分配，以及改善环境和保护自然资源，来促进经济机会和提高福祉。教育和卫生领域明显的不平等现象仍在持续，使得数以百万计的人口无法获得改善生活的机会。其次，当质量成为增长等式的一部分时，增长的速度也会变得不易波动且更可持续。这对贫困人口有巨大的影响，他们在贸易和投资的外部冲击、人口压力、自然资源退化以及气候变化面前更为脆弱。再次，注重质量的经济能更好地处理困难的权衡问题，诸如补贴实物资本的诱惑，或为促进增长对自然资本的过度开发。

增长的质量与数量在政策组合中同等重要，发展中国家政府对这一点的认识达到何种程度是有争议的。自本书的第一版问世以来，情况已经发生了变化，对更高增长质量的追求现已成为公众的共识。普通人比以往任何时候都更清醒地意识到，他们的生计和生活方式因（国家内部和国家之间的）机会分配的不平等、长期忽视环境保护以及低劣的治理结构和腐败而受到影响。北京和德里日益严重的空气污染导致越来越多的公众反对“不惜任何代价的增长”（当然，这些反对诉求与在 2015 年第 21 次缔约方会议上所承诺的气候变化应对行动，以及可持续发展目标中的创造就业目标是一致的）。因此，提高人们对更高质量增长需求的意识不再是一个问题。问题是在供给方面，并没有一个关于如何实现有质量增长的共识，实现高质量增长的政策建议和监管框架亟待更全面的理解。

为此，本书的第二版对提高人们对质量重要性认识的议题一笔带过，将重点放在可能实现有质量增长的政策行动上。除了更新作为证据的数据之外，增加了一个新的章节用来审视与高品质的增长相关的财政政策（第 5 章）。在促进机会分配均等的社会和教育政策及促进增长过程质量的建议行动方面也有新的资料。

## 发展的成就和增长的进程

发展就是改善人民的生活质量，就是提高他们构建自己的未来的能力。这通常需要提高人均收入，但它还涉及更多的内容：更平等的教育和工作机会，更高水平的性别平等，更好的健康和营养状况，更清洁和可持续度更高的自然环境，更公正的司法体系，更广泛的公民和政治自由以及更丰富的文化生活。随着人均收入的提高，有些问题得到了不同程度的改善，但有些则不然。如何才能影响增长的进程，以使发展成就中的质量问题也得以改善呢？本书带着这个问题探讨了更快和更好的经济增长。

包括《贫困人口的呼声：能倾听我们的意见吗?》（*Voices of the Poor*：*Can Anyone Hear Us*，Narayan 等，2000）在内的一系列研究指出，提高收入只是减贫的一部分。减贫还包括更高程度的安全保障和更具可持续性的环境。过去十年的经验和贫困人口的呼声就是重视这些质量因素的充分缘由。

发展机构正在扩大对贫困和福利的传统定义。除了家庭或个人收入外，福利还包括机会，其评估标准是市场和投资的正常运转以及健康和教育的改善。它还包括安全保障，这反映在应对经济和有形冲击时脆弱性的下降上。它也包括赋权，其评估标准是社会包容性和个人意见的表述。福利还包括可持续性，其表现为对环境、自然资源和生物多样性的保护。

经济增长与减贫正相关。然而自 2008 年以来，增长的表现令人失望。发达经济体实现了每年增长 1% ~2%，而新兴市场和发展中经济体的增长率则各不相同。2016 年，新兴市场和发展中经济体的大宗商品出口增长率预计为 0.4%，远低于世界银行在 2016 年年初预计的 1.6%。相较而言，新兴市场和发展中经济体的大宗商品进口量在 2016 年预计将增长 5.8%，而 2017 年这个数字为 5.7%（World Bank，2016）。

世界达到了从 2000 年到 2015 年减少一半贫困人口的千年发展目标。全世界每天生活费等于或低于 1.9 美元的人口大幅下降，按照最新估计，这部分人口在 2012 年时的占比为 12.7%，而在 1990 年时的占比为 37%，1981 年时的占比为 44%。即使如此，全球处于极端贫困水平的人口数依然相当高。尽管过去 30 年内贫困人口急剧减少，但在 2012 年仍有 8.96 亿人口处于每天 1.9 美元以下的生活水平（World Bank，2016）。

与增长相关的减贫状况差异巨大，社会进步和福利改善也如此，不论是在教育、医疗卫生、表达意见或者参与方面，差异都很明显（第 1 章）。然而，在测算增长对福利改善的贡献时，测算结果大不相同，这表明必须直接关注福利的可持续进步以及增长形成的方式是非常重要的。影响发展结局的是增长进程的质量，而不仅仅是速度——正如影响人类健康和预期寿命的是饮食质量，而不仅是食品数量一样。这就是探讨构成增长各因素间复杂的相互作用之所以必要的原因。

在注重增长进程的质量特性的发展中国家和工业化国家中，增长的速度更具有可持续性。的确，在经济增长和社会及环境问题的改善之间存在着一种双向的联系。例如，注重环境的可持续性有助于形成更可持续的增长，在那些增长率起伏不定和消极影响对贫困人口尤其显著的地方更是如此。这表明稳定的增长率优于“停顿—再启动”的增长，尽管这种启动可能包括短期的快速增长。随着各国逐步用尽通过市场改革来提高增长率的所有可行方案，支持长期经济增长的质量因素变得越来越重要。

增长进程中的这些维度通常会在良性循环中发生积极的相互作用，但在数量和质量之间也会存在难以权衡取舍的因素。迅速和短暂的增长依赖于某种扭曲的政策，如对资本的补贴、忽视环境外部性以及有倾向性的公共支出配置，这样的增长实际上会断送未来更具可持续性的增长。更加难以纠正的是增长与环境和社会可持续性发生矛盾的情形，两者都是直接推动发展的因素。要想实现可持续的福利改善，解决好这些质量问题是基本前提。

那么，什么是增长的质量呢？作为增长速度的补充，它是指构成增长进程的关键性内容。各国的经验表明了此类问题的重要性：机会的分配，环境的可持续性，公共财政的管理以及良好治理结构的构建。它们不仅直接贡献于发展的成果，而且还会扩大增长对这些成果产生的影响。这些问题也和增长与环境或社会可持续性之间可能的矛盾密切相关。这些政策与机构的混合体如何塑造增长的进程，这正是本书的焦点所在。

## 发展的原则

把发展进程的数量和质量放在一起看，发展中国家和工业化国家应注意四条重要原则：

- 关注于所有的资产：实物资本、人力资本和自然资本。
- 时时关注分配方面的问题。
- 实施有助于更高增长质量的财政政策。
- 重视良好治理的制度框架。

### 主要资产

广而论之，事关发展的资产是实物资本、人力资本和自然资本，虽然影响这些资本使用情况的技术进步同样重要。为了提高增长率，人们长期以来关注的是实物资本的积累。但其他资产，如人力（及社会）资本和自然（及环境）资本也应予以关注（见专栏0.1）。这些资产对贫困人口来说也是至关重要的，这些资产的积累、技术进步和生产力与实物资本的积累一起，决定了对贫困的长期影响。

**专栏0.1　　资产的积累、经济增长和福利**

图B0.1简单勾画出了人力（H）、自然（R）和实物资本（K）是如何为经济增长和福利做贡献的。实物资本通过经济增长为福利做贡献，而人力（和社会）资本和自然（及环境）资本不仅作用于经济增长，同时也是福利的直接组成部分。

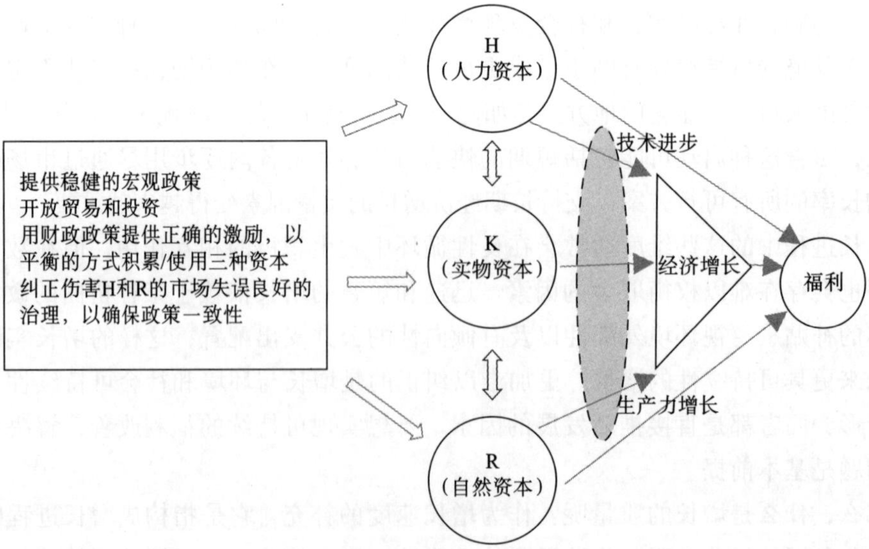


**图B0.1　增长质量的框架**

资料来源：基于Thomas等人的研究（2000）。

人力和自然资本通过提高实物资本收益，同样为实物资本的积累作出贡献。实物资本也能增加人力和自然资本的收益并促进其积累。除此之外，对实物、人力和自然资本的投资与众多政策改革一起，推动了技术进步和全要素生产率的增长，进而促进了经济增长（第2章）。

但政策扭曲、腐败、不良治理、市场失灵和外部性都会使国家走上扭曲或失衡的资本积累之路。这将使收入增长和福利改善低于其潜在水平。更具体地说，它会导致全要素生产率的降低和以下领域的投资不足：

- 由于贿赂和繁琐的办事程序，投资的盈利程度降低，或对实物资本配置的扭曲，如使投资流向某些有利可图的合同，致使生产性实物资本投资不足。
- 由于优先军事和大型基础设施等领域的发展以及减少用于人力资本发展的公共支出，致使人力资本投资不足。
- 由于旨在维系自然资源的税收、特许权和规章制度被削弱，致使对自然资本的投资不足。

扭曲、市场失灵、隐性政府担保以及监管不足会引起：

- 对实物资本投资过度或重复浪费的投资，其途径是通过担保来提高某些实物资本的营利性，而这样的担保会影响银行、公司和投资者承担风险的行为；或压低某些自然资源（如土地）的价值。
- 压低资产价格和减少对相关资产的投入，会导致人力资本和自然资本投资不足。

这些政策扭曲影响着相对实物资本的人力和自然资本的积累，这种影响会降低增长和福利水平。反之，如能控制腐败且加强治理，无扭曲的政策将能促进资产的积累，从而有利于加快增长的速度（第6章）。通过消除政策扭曲，促进良好治理，解决市场失灵和外部性，各国都能减少资产投资的扭曲，并使投资更加平衡。这会导致更稳定和更持续的经济增长及福利水平在更广泛基础上的提高。

由于过度关注实物资本，工业化国家和发展中国家可能经不住诱惑，推行不惜代价补贴实物资本的政策（第2章）。这会形成有利于既得利益的局面，而且难以扭转。从社会的角度看，存在对教育和卫生保健投资不足（第3章）以及对自然资本的过度开发的情况，其原因通常是它们的定价过低和产权不明晰（第4章）。总体水平上，20世纪90年代初用于农业、能源、道路运输和水的补贴总额估计为7000亿~9000亿美元（de Moor和Calamai，1997）。而最近用不同方法估计得出的2015年全球能源补贴为5.3万亿美元（Coady等，2015）。

为了对专注于增长质量方面的发展进步进行评估，我们通过构建人类发展和环境可持续性指标，对增长分析进行了补充（注意其中一些变量有严重的数据局限性）。人类发展指数包括1994~1998年和2010~2014年预期寿命的增加、婴儿死亡率的降低、初等教育完成率的增加以及这两个时期初等教育完成人口中性别比例的增加。可持续发展的指标包括三个变量：1994～1998年和2010～2014年能源使用效率的增加，人均内部淡水资源的增加以及人均二氧化碳排放量的减少。

我们得到的结果和2000年时得到的结果一致：经济增长与生活幸福的许多属性正相关，但是一些增长模式能够比其他模式更有效地减少贫困。而有的增长模式会导致自然资源的过度开发和环境退化。也就是说，增长和环境可持续性之间存在负相关关系（详见图0.1和第1章附录1）。这些初步的相关性表明，国内生产总值的增长是一个关键但片面的发展指标，因为它与人类发展的某些方面并不完全相关，有时还意味着环境破坏情况的加剧。

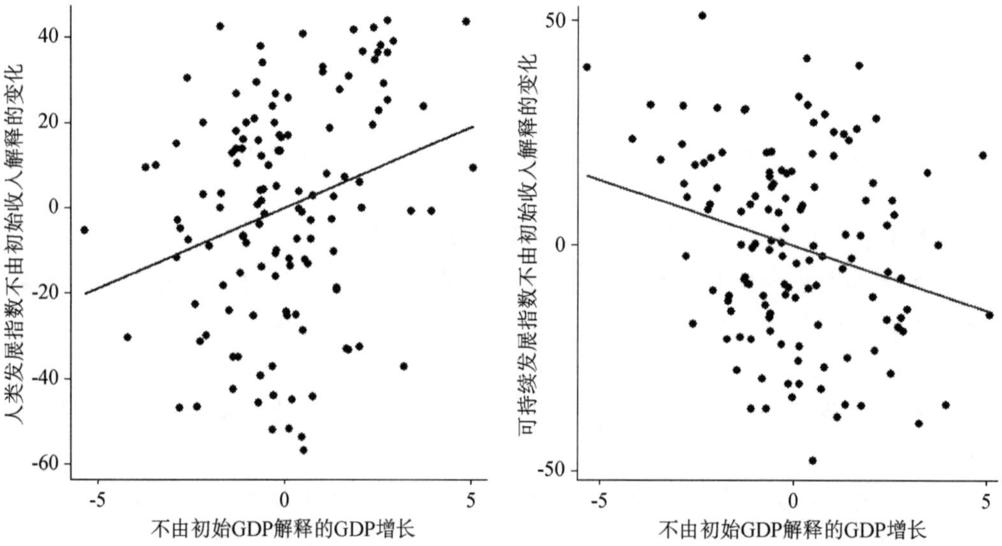


**图0.1 经济增长、人类发展和环境质量：1994～1998年与2010～2014年的比较**

资料来源：作者的计算与更新（见第1章附录）。

必须注意，刚刚讨论的关系是收入增长和人类发展与环境可持续性的变化之间的关系，而非初始收入。在大多数情况下，收入水平和指标水平间有着更强的相关性，特别是人类发展指标。

维持对实物资本积累的相对依赖是一个长期扭曲的过程。例如，随着实物资本的深化，维持其收益率就要加大公共补贴，如吸引外资。此外，过度开发森林和其他自然资产的政策加速经济增长，将耗尽自然资本，破坏环境的可持续性。使用世界银行的数据我们发现，总储蓄率和调整后净储蓄率之间的差距在不同国家之间存在巨大差异。1994～2014年发展中国家的总储蓄率占GDP的29%。然而，调整后的净储蓄率（根据教育投资、自然资源的消耗以及颗粒物排放的损害进行调整）平均仅为国民总收入的15%。以中国为例，中国是拥有最高储蓄率的国家之一，达到45%，但是其调整后的净储蓄率仅为30%。尼日利亚的情况更惊人，其国内总储蓄率为22%，但其调整后的净储蓄率为－9%。这说明了教育方面的投资不足以及对自然资本的过度开发（见第1章图1.10以及第4章）。

对三种类型资产的积累，扭曲较小、更中性和平衡的方法更为可取。政策可以有助于这些资产的积累。投资于各级教育能在有助于形成增长的同时，为人力资本的积累和福利作出贡献。投资于自然资本对人类健康是至关重要的，因为很多贫困人口依赖自然资源为生；它对经济安全也是不可或缺的（第4章）。与资产积累同样重要的是对它们的有效利用。为此以及为了提高这些资产的全要素生产率，良好的治理、消除精英利益集团的不当影响和反腐败行动至关重要。

## 分配问题

对质量的关注凸显了增长进程中分配的重要性。更平等地分配人力资本、土地和其他生产性资产意味着更平等地分配收入机会，提高人民利用技术和创造收入的能力。这就是为什么在教育机会分配更平等的环境中，既定的增长率可能与更佳的减贫效果相关联（第3章）。

增长成果的长期稳定性同样很可能具有重要意义。贫困人口的收入对经济周期和危机是非常敏感的，这主要是因为贫困人口缺少土地、技能和资金储蓄等资产支撑其在艰难时期维持其平稳的消费。有数百万接近贫困的人口的生活水平仅略高于贫困线，而外部冲击则会使他们重返贫困。因此，以减贫为目标的增长通常需要增长相对稳定，且受益面也应更为广泛。

## 治理框架

在2005年到2014年间，世界银行“全球治理指标”衡量的治理质量保持相对稳定：没有显著的改善，亦无急剧的恶化，在区域排名上也没有大的变化。考虑到治理改革本质上就是缓慢的，以上情况并没有什么奇怪之处。唯一的例外是中东和北非的政治稳定指标明显降低。

虽然治理与发展之间的关系因其不同维度和国家发展的不同阶段而有所不同，但跨国数据越来越多地表明，政府效率、法治、监管质量和腐败控制有助于在经济、社会和环境等方面取得成就。良好的治理还对减贫、人类发展、性别平等、基础设施质量和水安全产生积极影响。简言之，治理影响了增长的质量。

治理有方的体制结构是为促进经济增长所做的一切工作的基础。政府机构的有效运转、监管框架、公民自由以及确保法律规章和民众参与的制度的透明度和责任感，对于增长和发展而言都十分重要。治理不善的影响、官僚机构的骚扰以及腐败都会使增长倒退，不利于持续的增长。精英利益集团对国家政策、法律和资源的把持通常会使激励机制发生偏差，使公共开支偏向于社会生产力较低的资产，这些人通过侵蚀本应为社会所获的利益，降低了增长对福利的影响。对表现为较高收入和更好的社会成果的“发展红利”的评估结果差异巨大，从低水平的法治或高水平的腐败到中等水平的腐败，其结果也大不相同。腐败水平即使只相差一个标准差，对发展的影响也有巨大差异。因此，要想改善经济业绩，当务之急就是投资于改善治理的能力。

互联网计算工具、诊断调查技术以及对治理的最新信息的获取，造就了一个充满活力的公民社会。在惩治腐败和解决其他形式的不良治理时，这样的公民社会必不可少。公民自由不仅与改善治理、减少腐败和提高公共投资的生产率有积极的联系，还能直接促进福利。的确，注意力不应仅局限于使政府一方正确行事，还应着眼于扩大公民权利，更多地倾听各方意见，扶持有竞争力的企业，并自下而上地制定和实施发展战略来补充自上而下的政府政策改革。

## 增长过程中被忽视的行动

虽然我们现在观察发展进程的视角更广阔了，但对贫困人口所依赖的三种资产中的两种——人力和自然资本——常常不够重视，尤其是处于危机中的时候。这似乎又造成对某些重要行动的忽视：

- 改善机会的分配
- 维持自然资本
- 合理化税收结构和公共支出
- 改善治理和控制腐败

解决这些问题不但有利于资产的积累，而且也有利于技术进步和全要素生产率的提高。

### 改善机会的分配

贫困人口的主要资产就是他们的人力资本。根据基尼系数，在经研究的 140 个经济体中，波兰和美国（据估计拥有最长的平均受教育年限）的教育分配最为平等（Thomas、Wang 和 Fan，2002）。韩国是过去几十年中在教育平等方面进步最大的国家之一。但是教育的不平等在世界许多地区仍十分严重，特别是在阿尔及利亚、印度、马里、巴基斯坦和突尼斯。

Datt、Ravallion 和 Murgai（2016）发现，更快的贫困下降伴随着更高的增长和更利贫的增长模式。任何特定的增长率与减贫的关系都取决于对人的投资。投资越平等，增长对降低贫困发生率的影响就越大，关于增长对印度各邦贫困状况影响的比较说明了这一点（Ravallion 和 Datt，1999）。如果人们的能力在人口中呈正态分布，教育和医疗卫生成果的偏态分布将体现为巨大的社会福利损失，因为人口中的相当一部分被剥夺了利用新技术和摆脱贫困的机会。

增加教育和卫生服务的公共支出显然是不够的：在适当服务上的支出分配也很重要。自 1965 年来，美国一直保持着世界上最低的教育基尼系数，它的公共支出分配在所有三个教育层面——小学、中学和高等教育——上都相当均衡。还需要注意的是，人力资本的广度和深度，即其质量与公平，这些可以通过女孩的受教育程度，贫困人口可获得的教育和学校成绩来衡量。

各国政府应重新配置基础教育的公共支出，以确保其质量与平等分配。应通过基于市场的政策鼓励私营部门与公共机构结成伙伴关系，以促进包括高等教育在内的各级教育的发展；还需要制定支持性的劳动力市场和社会保障政策。此外，如能解决土地分配问题，并在开放的国际环境中实施劳动密集型战略，贫困人口的人力资本就能更好地得以应用（第3章）。

## 维持自然资本

环境恶化的形势已经严重加剧，尤其是在发展中国家。其原因包括人口增长；国内和国际上对稀缺资源的压力；经济政策（如忽视环境后果的补贴）；对本地和全球共有资源的忽视。环境污染和资源过度开发的代价是巨大的。基于以20个国家（约占发展中国家40%人口）为样本得出的数据，世界银行估计环境退化造成的损失是一国国内生产总值的8%。

印度尼西亚的森林大火是2015年全球损失最大的单一经济损失事件，导致了该国约161亿美元的损失（Aon，2015）。由于贫困人口依赖土地、森林、矿产和生物多样性等自然资本为生，因此他们因环境恶化而蒙受了尤为惨痛的损失。

没有几个国家能充分正视环境和资源恶化的根本原因——政策扭曲、市场失灵以及对环境保护和资源保护的全部益处缺乏了解。通过提高对更佳环境质量的需求和提供资源满足这一需求，增长和较高收入可以为环境的改善创造条件。但是，只有将国内和国际基于市场的激励机制、投资和制度与全球合作紧密结合在一起，才能使环境的可持续增长成为现实。可持续发展目标的采用以及2015年第二十一次缔约方大会通过的气候协定提供了一个全球性社会契约，缔约各国同意消除贫困，用可持续的方式增加社会福利，并对气候变化采取措施。这些协议的广泛认可传达了一个强烈的信号，并使人们相信，全球社会已做好准备应对实现可持续发展的严峻挑战。

## 合理化税收结构和公共支出

财政政策是政府用以保持宏观经济稳定增长，转移代内和代际财富和纠正市场失灵的最有力工具之一。政府支出通常占国民收入的25%～40%，包括社会各群体间的再分配。尽管财政支出的宏观经济影响在文献中有所涉及，但政府支出、税收和补贴对增长速度和质量的分配效应并不那么受关注。

第5章的实证研究发现，政府支出的构成对增长的数量和质量都有重要的影响。在这里，我们要区分在公共物品与私人物品上的政府支出。我们发现，政府在公共物品上的支出与更快的经济增速及更高的减贫程度密切相关。相比之下，政府对私人物品的支出，包括扭曲市场的公司补贴，则与疲软的经济增长和更大的结构性不平等相关。

其次，政府在公共物品上的支出也与环境质量呈显著的正相关。在一般情况下，支出构成转向公共物品而非私人补贴以及以空气污染指标衡量的环境质量改善相关

（第5章）。

## 改善治理和抑制腐败

治理结构应置于一国体制建设战略的中心位置。这要求更全面地分析和衡量治理的各个维度，更清晰地了解利益集团的既得利益。在司法体制不健全、既得利益集团左右国家决策和资源配置的地方，社会成本将是惊人的。在这些情况下，对发展采取有效干预所需要的机构建设规模可能相当大，需要采用积极的方法。

对增加透明度、制定必要的制约平衡机制和抵制精英把持国家权力，参与和意见表达至关重要。公民社会在具有参与性和公开透明的过程中介入行政、立法、司法和私营部门的改革，事关国家能否有效管理，事关社会是停滞不前还是繁荣昌盛。对治理的准确理解需要新技术的支持，正如在阿尔巴尼亚、玻利维亚、格鲁吉亚、拉脱维亚和若干非洲国家那样。

因此，创造成功发展的气氛需要：（1）一种把经济、体制、法律和参与元素联系在一起的综合方法；（2）为预算和公共投资计划建立透明而有效的机构（如澳大利亚、新西兰和英国），作为宏观经济政策的补充；（3）建立基于绩效的公共行政机构（如马来西亚、新加坡和泰国）及高效可靠的海关和采购部门；（4）扩大公民自由和大众参与（第6章）。

## 优先级的转变

在全世界很多地区增长步伐缓慢的情况下，为什么要重点研究增长的质量问题？如前所述，全球经济增长最近几年持续低迷，2016年的全球增长率预计为2.4%，下降了0.5个百分点。虽然美国经济正在恢复之中，但其他发达经济体仍未能走出困境。新兴市场和发展中经济体的增长率不一，但都面临着强大阻力。商品出口商继续挣扎，而进口则更具弹性（World Bank，2016）。在这种环境下，问题不在于质量还是数量。这两者都非常关键，都涉及一种双向联系。

优先级的相对转移可以加速长期发展的步伐。对人力资本——教育、医疗保健和人口政策——的投资可以直接改善生活质量。它们还可以通过更健康、受教育程度更高的劳动力队伍影响资本生产率，进而改善投资激励机制。因此，将重点更多地转向人力资本能促使经济在长期内更快地发展。关键在于，重视成果的质量将有助于维系更迅速的增长。

解决事关增长速度的质量方面的问题可以直接提高福利水平。例如，减少空气和水的污染，或延缓自然资源的退化除了有利于增长以外，还通过改善健康状况或提供更多收入和消费机会等途径直接提高了福利水平。

本书表明，在发展中国家或工业化国家中，有些进程和政策促进了经济增长，提高了人类发展的平等性、环境的可持续性以及治理结构的透明度，有些则不然。此外，按顺序采取的行动不太可能奏效——不论是先自由化再监管，先私有化再确保竞争，先增长再治理环境，还是先增长再提供公民自由。要最大限度地实现长期增长，自由化进程就应与监管行动、环境管理及反腐败措施同时进行。

以增长的质量为重点的行动应成为一揽子政策的核心部分，而不是现有庞杂议程的附属品。也就是说，有关各方面必须增强政府的行动，将重点转向：

- 资产的积累和使用，方法是减少政策扭曲（例如，有利于或补贴有形资产的政策），同时将重视自然资源和充分投资于人力资源等方式作为对市场的补充。这意味着要确保基础广泛和可持续的增长，而不是放慢增长。
- 将政府支出用于公共物品而非私人物品，能够促进增长的速度和质量。通过堵塞漏洞、减少逃税以及适当的自然资源税收租金等方式革新税收制度，能够鼓励环保政策（第5章）。
- 通过推动公民自由、参与进程和公共机构问责制，促进反腐败工作以及积极地吸引私营部门的参与，以减少既得利益集团的影响，同时为政策变革开展能力建设，最终实现良好的治理。这意味着提高公民社会对建立联盟的关注，而不是削弱政府的政策和能力建设。

要更多更好地投资于人力和自然资本，融资方式多种多样。第一，要改善治理，减少寻租和腐败，鼓励企业承担更多责任，这些都可以增加国民储蓄。第二，提高使用自然资源的费用，对污染等外部性征税，这样可以为发展提供更多的资源。第三，消除扭曲的共同经验表明，减少偏向实物资本的扭曲是有益的。这可以使国民储蓄重新配置于有利于人类发展的方向。第四，减少对伤害贫困人口或破坏环境的部门的补贴，这可以重新配置公共资源，使之有利于贫困人口或促进可持续发展。

## 结论

本书支持扩大行动的重点，以形成一个与可持续发展目标相联系的全面发展框架，这将是一个定性的、更全面的议程，涉及增长进程的结构、人力、社会和环境各方面。这种扩大了的重点通过贫困人口资产和能力的积累提升了社会的参与度。它将注意力从仅仅依靠政府作为实施变革的机构，转向社会所有阶层的参与。这要求各部门进行更有效的能力建设。

有了全体发展伙伴的互相补充，一个更综合的框架就可以更有效地实施。第一，如果机会的严重不平等，尤其是教育机会的不平等现在得以解决，就可望为社会带来最大的福利收益。第二，目前增长模式造成的环境破坏和生物多样性丧失是惊人的，但如果现在能解决这些问题，增长就可能改善自然环境，并能减少贫困人口。第三，全球化为贫困人口带来了风险，但如果现在能化解这些风险，全球化就有可能成为减少贫困的必要技术条件。第四，腐败、治理不善和公民自由及言论自由的缺乏对任何行动的收益都是威胁，如能现在消除这些威胁，治理的改善就能为福利的提高带来巨大希望。

开放度的增加、知识的增长和技术进步所提供的机会从来没有像今天这么多。同样，贫困、人口增长、环境恶化、财政困难和治理不善造成的挑战也从来没有像今天这样严峻。我们需要更加注重质量的增长。这并非一种奢望，而是一种必需。对各国来说，至关重要的是抓住时机，为现在和未来的几代人创造更美好的生活。

# 第 1 章
# 发展的成就喜忧参半[1]

“经济学所关注的不仅仅是创造收入，它也关注妥善使用这些收入来改善我们的生活和扩展自由空间。”

——阿玛蒂亚·森（Amartya Sen），《与森的谈话》

过去的八年我们经历了自大萧条以来最严重的经济衰退和下行。2016 年全球经济活动依然低迷，尽管新兴市场和发展中国家对全球经济增长的贡献超过 70%。2008 ~ 2015 年，在不利的全球经济环境下，单中国就贡献了全球经济增长的 30%。在 2015 年第四季度和 2016 年上半年，美国经济增长放缓。英国脱欧（Brexit）又为全球经济带来不确定性。欧洲和日本则仍未摆脱困境，量化宽松政策和负利率依旧主导着政策议程。一些经济学家在讨论“长期停滞”的可能性（Summers，2014）。2016 年年初以来，国际货币基金组织多次发出世界经济将面临长期低增长和高失业并存的警告，并将其称之为“新平庸”（new mediocre）。

自《增长的质量》（第一版）2000 年首次出版以来，有大量的研究关注经济增长的巨大差距，工业化国家痛苦而缓慢的复苏，部分过去增长最迅速的新兴市场经济体增速放缓以及结构性改革的迫切需求等主题。这些研究带来了关于不平等、生产力和全球治理的新成果。例如，Milanovic（2016）发现国家内部的不平等显著增加，却没有证据表明全球不平等在加剧。世界银行（2016，2）认为：尽管存在技术进步，全球生产力增长已经放缓；问责治理的进展一直低于预期。

在本书第二版中，我们探讨了自 2000 年以来“发展”这个主题是如何演变的。[2]我们更新了以前对各国在减贫、可持续发展和经济增长中表现的评估，审视构成各国绩效基础的全球性因素、政策和制度变迁。所有关于这些的资料拓展了发展的主题，尤其是成功所需的制度安排，还提供了一整套政策考量的前提条件。主要包括：

- 人力资本投资需要考虑质量和机会的分配状况。
- 尽管基础广泛的经济高速增长能支持社会发展，但是如果缺乏适当措施，则会伤害环境的可持续性。

- 政府政策——尤其是财政政策——在推动更具包容性和环境可持续的结构性改革方面大有可为。尽管市场开放和竞争仍有裨益，金融风险必须在关注各国具体情况的同时得到处理。
- 改善治理以及反腐败应该作为优先事项来处理，而不能将它们拖到改革的较晚阶段再解决。

## 评估发展的进展

发展关乎人民的福祉，涉及其塑造自己生活的能力。因此，发展必须考虑下一代人以及他们将继承和生活的这个地球。发展必须要有所有公民的参与，因为如果发展过程没有广泛参与，任何发展战略都难以长期成功。发展即福祉的理念意味着对发展的衡量不仅仅包括经济的增长率，还包括多样性、结构及其可持续性。

发展问题的研究人员通常用人均国内生产总值（GDP）的增长作为衡量发展的替代变量，部分是因为社会的进步与 GDP 的增长相互关联，部分是基于便利的考虑。然而，依赖 GDP 增长作为发展的唯一衡量指标正在受到越来越严重的质疑。GDP 的增长可以是高质量的，也可以是低质量的。有些过程和政策在推动 GDP 增长的同时，也促进了人力和自然资产的增长，这些资产除了生产力方面的作用外，还直接影响人民的福祉。其他过程和政策带来的是与人力和自然资产的改善不相关的低质量增长。为了在评估发展时考察增长的质量，需要引入多维度的福利指标。[3]

经济学理论对“增长”的概念与含义更广的“发展”概念进行了区分。对这种区分的关注随着时间的不同而有所不同。20 世纪 50 年代和 60 年代的快速增长使人们越来越关注更广泛的发展目标。在之后数十年中，停滞不期而至，人们的关注点转向经济增长。自 20 世纪 90 年代，以联合国 2000 年设立的千年发展目标为代表，视野更加广阔的报告再次出现。现在，人们的注意力聚焦于实现 2030 年可持续发展目标面临的挑战。所有 193 个联合国成员国承诺接受一篮子目标，以在达成其他愿景之外，消除贫困、保护环境和确保繁荣共享。2015 年 12 月达成的《巴黎协议》作出了一系列安排，加强了可持续发展目标的气候变化议程。

## 发展记录

自 20 世纪 70 年代中期以来，人类发展的某些方面取得了长足进步，尤其是在延长寿命和提高识字率方面。但是，生活的其他质量方面却发展滞后，如稳定和持续的收入增长、减贫、教育质量、卫生、工作机会以及环境质量等。

### 人的发展

强劲的经济增长广泛伴随着人类发展指标的提高，如更高的预期寿命、学校毕业率和性别平等以及更低的婴儿死亡率。我们用图来表现人类发展指数的这些变化，包括预期寿命和小学毕业性别比率的提高以及婴儿死亡率的降低。我们将1994～1998年和2010～2014年这两个时期进行对比。经济增长与人类发展指标的相关情况如图1.1所示。总体来说，自20世纪90年代中期以来某些地区在人类发展方面的进步是巨大的，这部分地反映了技术进步，而其他地区则表现平平。在取得巨大进步的地区，几乎各地的婴儿死亡率都在下降，学校毕业率则显著提高。

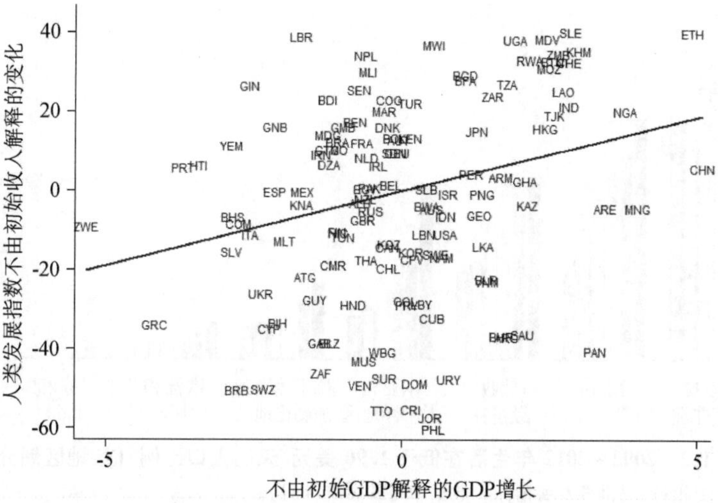


**图1.1　1994～1998年和2010～2014年人类发展和收入增长的变化**

资料来源：作者计算和更新。详细信息见附录1。

注：这里所示的关系控制了人均国内生产总值的初始值。

## 减贫方面取得的进展

2000年以来，我们在增加收入和减少贫困方面取得了显著的进展，虽然发展中世界的不同地区所取得的成就喜忧参半。世界已经实现了2000～2015年贫困人口减半的千年发展目标。尽管如此，全球生活在赤贫中的人口数量仍然高得不可接受。根据最近的估计，2012年全世界人口中有12.7%的生活支出不高于1.90美元/天。1990年和1981年该数字分别为37%和44%。这意味着，2012年8.96亿人的生活支出不高于1.90美元/天，1990年为19.5亿人，1981年为19.9亿人。我们虽然取得了进展，但是相较于更高的贫困线，我们则进展缓慢。相比于1990年的29亿人，2012年发展中世界有超过21亿人每天的生活费低于3.10美元；所以，尽管生活费低于阈值的人口比例减少近一半，从1990年的66%减少至2012年的35%，但依然有太多的人依靠太少的收入苦苦度日（World Bank，2016a）。

正如前文所述，我们在减贫方面取得的进展在不同地区并不平衡。图1.2显示了不同地区生活支出低于1.90美元/天的人口比例，图1.3则显示了生活支出低于这一基准的人数。从中我们可以看到，在过去30年，中国对赤贫人口的下降作出的贡献最大。1981～2011年，共有7.53亿人口跨越了每天1.90美元的贫困线。同一时期，发展中国家作为一个整体取得了减少 11 亿贫困人口的成就。东亚地区的贫困人口比例下降最为显著，从 1981 年的 80% 下降到 2012 年的 7.2%。在南亚，生活在赤贫中的人口比例也处于 1981 年以来的最低点，从 1981 年的 58% 下降到 2012 年的 18.7%。在撒哈拉以南非洲，2012 年贫困人口比例为 42.6%。2012 年，全球赤贫人口的 77.8% 生活在南亚（3.09 亿人）、撒哈拉以南非洲（3.887 亿人）以及东亚和太平洋地区（1.47 亿人）（World Bank，2016a）。

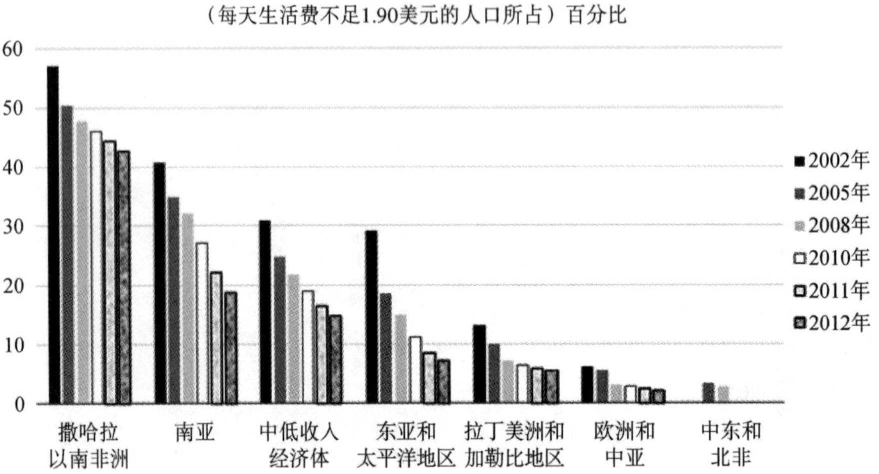


**图 1.2　2002～2012 年生活在低于 1.90 美元/天的人口比例（按地区划分）**

资料来源：世界银行，《世界发展指标》数据库（2016 年 4 月）。

注：基于 2011 年的购买平价率。贫穷被定义为每天收入低于 1.9 美元。缺少中东和北亚在 2002 年、2010 年、2011 年和 2012 年的数据。

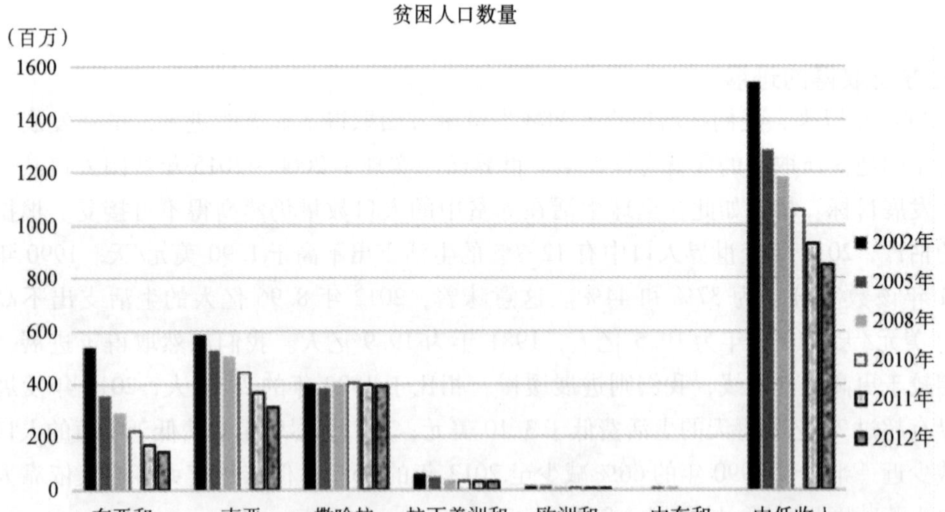


**图 1.3　2002～2012 年生活在低于 1.90 美元/天的人口数量（按地区划分）**

资料来源：世界银行，《世界发展指标》数据库（2016 年 4 月）。

注：基于 2011 年的购买平价率。贫穷被定义为每天收入低于 1.90 美元。缺少中东和北亚在 2002 年、2010 年、2011 年和 2012 年的数据。

## 环境退化

经济增长对环境条件的影响是多方面的，而且是一个严重的问题。在很多案例中，GDP 增长、收入的提高与卫生条件和水质的改善相关，与对清洁技术的投资也相关。但是，增长也与颗粒物和二氧化碳的排放量增加有关。

在对指标的变化赋予相同的权重后，我们使用 Borda 排序法构造了一个可持续发展指标，它包括以下三个变量：1994 ~ 1998 年和 2010 ~ 2014 年能源使用效率的提高、国内人均淡水资源的增长和人均二氧化碳排放量的减少。我们再次确认了 2000 年所得出的结果——经济增长与环境可持续性呈负相关，这意味着有些增长模式会导致自然资源的过度开发和环境退化（详见图 1.4 和附录 1）。

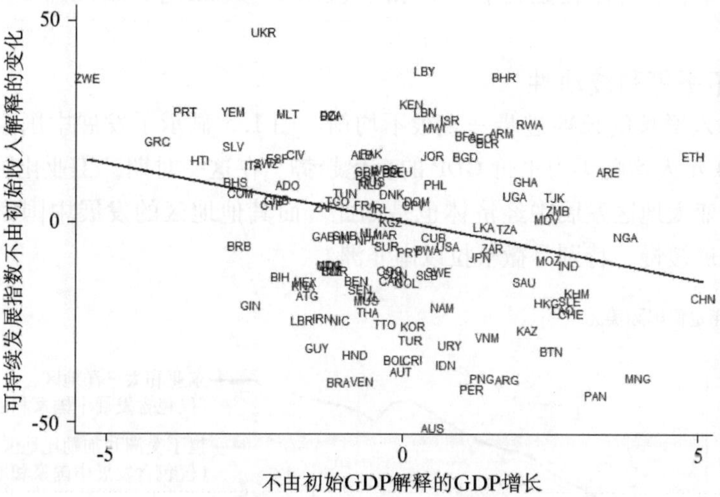


**图 1.4　1994 ~ 1998 年和 2010 ~ 2014 年可持续发展和收入增长的变化**

资料来源：作者的计算和更新，详见附录 1。

注：这里所示的关系控制了人均国内生产总值的初始值。

1990 ~ 2015 年，绝大多数发展中国家的森林砍伐率都降低了，但森林覆盖面积仍在迅速减少。在欧洲、北美洲、加勒比地区、东亚以及西亚和中亚，森林覆盖面积有所增加。但是在中美洲、南美洲、南亚和东南亚以及非洲，记录显示森林覆盖面积仍继续减少。目前还不清楚这种改善多大程度上是保护环境行动所引起的。1980 ~ 2011 年，二氧化碳的总排放量和人均排放量在不同收入的国家和地区都增加了。只有撒哈拉以南非洲和太平洋地区没有增加二氧化碳的排放量，前者很可能是因为经济停滞的大形势所致。在这一时期，南美洲和东南亚地区经历了森林砍伐和人均二氧化碳排放量的增加，这说明经济增长和可持续发展之间存在冲突（World Bank，2000a）。

在很多发展中地区，环境质量要比指标显示的恶劣得多，空气质量随着收入的增长而恶化。暴露于高浓度的空气污染之中，如总悬浮颗粒物、二氧化硫和二氧化氮，会对人类的健康构成重大威胁。以 2008 ~ 2013 年的 PM2.5（直径小于 2.5 微米颗粒物的年平均浓度）为指标，印度的几座城市占据了全球污染最严重 20 大城市的“半壁江山”。在这些城市，空气污染指数超过世界卫生组织安全标准（PM2.5 每立方米 10 微克）的 11 ~18 倍（WHO，2016a）。部分城市的颗粒物浓度水平见第 4 章。

环境恶化所造成的人力成本是惊人的。在发展中国家，估计有 1/5 的总疾病负担和早亡是由供水不足、卫生设施欠缺、室内空气污染、城市空气污染、疟疾以及农业化学物质和废弃物等原因造成的。这项统计基于以健康状况调整预期寿命的标准化测算方法。此外，在环境压力和总压力之下，存在从传染性疾病、寄生虫病和营养性疾病向非传染性疾病的转变。传染性疾病率在全球范围的下降证明了这一转变，而引发这些疾病的环境风险在下降；即安全用水和卫生设施可得性在改善，做饭用固定燃料使用量在下降。撒哈拉以南非洲有着最高的因传染性疾病、寄生虫病和营养性疾病造成的人均死亡率，营养不良是其中一个原因（Prüss - Üstün 等，2016）。

## 收入增长、不平等和波动性

全世界收入增长的长期进步一直很不均衡。图 1.5 显示了发展中国家和工业化国家 1990 ~2014 年人均购买力平价 GDP 的变化趋势。在这一时期，工业化国家的生活水平显著提高，亚太地区发展中经济体也是如此。而其他地区的发展中国家在提高收入方面则一直进展缓慢，特别是撒哈拉以南非洲。

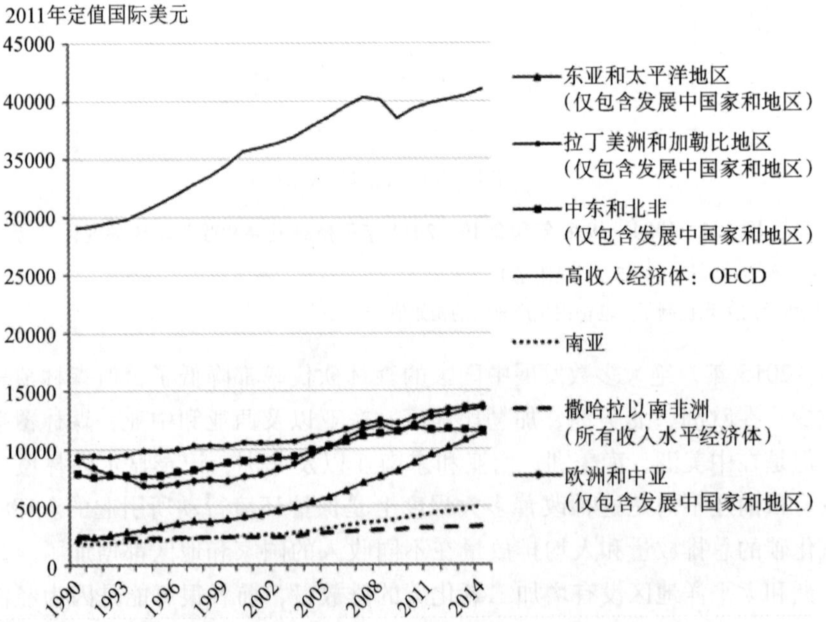


**图 1.5　1990 ~2014 年经购买力平价调整后的人均 GDP 水平**

资料来源：世界银行，《世界发展指标》数据库（2016 年 4 月）。

图 1.6 显示了 29 个主要发展中国家 1990 ~2014 年人均 GDP 的增长。迄今为止，中国取得了最大的进步。东亚地区的生活水平有明显改善，撒哈拉以南非洲在近几年

也有所提高。另外，中国获得了人类历史上最迅速的减贫成就（见专栏1.1）。而在光谱的另一端，很多国家受到内乱和其他混乱的影响。如果对增长率进行人口加权，图1.6可能看起来有所改善，因为增长率下降的中等收入国家，特别是拉丁美洲的中等收入国家的权重较小，而中国和印度等较大的增长率增加，低收入国家所占的权重更大。在20世纪90年代，随着拉丁美洲中等收入国家增长形势的好转，发展中国家收入加权总增长率和人口加权总增长率之间的差距曾一度缩小。

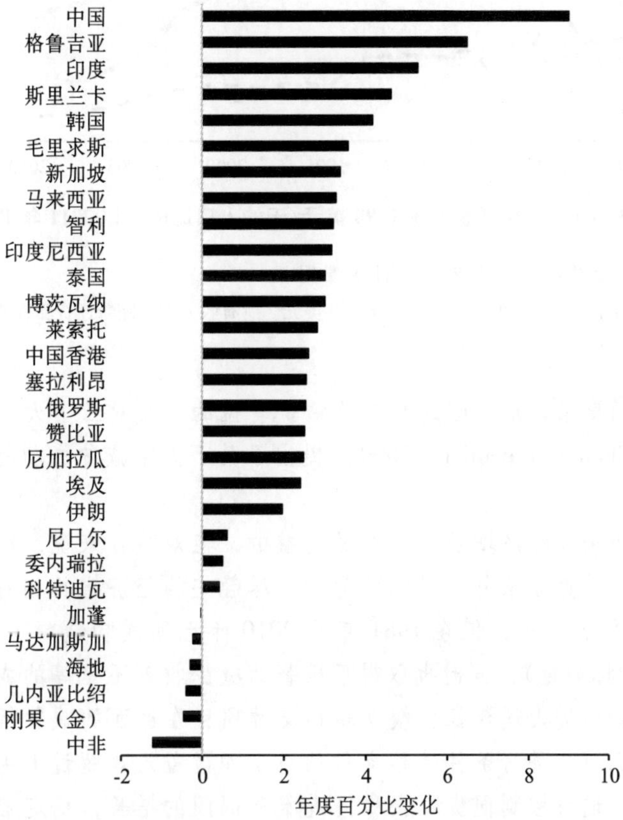


**图1.6　1994～2014年部分经济体人均GDP的增长**

资料来源：作者基于世界银行的《世界发展指标》数据库（2016年4月）的计算。

**专栏1.1　　巴西、中国和印度的减贫：比较的视角**

自20世纪80年代初，中国取得了世界上最快的经济增长和人类历史上空前的减贫成绩。从1981年到2011年，超过7.5亿人跨过了1.90美元/天的国际贫困线（图B1.1）。包括中国、印度、泰国和越南在内的新兴亚洲国家从改革和开放贸易与投资中获益最多。这些国家是自20世纪80年代以来全球化的最大赢家。这使得全球收入趋同，引起全球不平等情况出现轻微好转（Milanovic，2016，19）。

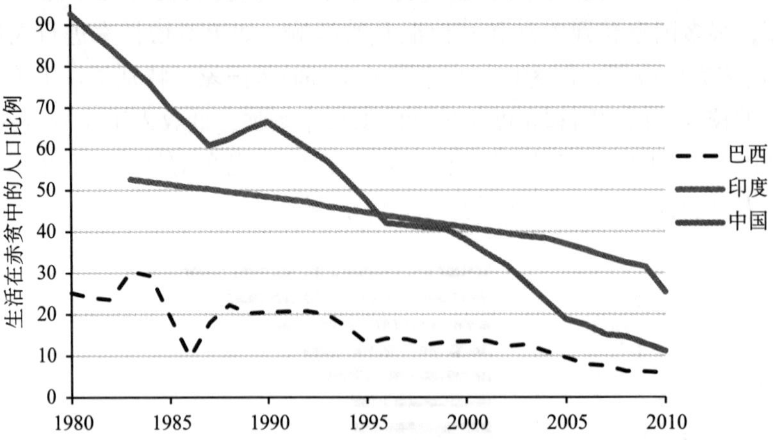


**图 B1.1　贫困比较：生活在低于 1.90 美元/天的人口比例（以 2011 年 PPP 美元计）**

资料来源：基于世界银行的《世界发展指标》数据库。

注：极端贫困被定义为每天的生活收入低于 1.9 美元。所有收入都会随着通货膨胀和国家间的不同价格而调整。PPP = 购买力平价。

从国际的角度来评估中国的减贫业绩是有益的。在对三个大型新兴经济体的比较研究中，Chen 和 Ravallion（2009）提出了关于国家减贫成功所需关键因素的重要观点。

虽然，一般来说经济增长对减贫是有益的，但对减贫来说，经济增长既不是必要条件，也不是充分条件。以巴西为例，尽管它的经济增长相对缓慢，同时也有着较高的不平等水平，但在 1981 年至 2010 年巴西成功地减少了 68% 的贫困（以贫困人数指标衡量），同时也取得了显著的减少收入不平等的成就。对社会保障制度的改革和引进大规模社会救助转移支付项目在巴西的减贫行动中发挥了重要作用，巴西拥有各种有条件转移支付项目，如覆盖人口超过 1/4 的家庭补助金项目等。此外，通过控制通货膨胀和促进服务部门的增长，稳定宏观经济对减少贫困人口也有作用——尽管近年来稳定宏观经济成为巴西面临的一大挑战。

印度提供了一个“中速”经济增长的案例，2014 年以来，其经济增长甚至超过了中国。印度的经济增长很大程度上是由信息技术、软件和金融服务等服务部门推动，以高技能和教育水平为基础。这种经济增长模式能适度减少贫困，1983 ~ 2010 年印度的贫困人口大致下降了一半，部分因为人力资本和土地使用权的高度不平等的拖累，这种不平等产生于深深植根于印度的种姓制度和长期的社会不平等。

相比印度和巴西，中国经历了经济的高速增长和贫困人口指数的大幅下降。我们认为，这是因为农民拥有了平等使用土地的权利，在改革最初 20 年经济增长的部门格局发生变化以及经济转型初始阶段人力资本的相对均等。然而，相比于巴西和印度，中国也出现了收入和财富不平等现象加剧的情况。第 3 章便讨论这一紧迫的问题。

中国在减贫方面的成绩向我们提供了经验。改革和开放国际贸易与投资对取得骄人的减贫业绩起了重要作用，政府在支持农村发展、投融资、实施有针对性开发式扶贫政策中的积极作用同样关键。始于20世纪80年代初的家庭联产承包责任制是中国的一项重大制度改革，让农村人口获得了更有保障的土地使用权——这项最基本的经济权利使得农村人口有能力自由地作出经济决策，通过自力更生实现脱贫。政府允许非农活动（即乡镇企业）发展，逐步放松农村向城市迁移的限制，进一步提高了农村人口的自由度和通过多样化经济活动增加收入、提高生活水平的能力。

开放国际贸易和投资使得个人有机会根据价格信号作出经济决策。政府在市场失灵领域的投资对提高农业生产率有关键作用。例如，政府已经投入大量资金用于促进农业技术创新和推广、农村基础设施建设。这对提高农业生产率意义重大，粮食生产的成倍增加反映了这一点。

为了摆脱贫困，土地权利的经济赋权和所作的经济决策必须与人的能力相结合，包括受教育水平和健康的身体。中国大规模的政府主导扶贫政策致力于提高人的能力（健康和教育）、改善农村基础设施和技术创新，这些构成了减少农村贫困的重要驱动因素。中国成功让592个贫困县的生活水平提高很好地说明了针对农村贫困人口的开发式扶贫政策作用巨大。

2010年以来中国的减贫进展有所放缓，部分是因为这一时期中国的增长模式是由资本密集型产业的大量投资和城市部门的房地产发展推动。与此同时，农村和农民工的工资增长步伐放慢（Yang、Fang和Wang，2009）。教育和卫生服务不均情况的加剧也限制了中国的贫困人口寻找有更高工资水平的高技能工作机会，这固化了收入的不平等。日益扩大的收入不平等和社会差距仍是农村地区面临的主要问题，这将极大地延缓未来减贫的进展，削弱社会凝聚力。

资料来源：王小林、王立敏和王燕，2014。

## 全球不平等和各国国内不平等

在总体收入增长这个范畴中，我们通过观察收入不平等的变化来研究收入分配状况非常重要。收入不平等的若干维度是相互关联的；在国与国之间、各国内部家庭之间的不平等也是相关的。

Milanovic（2016）根据过去25年120多个国家数百份住户调查资料研究了全球不平等问题。全球不平等被定义为世界公民之间的收入不平等，它是全部国家不平等之和加上国家间平均收入全部差距之和。作者的主要结论是，全球化带来的收益分布不均。图1.7通过绘制相对于初始收入的增长率，显示了哪些收入组人口在过去的几十年中从全球化中获益最多。横轴显示全球收入分布的百分位数，左边代表世界上最穷的人口，右边代表世界上最富的人口。纵轴则显示从1988年到2008年实际收入的累积增长。Milanovic研究指出：

- 亚洲新兴经济体，主要是中国，也包括印度、泰国、越南和印度尼西亚，从全球化中获益最大。这些国家人民的收入在国内集中在中等收入水平，在世界范围也一样。这些国家是全球化的赢家。

- 在西欧、北美洲、澳大利亚、新西兰和日本等“老的富裕”国家的人民是全球化的输家。

- 作为世界级巨富的小部分人，其在1988~2008年间实现了实际收入的大幅上升。他们也是全球化的赢家。

- 随着以中国和新兴亚洲国家为代表的“全球中产阶级”的崛起，全球不平等略有下降，尽管国家内部的不平等大幅上升（Millanovic，2016，19-20）。

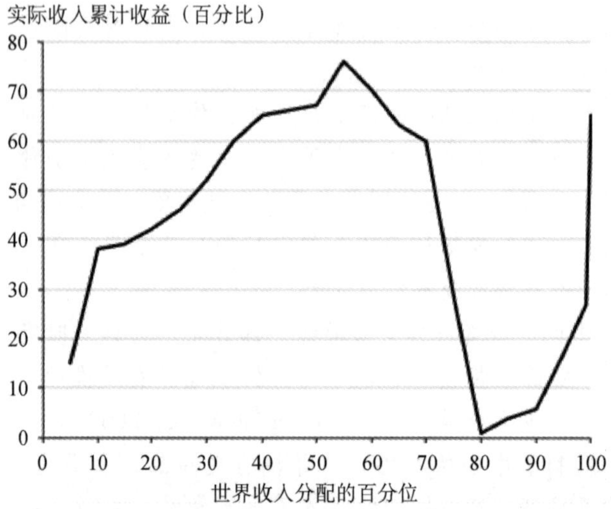


**图1.7　1988~2008年全球收入水平衡量的人均实际收入相对增长**

资料来源：Milanovic，2016，11。

注：1998年和2008年间实际收入在世界收入分配不同水平的百分比变化（以2003年的价格为基准）。

## 各国国内不平等

图1.8表现了某些国家自20世纪90年代早期两个对比期间收入不平等的变化。在这些收入不平等扩大的国家中，中国是不平等状况恶化最严重的之一，尽管在2010年之后情况有所改善。这生动地突出了本书的中心论点，增长的数量和质量都是提供持续和持久发展的必要条件。

许多因素被确定为导致中国不平等上升的关键驱动因素。在区域不平等方面，某些地区快速工业化以及外国直接投资集中沿海地区导致沿海和内陆地区之间的不平等。农村地区低教育水平和教育的低回报是另一个原因，户籍制度对农村向城市迁移的限制加剧了这种不平等。财政政策是更重要的一个原因。中国一直难以在教育和卫生领域对全部人口提供公平的基本服务（第3章）。虽然近期有所改善，但是相对于其他国家，中国有着更低税收收入水平和对间接税的更高依赖，这限制了中国的财政再分配（Piketty 和 Qian，2009；Li、Wan 和 Zhuang，2014；Cevik 和 Correa - Caro，2015）。第5章详细讨论了财政政策。中国在20世纪90年代开始实施用于社会保障的最低生活保障计划，各种旨在扩大社会安全网络及为农村和西部地区提供发展支持的社会项目也逐步落实，这或许是近五年不平等方面出现一些积极变化的原因。2008年中国的基尼系数曾达到0.49的高点，虽然近年来逐步下降。

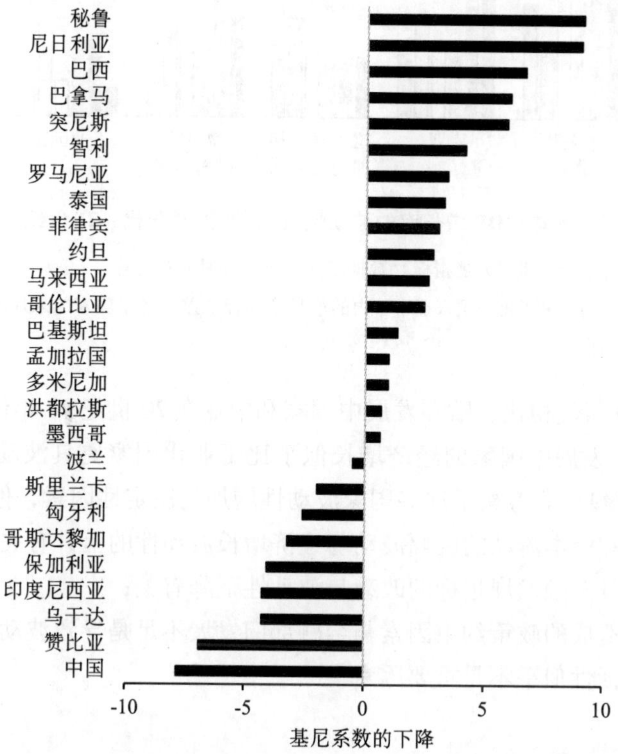


**图1.8　2010～2014年和1994～1998年部分国家的收入不平等有所下降**

资料来源：基于世界银行《世界发展指标》数据库（2016年4月）的计算。

注：数值表示2010～2014年相对于1994～1998年基尼系数减少的百分点。负值表示不平等上升。

**增长的波动性**。经济形势的波动似乎对贫困人口造成了超乎常规的影响，在那些社会安全网络还不太健全的国家，这种影响可能尤为严重。经济增长的下降与东欧贫困问题的急剧恶化直接相关，与东亚最近的贫困问题加剧也直接相关。经济下行的局面似乎对整体经济有着持久的不利影响。研究表明，增长率的较大波动与更低的平均增速相关。因此，增长的波动性似乎意义重大。进入20世纪90年代，情况更加复杂。2008年发生于工业化国家的全球金融危机爆发，之后进入痛苦而缓慢的经济复苏时期，这导致21世纪前十年的增长波动性增加。然而，2010～2016年，除了中东和北非地区以外，所有发展中国家的增长波动性呈下降态势。

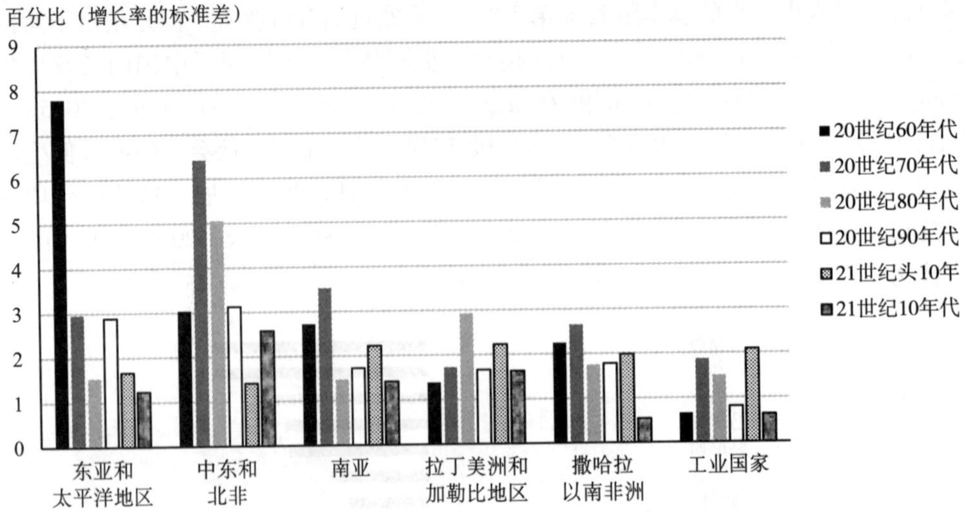


**图 1.9　每十年 GDP 增长率的波动性（20 世纪 60 年代～21 世纪前十年）**

资料来源：基于世界银行《世界发展指标》数据库（2016 年 4 月）的计算。

注：十年的波动率是通过采用每个国家在十年内的增长率的标准差和各组国家的未加权平均值计算的。由于缺少数值，欧洲被排除在外。

与 20 世纪 80 年代相比，欧洲发展中国家和中亚在 20 世纪 90 年代的增长波动性明显高于其他地区。发展中国家的经济增长似乎比工业化国家更具波动性。Easterly、Islam 和 Stiglitz（1999）等考察了这些国家波动性增加的决定性因素，他们发现：[4]

- 开放贸易和资本流动的巨幅波动与经济增长波动性的上升有关；
- 金融深化及金融发展指标的改善与波动性下降有关；
- 制度局限造成的政策约束因素与金融部门发展不足是导致波动性的原因之一；
- 工资的灵活性似乎不是重要因素。

### 国内政策是产生差异的关键

政策的有效性是产生不同发展结果的关键原因，特别是在以下四个领域的政策的有效性：教育和医疗卫生服务的质量和分配，环境治理，全球化风险和机遇的管理以及治理的有效性。关于它们之间的联系，将在后续章节中进行分析。

### 投资于民

如果不对人民的教育和医疗卫生进行大量和有效的投资，没有一个国家能实现可持续的发展。我们发现，尽管全球经济经历了金融危机和缓慢的复苏，用于教育的公共支出仍维持在稳定水平。虽然全球各国的情况不同，但自 2005 年起，东亚、南亚和太平洋地区国家的支出水平或多或少地都没有发生变化。但是，正如本书所说，在不同收入群体中卫生和教育的分布和有效性显著不同，这表现出机会的不平等（见第 3 章）。卫生和教育领域需要更公平地分配公共资源，确保更高质量的服务平等地流向所有收入阶层。

在正在进行宏观经济调整和财政紧缩的国家，社会支出的份额会发生什么变化？关于对正在经历调整的低收入国家的研究发现，教育与医疗卫生支出的份额普遍得到了保护。个人支出也是社会服务的重要资金来源，特别是在个人支出比重随经济增长而增加的东亚国家。但是，公共开支并不总是带来好的结果。这些都依赖于公共支出的分配和质量以及鼓励私人进行更多的支出。这些问题将会在第 3 章进行探讨。

### 环境治理

我们知道，政府政策长期忽略环境问题。现在我们正震惊于其产生的严重后果，如环境污染的社会资本成本，对可持续增长和发展的限制以及气候变化和自然灾害的放大作用。然而，我们仍缺乏评价一个国家环境政策的标准，关于“测量什么，治理什么”的概念仍有待于重大的努力。实际储蓄或调整后净储蓄是一个比较好的测量方法，它测量的是考虑自然资源耗用后的储蓄率。它同时能提供新出现的环境危机的警告类型，这些危机在传统的经济数据中难以体现（Heal，2012；World Bank，1999f，175－77）。图 1.10 反映出总储蓄率和调整后净储蓄率之间的差距在不同国家间有巨大差别。1994 年至 2014 年，发展中国家的国内总储蓄大致是国内生产增长率的 29%。然而，在根据教育投资、自然资源耗用和颗粒物排放损害进行调整后，调整后的净储蓄率平均只占国内总收入的 15%。例如，中国有世界上最高的储蓄率，高达 45%，但其调整后的净储蓄率仅有 30%。尼日利亚的情况也令人吃惊，它的国内总储蓄为 22%，但调整后的净储蓄率仅为 -9%，这意味着教育投入的不足和自然资本的过度开发（图 1.10）。

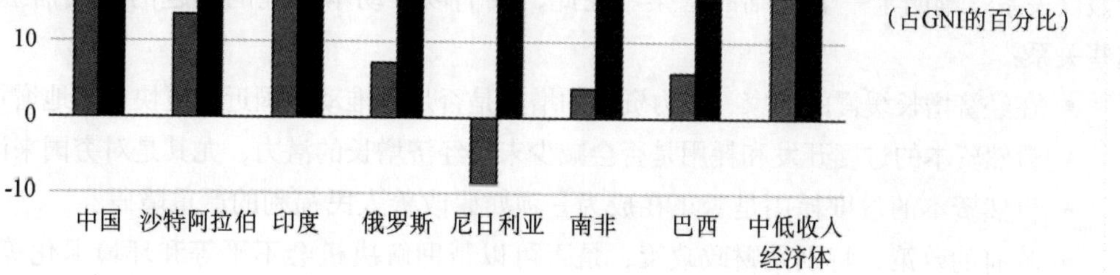


**图 1.10 总储蓄和调整后的净储蓄的差距，1994～2014 年平均值[a]**

注：GDP＝国内生产总值；GNI＝国民总收入。

调整后的净储蓄等于净国民储蓄加上教育支出，减去能源耗用、矿产耗用、净森林砍伐以及二氧化碳和颗粒物排放造成的损失。

资料来源：基于世界银行《世界发展指标》数据库（2016 年 5 月）。

2015 年新的可持续发展目标和全球气候变化巴黎峰会协定标志着全球社会对环境可持续发展的关切，环境可持续发展需要实现经济、社会和环境之间的更好平衡和统筹。然而，政府协定的水平仍不理想。虽然这些初步的措施难以实现预期的效果，这一全球进程的持续将有望推动各国走上一条更可持续的道路。

## 采取行动的关键问题

尽管存在不利的外部条件，新兴和发展中国家继续向更具包容性和可持续性的发展前进。政策进步巨大，包括减少财政赤字，增加教育投资，降低贸易和投资壁垒，减少对工农业产品的国内价格控制。越来越多的国家正在致力于提高透明度，推行问责制和提高治理水平。发展的结果喜忧参半。但是，更长期的记录证实，这些行动带来了经济增长率的提高，还证实了经济增长与减贫之间的联系。因此，从整体上看，发展中国家已从 2008 年金融危机的衰退中复苏，但是复苏的深度和广度还远不令人满意。

记录还表明，政府和其他方面采取的、用以影响经济增长质量和可持续性的行动还是滞后。东亚、欧洲、中亚和其他地区发生的情况突显了在减贫和可持续发展方面取得的进步是多么脆弱。贫困人口继续增加，目前估计有 8.96 亿或者说是 12.7% 的人口生活在每人 1.90 美元/天的赤贫之中（World Bank，2016）。收入不平等在一些增长最快的新兴市场经济体中越发严重，如中国和印度尼西亚。贫困发生率对收入分配的变化和人口增长极为敏感。因此，需要对那些影响包容和平等经济增长的政策给予特别关注。

有关发展的文献非常详细地研究了发展目标和政策工具之间的关系。附录 1 包含我们研发的一组发展目标和政策的指数，提供了研究的基础数据。这些有关相关性的研究并未说明因果关系或作用机制。然而，这些研究是十分重要的，值得作为假设进行进一步研究。与预期迹象并不显著的相关组合同样重要。第 2 章到第 6 章论述了不少假设关系，阐明了一个基础的框架。在此，我们以推动本研究的问题的方式描绘出这些关系：

- 在经济增长缓慢的国家，人力资本的增加是否足以推动该国近期更快更好地增长？
- 自然资本的过度开发和耗用是否会减少未来经济增长的潜力，尤其是对穷国来说？
- 自然资本的过度耗用是否正在成为一项妨碍改善人民福利的严重障碍？
- 政府的政策，特别是财政政策，是否可以帮助解决机会不平等和环境退化等紧迫问题？
- 政府治理的方式存在多严重的问题？怎样在反腐败方面取得进展？

接下来的各章将深入探讨这些问题，如果可能，会提供答案。本书的其余部分的结构如下：第 2 章为解释本章提出的发展经验教训提供一个分析框架，指出人力、自然和实物三种资本平衡增长的重要性以及在其他替代性发展模式中福利的重要性（见

“概述”专栏0.1)。第3章探讨了投资于民如何在数量、质量和分配上直接提高福利水平，并使增长进程更具包容性和可持久性。第4章就环境和自然资源探讨了同样的问题，在这些方面，增长和福利的矛盾明显，而且这一矛盾也更加尖锐。第5章研究了财政政策的影响，包括税收与用于增强包容性和可持续发展的支出。第6章讨论正式和非正式的治理制度和反腐败问题，特别关注了发达和发展中国家的反腐措施。第7章总结了行动议程。

## 附录 关于发展中国家在增长方式质量方面表现的概述

为了推动第1章中的讨论，我们构造了两个人类发展和可持续发展的综合指数。每个指数包括数个指标，以反映质量方面的多个维度。人类发展指数所含的三个具体指标如下：

- 1994~1999年和2010~2014年人口期望寿命的增加
- 1994~1999年和2010~2014年婴儿死亡率的减少
- 1994~1999年和2010~2014年小学毕业性别比的提高（女性小学毕业率/男性小学毕业率）

可持续发展指数所含的指标如下：

- 1994~1999年和2010~2014年能源使用效率的提高（2000年购买力平价每单位国内生产总值能源使用——千克油当量）
- 1994~1999年和2010~2014年国内人均淡水资源的增长
- 1994~1999年和2010~2014年人均二氧化碳排放量的减少

我们用Borda排序法来构建这些指标。该法首先将各国按分指标进行排序，并分配给每一个国家一个顺序点，使之等于它在各分指标中的排序，然后，将每个国家在所有分指标中排序的点数按国家进行加权平均，对所得的平均值按国家进行再次排序。所得的序号即为该国的指数。该方法允许对不同测量单位、不同时期和国家范围的指标进行加总处理；即它允许跨类别进行国家之间的比较，甚至是当每一类别中国家个数都不相等时。

数据来源于1994~2014年的世界银行全球发展金融指标库和世界发展指标数据库。首先计算1994~1999年、2000~2009年和2010~2014年的平均值。20世纪90年代和21世纪前十年的变化就是1994~1999年和2010~2014年平均值的差额。只有拥有两个或更多指标的数据的国家才被包括在各指数中。

### 两个指数与控制初始收入后经济增长之间的关系

我们对两个指数和1994~2014年的平均增长率进行线性回归，研究了人类发展、可持续发展和经济增长之间的关系。考虑到1994年的初始人均收入可能影响人类发展指数、可持续发展指数和经济增长率，我们使用以下两个步骤控制1994年初始人均收入：

第 1 步。找到初始人均收入和增长率、人类发展指数（HD）和可持续发展指数（SD）之间的关系，分别对各组变量进行线性回归。通过寻找回归中的残差来量化各组关系中不能被初始人均收入解释的部分。用公式表示为：

$$Growth_i = \alpha_1 + \beta_1 Y_{0i} + \varepsilon_{1i}$$

$$HD_i = \alpha_2 + \beta_2 Y_{0i} + \varepsilon_{2i}$$

$$SD_i = \alpha_3 + \beta_3 Y_{0i} + \varepsilon_{3i}$$

其中 Growthi 是各国 1994 ~ 2014 年平均增长率，HDi 和 SDi 是各国的 HD 指数和 SD 指数，$Y_{0i}$是各国 1994 年初始人均国内生产总值，$\varepsilon_{1i}$、$\varepsilon_{2i}$、$\varepsilon_{3i}$是残差。

第 2 步。对第 1 步所得的各组残差进行线性回归，找到 HD 和 SD 中不能由初始人均收入解释的部分和增长率之间的关系。用公式表示为：

$$RHD_i = \theta_1 + \gamma_1 R_i + \varepsilon$$

$$RSD_i = \theta_2 + \gamma_2 R_i + \varepsilon$$

其中 RHDi、RSDi 和 Ri 分别是我们从第 1 步得到的不能由 1994 年初始人均收入解释的 HD 指数、SD 指数和 GDP 增长这三个变量在回归模型中的残差。

结果如附录 1 表 1、图 1.1、图 1.2 和图 1.5 以及第 1 章有关图表所示。总之，人类发展指数与增长是呈正相关关系；可持续发展指数与增长呈负相关关系。

**附录 1 表 1　　控制 1994 年初始人均 GDP 后的残差的回归**

| | Coefficient | T | No. of obs | Prob > F | Adjusted R - squared |
|---|---|---|---|---|---|
| HD | 3.7756 | 3.40 | 128 | 0.000 | 0.0731 |
| SD | -2.8980 | -3.08 | 130 | 0.0025 | 0.0664 |

注：HD = 人类发展；SD = 可持续发展。Obs. = 样本。

资料来源：王斌涛和陈春旭在王燕指导下的工作。

## 注释

1. 本章由王燕更新，陈春旭（所有图表）和王斌涛（附录 1）提供了研究协助。我们对 Alastair McIndoe 提供的编辑支持深表感谢，感谢 NalinKishor、Hans van Rijn 和 Vinod Thomas 的评论。

2. 很多研究处理了发展目标的多维视角问题，包括：Dasgupta（1993）；Hicks 和 Streeten（1979）；Lewis（1955）；Nordhaus 和 Tobin（1972）；Sengupta 和 Fox（1969）；Tinbergen 和 Theil（1989）。有些研究使用大量的经济、社会和质量变量进行多因素分析，包括 Adelman 和 Taft - Morris（1967）；Baster（1972）；Morris（1979）；UNRISD（1970）。有些研究构建了生活质量指数或人类发展指数，包括 Dasgupta（1990a）；Diewert（1986）；Drewnowski 和 Scott（1966）；Griliches（1971）；McGranahan（1972）；Ram（1982a，b）；Slottie（1991）。第 2 章提及了这些著作中的某些框架。

3. Dasgupta，1993；Easterly，1999a；Fedderke 和 Klitgaard，1998；Kakwani，1993；Sen，1994；World Bank，2000i，World Bank，2011.

4. Collier，1999；Collier 和 Hoeffler，1998；Easterly、Islam 和 Stiglitz，1999；Rodrik，1998，1999.

# 第 2 章

# 财产、经济增长与福利[1]

“困难并不在于理解新的观念，而在于从根深蒂固于我们头脑之中的旧观念当中解脱出来。”

——约翰·梅纳德·凯恩斯，《就业、利息和货币通论》

快速的经济增长通常被认为是发展的首要指标。然而，仅以国民核算计算的经济增长作为衡量发展的尺度已经难以让人满意。[2]更有意义的是福利。它包括消费、人类发展和环境的可持续性及其质量、分布与稳定性。通常，人均收入增长和福利改善携手并进。但是，两者有时也会出现冲突。

收入增长和福利改善之背离常常出现在经济波动和非持续增长之时。当经济持续增长时，这种背离是否会加剧呢？也就是说，在福利没有得到持续改善的情况下，各国经济能否保持长时间的快速增长？如果答案是否定的，就应关注于确保经济持续增长的政策，因为这些政策一般也会带来福利的改善。如果答案是肯定的，就应在关注经济增长的同时辅之以对可持续增长模式的检验。

本章集中于对三种重要资产投资模式进行分析：实物资本及与之密切相关的金融资本、人力资本及与之密切相关的社会资本、自然资本及与之密切相关的环境资本。对这些资产的使用能够产生影响的技术当然也是非常重要的。经随后的实证证明的核心假设是，促进对所有形式的资本进行足量的投资能够引致更快和更好的经济增长与福利改善。但是政策经常导致扭曲，使得对不同形式的资本投资过度或者不足。这些扭曲可以表现为：人为压低利率、低估自然资源的价格，或者在公共政策中轻视基础教育。偏重实物资本积累而忽视人力和自然资本不可能确保经济的持续增长。最近的研究表明，在短期投资率和经济增长之间几乎不存在相关性（Easterly，1999）。仅仅加强实物资本积累的努力常常带来高昂的代价。

20 世纪 80 年代和 90 年代初的一些政策变化似乎倾向于提高实物资本的回报率，这反映在很多国家的投资高涨。但是，由于没有足够的人力资本和自然资本的投资作为配合措施，这些投资不能自动保证经济的持续增长。一些国家甚至没有出现增长，部分是由于错误的管制（比如，抑制投资冲动的牌照），部分是由于调控不足（如对金融市场和垄断的监控不力）。

然而，人力资本、实物资本和自然资本相对有序或平衡的扩张却能够保持经济长期增长。[3]均衡并不意味着资产的同比例增加，它指的是对一个有序的政策框架的资产积累回应。这种模式更可能减少贫困和改进收入分配，从而为加速增长创造条件，进而促进福利更快改善。所以，要想快速持续的增长，就要防止人力资本和自然资本的投资不足。

作为开始，我们先建立一个框架，使我们能够对这些假设进行探讨并分析其含义：资本积累的模式、要素生产率和社会福利。我们特别关注这些资本积累的扭曲对贫困人口的影响。在接下来的部分，我们将提供各种来源的实证证据，对改革的历史回顾以及从最近三篇论文得到的计量证据，这些论文研究了政策、扭曲以及其对增长质量的影响。然后，我们转向分析各种补贴的实证证据，随后评价资本补贴产生的影响。

## 一个框架

将人力资本和自然资本按照影子价格（不考虑其计量的复杂性）纳入国民经济核算以提高其质量，是避免经济增长和福利改善相背离的方法之一。但是，即使对这些资产进行估价的进展有限，它们仍未纳入国民经济核算，在纳入（和确定权重）方面存在严重的概念上的问题。基于这些原因，更现实（也更温和）的方法是确定可衡量的增长模式和有可能提高福利的政策工具。

### 三种增长模式

考虑这些增长模式：

- 模式一，不可持续的增长。即经济在某些阶段高速增长，但是速度在下降，最终出现停滞或者接近停滞。
- 模式二，以掠夺自然资源为代价的扭曲的增长。例如，人为地压低资源价格；对人力资本投资不足，比如对童工缺乏有效的保护；对实物资本进行补贴，其方式包括税收减免，对某些投资给予财政补贴和信贷补贴。
- 模式三，可持续增长。在公共部门的支持下发展基础教育，改善公共卫生和保护自然资本，从而实现有序和平衡的资本积累，这将避免私人财产（特别是实物资本）收益下降，从而为促进技术和全要素生产率（TFP）的增长提供最低却不断增长的人力资本。

第一种模式增长的速度一般不高，而且非常不稳定或者说波动很大。缓慢而不稳定的增长不利于减少贫困，并导致对人力资本和自然资本的投资不足。也就是说，模式一会引发经济停滞和福利损失。这种模式通常与治理不善和腐败有关，这些行为导致投资不足和公共支出的配置失效。

相比模式一，走走停停的模式二在增加社会福利和减贫方面要好一些。但是，模式二依赖于公众对实物资本的支持，这难以持续。模式三在改善福利和减贫方面效果更好。为了保证经济以一个合理的速度增长，经济活动中的重要资产——实物资本和金融资本、人力资本和社会资本、自然资本和环境资本——需要以无扭曲或公正、平衡的速度增加。这些资产，尤其是人力资本在人口中的分配也很重要。对贫困人口而言，稳定和持续的增长让他们受益最大，走走停停的经济增长则让他们吃亏最多。

## 外部性与资产积累

所有形式的资本可能都涉及外部性。人力资本和自然资本经常在使用者之外产生社会价值。作为公共物品（部分地），采取行动的个人或企业并没有必要将这些资本的正外部性纳入考虑。因此，公共政策和其他机制必须防止相关投资不足。人们已经注意到与实物资本积累有关的生产和技术的正外部性影响。[4]但是，与人力和自然资本相关的正外部性尽管更大，但是难以计量。[5]人力和自然资本不仅是生产要素，而且是社会福利的直接决定因素。

政府可以利用市场机制来处理这些外部性影响。但是这也涉及公共支出的分配。政府支出一般占 GDP 的25% ~30%，对资源配置和收入分配有着重大的直接影响（政策和规制的作用则相反）。政府支出可以进一步区分为*亲市场型支出*（pro – market expenditures）和*限市场型支出*（market – restricting expenditure）。前一种通过引导资源到私人部门投资不足的领域以减轻市场失灵的影响，后一种则可能恶化这种失灵。根据分类，亲市场型支出包括对家庭的社会补贴（教育、卫生以及各种社会保障）、环境保护、对知识创造和传播的支出，当然还包括传统的公共物品。限市场型支出包括绝大多数非社会补贴，如商品市场补贴、能源补贴、给企业的信贷补贴和补助、对破产私人金融机构的救助以及其他针对特定行业或企业的补贴（见 López 和 Galinato，2007；Islam 和 López，2013）。

但是，几乎没有国家能够运用市场机制对自然资本和人力资本的社会价值进行准确定价。例如，在亚马孙地区，政府对环境恶化的负外部性负有主要责任。20 世纪 70 年代和 80 年代，对放牧者和采伐者的公共补贴和税收刺激至少应该对该地区森林损毁负有一半以上的责任（Binswanger，1991）。此外，对边界地区基础设施进行投资，加大了这些地区与产权不明晰有关的外部性。

至少在短期内，仅仅关注实物资本的积累，而在防止人力资本和自然资本的投资不足方面无所作为，将导致资产积累的不平衡。主要依靠实物资本积累而不是平衡的资产增加能够加快 GDP 的增长率（利用传统的国民经济核算方法）。但是，如果自然资本大幅下降或者公共教育和卫生的质量下降，福利就不一定能那么快地增加。这种扭曲或者不平衡的资本积累带来的收入分配效应会更加显著，严重地伤害贫困人口，特别是如果这种不平衡使得经济不稳定时。

没有一定程度的平衡资本积累，GDP 快速增长可能也难以维持。除非存在巨大的技术溢出效应或者是规模经济，否则实物资本的快速积累、人力资本缓慢增加以及自然资产的消耗将导致资本的边际生产力下降。

### 全要素生产率和资产积累的增长

到目前为止，本章所关注的主要还是作为增长来源的资产积累和资产的结构。一系列重要的分析认为，增长的主要来源并不是资产的积累，而是全要素生产率（TFP）的增长。[6]这些结论来自于内生增长理论模型，并由长期以来增长的实证研究所证明，特别是美国和其他工业化国家的实证表明，TFP 趋势能在相当大的程度上解释经济增长。

在发展中国家，全要素生产率对于经济增长的潜在意义巨大。其与资产积累有着密切联系是基于两个原因。第一，引进新技术的主要通道其实是引进的资本和拥有高技术内涵的新的中间产品。第二，为了从技术进步中受益，教育水平应该从深度和广度两个方面不断提高。相比工业化国家，在发展中国家，普通教育的扩张更加重要，因为前者已经有了相当的基础。但是，在绝大多数发展中国家，普通教育依然不足以满足技术传播的需要。所以，只有人力资本迅速广化和深化，TFP 增长才能实现。这就是为什么 TFP 与资产积累关系密切以及为什么很难将作为增长源泉的 TFP 和资产积累区分开来的原因。

### 对实物资本的投资

市场化改革——贸易和资本市场自由化、私有化、消除价格管制、劳动市场和其他市场的自由化——一直是提高各种形式资本回报率的主要方法。相对于人力资本和自然资本，投向实物资本的私人投资对市场化改革的反应更为激烈，这已经帮助一些国家（特别是那些受腐败影响不太严重的国家）享受到了投资扩张以及由此带来的经济增长。其中的某些改革，比如贸易自由化或者取消歧视农业的偏见，也能提高人力资本的回报。但是，当对这些资产（特别是人力资本）的补充性投资不足时，实物资本的扩张将会导致收益递减或者经济增长减速。在某些国家，这种现象被改革的深入所抵消。在另一些国家，则动用公共资源以维持扭曲性增长（因此产生第二种增长模式）。

此外，随着发展中国家更多地参与全球市场，中央政府（和地方政府）可以通过人为地创造有利条件吸引资本并开展竞争。最新的证据是工业化国家和发展中国家都为吸引外国投资而提供补贴。各种证据表明，各地存在着对以汽车工业为代表的工业投资的优惠政策和补贴，在采矿业和林业则存在因压低自然资源的价格造成的过度开采。提高对“内资”和“外资”的吸引力的一种机制就是以低成本“免费提供”人力和自然资源，如允许使用童工；工作场所不执行卫生法规；缺乏对银行和其他金融机构的规制；不执行环保法规；放弃对矿产、水和森林采伐的权利。[7]

在一些国家，这些资本补贴和税收减免会抵消企业的成本。而这些成本与政府的治理失误和腐败有关，从而降低了企业在生产活动的投资积极性（见第6章）。这表明，对国家而言，消除腐败和杜绝治理失误可能可以节约资源。

## 对人力资本和自然资本的投资

正如硬币的两面，人们对实物资本和金融资本的极度热情的另一面就是对人力资本和自然资本的轻视，以及由于过度开采造成的各种自然资本的损耗破坏。人为地刺激对实物和金融资本的投资可能导致对人力资本和自然资本投资的不足。

私人部门对人力资本的积累是有贡献的，主要的方式有：培训、私立学校和私立卫生保健机构。但是，私立学校和私立卫生保健机构更多的是服务于富人，他们能够为人力资本的提高支付代价。多数人，特别是中低收入阶层，还是要靠公共部门的支持来积累人力资本。不完善的资本市场使得他们不能为了未来的收益进行借贷，反过来使得他们对公共部门的依赖性更高。作为资本市场不完善的后果，流动性限制对大量家庭造成影响，家庭社会补贴能够消除这种影响并增加教育和卫生投资（Zeldes，1989；Grant，2007）。对人力资本投资的公共支持可能会改善私人部门对教育和知识的投资不足（López、Thomas 和 Wang，2008）。这类补贴有着相当大的正外部性（Moretti，2004a、2004b）。类似地，由于公共物品的供给不足，知识投资方面存在巨大缺口。例如，在一个新兴行业，每个公司的盈利能力都依赖于整个行业的经验积累。由于存在外溢效应，市场力量难以引致出对于整个社会合理的投资水平。对知识创造和传播的支出能鼓励这种受市场失灵的影响的行为（Hoff 和 Stiglitz，2000）。

实物资本的增加可能通过私人对研发和高技术培训的投资，对人力资本产生溢出效应。这就是知识驱动型增长。但是为了维持这种增长，大量（且不断增长的）劳动力必须拥有足够的普通教育，以获得技能和技术，参与到研发活动的扩张之中。所以，公共部门提供普通教育与私人获得知识之间是互补的。如果普通教育的数量和质量不能快速增长，知识驱动型增长就不可能持续，尤其对穷国而言，那里的大多数劳动力没有接受初等教育（第3章）。

自然资本的恶化对贫困人口的打击是毁灭性的，他们几乎没有人力资本，因而需要继续依靠自然资本（土地、自然水资源、渔场）来获得收入，即使在中等收入国家也是如此。由于贫困人口没有利用其他资产代替自然资源的可能性，自然资源的恶化也就不可避免地使他们陷入贫穷和环境破坏的恶性循环之中［见 see López（1997）对自然资源恶化和农村贫困人口的体制性变化的动态特征的分析］。[8]

## 扭曲的资产增长和贫困人口

由于缺乏资产，在困难时期，贫困人口要维持消费水平会比富人遇到更多的困难。受替代性选择的限制，贫困人口经常从事那些最容易受到经济波动影响的工作（农业、建筑业的工作）。所以，不稳定的增长将给他们带来恶劣的影响，一场经济危机会严重地恶化他们的人力和自然资产，使他们在其后的繁荣中难以获益。

贫困人口的经济来源常常以各种形式与现代经济相分离，但是对其产品的需求至少部分地与现代经济有关（比如，汇率会影响其出口产品的价格）。因此，现代经济的不稳定会影响对贫困人口的激励，激励的减退也会伤害贫困人口。即使这种激励恢复到初始水平，贫困人口也可能难以利用它们。这意味着在两种可能的均衡中抉择：可持续增长的均衡和停滞的生存均衡。在严重衰退期，贫困人口失去资产，这些资产本应用于维持他们基本生存的消费水准，并回应接下来的经济繁荣产生的强大激励。

在一些发展中地区，如拉丁美洲，存在相对较大的收入不平等情况，主要是因为实物资本、教育和土地的分布不均。发展教育可以改变这种状况。使教育分布更平等的方法是重新配置公共支出，以投向初级和中级学校。这可能是对资产进行重新分配争议最小、最可行的一种方法。

资产不平等通过两种机制影响社会福利。一是直接影响：大量人口几乎没有资产，消费很低，而同时少数人占有大量的资产，消费很多。另一种是间接影响：资产不平等已被证明可以通过各种渠道削弱经济增长和减贫的潜力。[9]

哪怕是收入分配的微小改善，也能对发展中国家的贫困范围和深度产生重大影响（Lundberg 和 Squire，1999）。某些研究已经试图建立收入分配与经济增长之间的关系。然而，正如 Lundberg 和 Squire 指出的，对经济增长和不平等要用内生变量进行分析。资产不平等如何影响经济增长和收入分配，与对卫生和教育的公共支出水平和结构如何影响人力资本的不平等密切相关。

教育的偏态分布不可能得到最佳的增长效果。[10]如果人力资本的分布相对集中，任何进一步的集中都会降低经济增长率，然而改善这种分布则有利于经济增长（第 3 章）。一个只有小部分人受到高等教育，大部分人是文盲的经济体，很难使实物资本的回报率维持在高水平。因为那些与资本积累相关的潜在的技术外溢效应无法物化。公众获得中等及以上教育的机会越多，技术外溢效应就越大。

## 经验证据

在本节，我们提供了以下四方面的证据：

- 自 20 世纪 70 年代以来，增长更多的是走第一种和第二种模式，主要依靠实物资本的投资，而对人力资本投资滞后，对自然资本的投资大多数则为负数（见专栏 2.1）。
- 计量经济学证据。主要依靠实物资本扩张的经济增长不大可能持续。如果人力资本没有显著扩张，自然资本没有得到可持续利用，实物资本投资的正向溢出效应似乎并非足以维持稳定的增长。实证证据也表明，从长远来看，政府对非社会补贴支出的偏向降低了经济增长率。政府消费模式也会影响环境。
- 关于补贴的证据。工业化国家和发展中国家都会动用公共资源进行补贴。就资本来说，这些补贴通过多种机制实现，其中包括税收优惠、信贷补贴和赠款。这些补贴侵蚀了政府收入的相当份额，在一些发展中国家，几乎与在教育、卫生和社会方面的支出相当。

• 补贴的影响。研究文献发现，对资本的补贴对生产率的提高没有贡献，对增长的影响是中性的。而且，其对增长的影响似乎也是短期的。

**专栏2.1　　持续增长的另一条道路：巴西、智利和韩国**

追求可持续增长的两种方法应引起注意：

• 方法1，日益扩大有利于实物和金融资本的政策支持与支出方面的扭曲（采用刺激和补贴）（即第二种增长模式）。

• 方法2，对其他资产的增长，特别是人力资本也给予大力支持（即第三种增长模式）。

第一种方法意味着，要保持高经济增长就必须在一定时期内维持亲资本的偏见。就维持长期增长来说，与方法2相比，这种方法效果较差。这种方法还意味着短期内的经济增长不具稳定性，并且其在收入和财富分配上更不平等。第二种方法更可能在长期内保持适度的经济增长率，减低短期内的经济波动并增进平等。

**偏重实物资本**

大多数国家将上述方法结合，但有所侧重。巴西与其他一些国家一样，在相当的时间里采用了方法1。对一些国家的考察显示了公共拨款支持资本盈利的例子，它们向国内外的投资者提供财政补贴；利用公共资金建设基础设施和提供服务引导特定行业的扩张，发展环境敏感区域；实行有利于资本的信贷、税收和价格政策。

在20世纪80年代和90年代，标准偏差年增长率高于平均增长率（表B2.1）。相对而言，这种不稳定可能部分是由于公共部门创造资源继续支持实物资本的能力不同。这段时期也可以看到对实物资本的加速投资以及人力资本的相对滞后。从2000年开始，巴西对教育卫生等社会部门的支持大幅度上升，缓解了收入的不均等，基尼系数明显下降。与此同时，GDP的增长也显著加速（表1右侧一栏）。

**关注人力资本**

在20世纪90年代以前，韩国似乎也对投资者提供补贴。它的补贴是有选择性的，在一定时期主要是集中于少数部门——目的是在适当的时间使少数产业发展成出口行业。一些受益的行业成为领导者，为其他行业带来外溢效应。但是，尽管这种方式存在很多问题，它仍意味着公共部门显性财政负担的相对减轻。另外，用于教育的公共资源配置优先用于基础教育。这使得公共部门能够支持较快的人力资本建设，并迅速降低教育基尼系数（第3章）。这也有利于平衡实物和人力资产增长的激励机制，使得收入的不平等保持在可接受的水平，并帮助减少贫困。

韩国在20世纪80年代和90年代，直到1997年，实现了经济的持续增长。除了1997～1998年的亚洲金融危机时期经济增长相对稳定，这部分归功于公共部门多年来对人力和实物资本的支持。

## 相对中性

自20世纪80年代初，智利的公共部门普遍戒绝了对实物资本的偏重。除了1997～2000年社会部门，特别是教育和卫生部门没有受到特别的支持。在这些领域的增长战略中，公共部门并没有扮演什么特别重要的角色。但是，智利在利用自然资源方面采取了低税收政策，从而刺激了国外投资者对矿产、森林和渔业的开采。2000年之后，尽管GDP增长下降，教育、卫生、贫困和收入分配方面都出现了明显改善。

**表B2.1　　巴西、智利和韩国的部分变量**

| | 1987～1994年 | | | 2000～2014年 | | |
|---|---|---|---|---|---|---|
| 变量 | 巴西 | 智利 | 韩国 | 巴西 | 智利 | 韩国 |
| GDP增长率（年百分比） | | | | | | |
| 平均水平 | 1.8 | 7.6 | 8.8 | 3.4 | 4.0 | 4.4 |
| 变异系数 | 1.6 | 0.4 | 0.3 | 0.7 | 0.5 | 0.5 |
| 用于教育和卫生的公共开支（占GDP的百分比） | | | | | | |
| 平均水平 | 2.9 | 5.6 | 3.4 | 8.4 | 7.0 | 7.4 |
| 时期内的变动趋势 | 0.1 | -0.1 | 0 | 0.3 | 0.1 | 0.2 |
| 国内投资总额（占GDP的百分比） | | | | | | |
| 平均水平 | 21.8 | 24.2 | 32.7 | 19.6 | 22.5 | 31.4 |
| 时期内的变动趋势 | -0.1 | 0.6 | 0.4 | 0.3 | 0.1 | -0.2 |
| 相关项目（最近年份） | | | | | | |
| 贫困（每天生活费低于1.9美元的人口所占百分比） | 19.9 | 4.9 | 15 | 4.9 | 0.9 | .. |
| 基尼系数（百分比） | 60.1 | 56.4 | 32 | 52.9 | 50.5 | .. |
| 文盲率（百分比） | 16.7 | 5.7 | | 8.5 | 3.3 | .. |
| 婴儿死亡率（千分比） | 42.2 | 11.7 | 5 | 14.4 | 7.2 | 3 |

资料来源：基于世界银行的《世界发展指标》数据库。

a. 增长率的标准偏差除以增长率。

## 影响增长质量的政府政策

政府支出可以分为用于减少市场失灵的公共物品的支出（亲市场型支出）和通常只为特殊利益团体服务的非社会补贴支出（限市场型支出）。在不完全的信贷市场中，信贷配给影响家庭，导致人力资本的投资不足与稀缺，但是实物资本总投资却不受影响，即使大部分企业受信贷配给的影响。因此，政府用于社会和公共物品的支出提高了经济增长速度，尽管政府的非社会补贴并不利于经济增长。但是，政治经济因素往往促使很多政府以用于社会和公共物品的支出为代价，将支出用于私人物品（见专栏 2.2 以及 López 和 Islam，2011）。

**专栏 2.2　　政府支出与经济增长**

Islam 和 López（2013）发现，当不完善的资本市场和不断增长的人力资本的社会回报存在时，政府支出模式的偏差对经济增长来说代价尤为沉重。他们的研究使用 29 个发达国家和 66 个发展中国家 1980 年至 2009 年的 5 年非平衡面板数据。政府支出中亲市场型支出的份额取自政府财政统计数据，国家统计数据作为补充。

在样本中，政府总支出中亲市场型支出的比例中位数是 54.3%，标准差为 15.3。大约 82% 的亲市场型支出是用于教育、卫生和社会保障的社会补贴。总体而言，在样本期间内，由于社会补贴的增长，亲市场型支出稳定增长。平均来说，限市场型支出在政府支出中占比大约为 44%，而且在绝大多数国家随着时间的推移，该比例已经下降。

估计的结果表明，政府用于亲市场型支出的比例的滞后项至少在 5% 的显著性水平上有统计显著的正系数，但是，由于政府总支出变量的影响，所有估计都产生统计显著的系数，这表示政府支出从限市场型支出转向亲市场型支出将会带来人均 GDP 的更快增长，尽管政府总支出的影响并不显著。

根据样本平均值估算，增加一个样本标准差总政府支出中亲市场型支出的比例（被观察的总支出平均占比 54% 增加到 69%）的直接或产出影响是，带动人均 GDP 年增长率提高 0.83 个百分点。另外，上述亲市场型支出比例的增加导致投资率提高 0.67 个百分点，并依次带动 GDP 增长率提高 0.05 个百分点。因此，考虑产出效应和投资效应，亲市场型支出提高一个标准差的总效应是大约带动人均 GDP 增长率提高 0.9 个百分点。因为整个样本中人均 GDP 年增长率的平均值是 1.9%，提高政府总支出中亲市场型支出的占比一个标准差，将使人均 GDP 增长率提高至 2.8%。相反，限市场型支出提高 15 个百分点则会导致人均 GDP 增长率降低大约 0.9 个百分点（表 B2.2）。

**表 B2.2　　政府支出与人均 GDP 增长：系统估计**

| | TVC－FE－SUR $\nu_{it}$和$\tilde{\nu}_{it}$2 阶近似 | | TVC－FE－SUR $\nu_{it}$和$\tilde{\nu}_{it}$3 阶近似 | |
|---|---|---|---|---|
| 因变量 | 人均 GDP 增长率 | 投资在 GDP 中的占比 | 人均 GDP 增长率 | 投资在 GDP 中的占比 |
| 亲市场型支出在政府总支出的占比（滞后项） | 0.119*** [0.025] | 0.148*** [0.034] | 0.112*** [0.025] | 0.095*** [0.035] |
| 政府消费总支出在 GDP 中的占比（滞后项） | －0.09 [0.078] | 0.027 [0.106] | －0.056 [0.068] | 0.084 [0.096] |
| 总投资在 GDP 中的占比 | 0.124*** [0.038] | | 0.084** [0.037] | |
| 实际人均 GDP 增长率（滞后项） | | 0.296*** [0.054] | | 0.200*** [0.049] |
| 国家虚拟变量 x 时间趋势 | 是 | 是 | 是 | 是 |
| 国家虚拟变量 x（时间趋势） | 是 | 是 | 是 | 是 |
| 国家虚拟变量 x（时间趋势） | 否 | 否 | 是 | 是 |
| 观察值数量 | 357 | 357 | 357 | 357 |
| 国家数量 | 83 | 83 | 83 | 83 |
| 规范测试 | | | | |
| 测试固定国家效应模型 Ho：$b_{1i}=b_{2i}=b_{3i}=0$，*foralli* 对数似然比检验 | 896*** | | 1206*** | |

注：在*10%、**5%、***1%显著。观察单位：5 年平均值。所有的估计包括所有国家的时间虚拟变量。为获得$\nu_{it}$效应，TVC 估计在前两列和后两列中分别包括 212 个和 254 个国家特定系数。

TVC－FE－SUR = time－varying country－specific variables－fixed effect－seemingly unrelated estimator；PME spending = provision of social and public goods.

资料来源：López 和 Islam，2013。

## 政府支出与环境

随着实物资本积累的加速，如果没有配套的环境政策，经济增长可能破坏环境。这对相对优势为自然资源密集型产业的国家尤为可能，这些国家需要大量的实物资本用于开采矿产、森林和渔业。防止过度的环境和自然资源退化也需依靠公共政策和投资。许多自然资源有着社会价值——作为生产的投入或者消费——这些社会价值通常高于私人部门资源配置时的考虑。当自然资源丰富时，自然资本的退化不大可能对实物资本有太大的影响。但是，在自然资源低于某一个特定阈值后，进一步的退化就会降低实物资本的生产力（第 4 章）。

尽管自然资本的退化可能减少福利，但是其对经济增长的影响尚待讨论。这种影响取决于其他资产对自然资本的替代性。近期的一些证据表明，人力资本而不是实物资本可以替代自然资本。所以，扩大人力资本的经济体可以降低产出增长对自然资本的依赖。高水平的人力资本可以允许经济体从事自然资源非密集的多元化活动。例如，一个有着高水平人力资本的国家可以专注发展知识密集型行业，使得自然资本的开发不再是维持收入增长的必要条件。见专栏2.3。

**专栏2.3　　政府支出与环境**

政府支出对公共物品的重新分配可以通过以下三个渠道影响环境：

- 增加用于公共物品的政府支出可以通过**规模效应**带来经济的更快增长，这种规模效应增加了环境压力。
- 这种再分配可能支持人力资本密集型活动，而不利于常属于污染最重行业的实物资本密集型行业，从而引发产出的**结构效应**，这可能会提高环境质量。
- 政府用于公共物品的支持也可能诱发亲环境的**技术效果**。因为公共物品的扩大供给由于人力资本的增加而与更高的劳动效率联系在一起。在某种程度上，生产中人力资本和产生污染的非清洁投入是相互替代的，人力资本供给扩大将会带来更清洁的生产，降低污染—产出比率。

López、Galinato 和 Islam（2011）利用空气和水污染的国别数据实证检验了这些预测。空气污染数据取自世界卫生组织自动气象信息系统。空气污染数据涵盖1986年到1999年的38个国家；水质数据取自全球环境监测数据库，涵盖1980年到2005年的47个国家。政府支出数据来自国际货币基金组织和亚洲开发银行。作者的估计结果强有力地支持了政府支出更多地用于社会和公共物品能减少污染这一结论。保持政府总支出不变，增加10%政府支出中公共物品的比例将使二氧化硫浓度减少4%，铅浓度减少7%，以及生物需氧量减少2%。增加一个标准差（样本均值的27%）公共物品支出比例，将带来二氧化硫浓度下降10%标准差（样本均值的12%），铅浓度下降15%标准差（样本均值的21%），生物需氧量下降1%标准差（样本均值的6%）。

Islam 和 López（2014）进行了类似的研究，他们进一步检验了1983年到2008年美国联邦和州政府用于各种重要空气污染物的支出的影响。正如López、Galinato和 Islam（2011）所研究的，各州和地方政府将政府支出由私人物品转向公用物品将减少空气污染浓度。各州和地方政府用于社会和公共物品的支出增加1个标准差将减少2%～3%的二氧化硫浓度，3%～5%的PM2.5浓度以及2%～6%的臭氧浓度，以它们各自的标准差衡量。但是，联邦政府支出结构的改变却对环境没有影响。

资料来源：López、Galinato 和 Islam，2011；Islam 和 López，2015；López、Ramón 和 Amparo Palacios，2014。

## 计量经济学证据：70 个发展中国家

一项针对 70 个发展中国家的研究涵盖了中等收入和贫困国家，包括几个撒哈拉以南非洲国家。这项研究将自然资本、实物资本和人力资本作为影响经济增长的因素。[11]

不同于以前的大多数研究，这项研究使用可变函数形式（增长方程取对数），以便考虑解释变量的非线性影响以及这些变量之间的相互作用。在解释经济增长过程中不同资产之间的替代或互补关系时，这种相互作用极为重要。

- 根据估算，在人力资本和自然资本不变的情况下，经济增长率的平均水平随着实物资本存量的增加而下降，但并非所有国家都是如此。那些实物资本—劳动力比率极低的国家经济增长率趋于提高。因此，在资本贫乏的国家，资本积累一开始将会提高经济增长率。而达到一定资本密度后，在人力资本和自然资本给定的情况下，实物资本的进一步积累将对经济增长产生消极作用。
- 平均来说，人力资本似乎能提高经济增长率。尽管在之前的研究中这种关系相对较弱。随着人力资本的增加，其对经济增长的正向关系增强。在人力资本水平较低时，其与经济增长的关系可以忽略；而在人力资本水平较高时，这种关系变强，并且人力资本存量对经济增长的边际影响总是增加的。
- 要保持经济增长，人力资本在某种程度上可以替代自然资本，但是实物资本则不能。在人力资本水平较高的国家，相对来说，其经济增长率对自然资本的丧失并不敏感；而那些人力资本水平较低的国家则非常敏感。对后者而言，自然资本对于保持经济高速增长极为重要。因此，这些国家有必要投资人力资本，以减少其对自然资本的依赖。

上述结论表明，建立在实物资本积累基础上的经济增长难以维持。实物资本积累的规模经济和技术外溢效应确实存在，但是可能并不足以支持经济增长。实物资本的积累需要人力资本的扩张作为配合，以确保经济增长。自然资本的投资不足会伤害经济增长的可持续性，这对人力资本贫乏的国家尤为适用。这个结论，即仅靠实物资本的积累可能实现不了经济的持续增长，与最近的实证研究结果一致。[12]

## 关于补贴的证据

最近十年积累的证据表明，从世界范围而言，政府对工业、农业和基础设施的补贴数额巨大。国际货币基金组织出版了数篇研究报告和几本相关专著，使用不同的方法对能源补贴进行研究（专栏 2.4）。但是，关于工业、农业补贴的数据是零散和局部的，这使得测算这些补贴相对于 GDP 和政府支出的实际规模相当困难。另外，可得的数据仅包括公共部门列出的财政支出（或税收收入）中的直接补贴。那些关于间接补贴的证据，比如出让土地和自然资源等，绝大多数都是道听途说。但是，可获得的数据还是让我们可以对财政补贴进行基本的估计，至少对一些国家是如此。

国际货币基金组织最近的估计表明：

• 世界范围内能源补贴的规模巨大，而且预计能将维持高位；据估算，2015 年能源补贴高达 5.3 万亿美元，或全球 GDP 的 6.5%。大部分国家的能源补贴来自于能源税，这种税设置的税率水平比较低，难以反映与能源消费相关的环境污染。

• 以美元计算，中国是最大的补贴者；以占 GDP 的比例计算，乌克兰排名第一；如果以人均补贴计算，卡塔尔的补贴最多。

• 国家可以通过改革能源补贴而获得财政和环境上的收益（IMF，2015b）。

**专栏 2.4　　能源补贴**

一些研究使用不同的方法估算了能源补贴的总量。这里面关键的问题在于所使用的补贴定义。当消费者支付的价格低于能源供应成本时，税前消费补贴就会出现。当消费者支出的价格低于能源供应成本加一个近似的"庇古税"（或"纠正税"）时，税后消费补贴将会出现。"庇古税"反映了与能源消费相关的环境破坏，为了提高收入需要对所有消费物品征收一个额外的消费税。由于能源消费的环境成本巨大，税后消费补贴远高于税前消费补贴（IEA，2014；Clements 等，2013）。

Coady 等（2015）提供了一份关于全球和地区能源补贴的最新综合图景。他们的研究使用 Parry 等（2014）对超过 150 个国家进行能源产品环境成本估算的方法，更新了对 2013 年税收补贴的估算，并对 2015 年的数据进行了预测。主要的发现如下：

• 税后能源补贴大大高于之前的估计：2013 年为 4.9 万亿美元（占全球 GDP 的 6.5%），预计 2015 年将达到 5.3 万亿美元（占全球 GDP 的 6.5%）。

• 税后补贴规模巨大，并且普遍存在于发达和发展中国家，同样存在于产油国和非产油国。在亚洲的新兴和发展中国家、中亚、北非和独联体，这些补贴相对于 GDP 的规模尤为巨大（大约是 GDP 的 13% ~18%）。

• 由于没有国家实施有效的抑制煤炭消费的政策，即使存在严重的环境破坏，在不同的能源产品中，煤炭补贴占比最大。

• 大部分能源补贴的出现是因为难以充分弥补国内环境破坏成本。

• 能源补贴改革的潜在财政、环境和福利影响是巨大的。如果 2015 年取消税后补贴，则能提高 2.9 万亿美元政府收入（占全球 GDP 的 3.6%），减少超过 20% 的全球二氧化碳排放量，减少超过一半因空气污染的早亡人数。在允许消费者面临更高的能源成本后，这项行动将提高 1.8 万亿美元全球经济福利（占全球 GDP 的 2.2%）。

资料来源：Coady 等，2015。

一方面，这些估计数只是所有补贴中的一部分，并未包括对制造业的补贴。另一方面，一些补贴，特别是能源补贴，关注的是消费者而非公司生产，而这正是我们首先要考虑的。但是，相当大部分的能源补贴似乎被公司所攫取，因此上述估计仍然可以看作是对公司的补贴。

除了能源和农业补贴，国家对制造业直接提供补贴。有证据表明，这些补贴可能要大于对能源和农业的补贴。许多国家对外国投资者的补贴似乎也很多。有些时候，对外国企业的税收优惠是以降低政府税收收入为代价的。在某些案例中，这些补贴存在的一个原因就是，存在对外国投资者的竞争。这种补贴适用于矿业、汽车及钢铁等工业的投资者。这在本质上是一种歧视，并且产生了由于优惠于某些企业而引发的效率问题。

尽管我们不能完全将对资本的补贴和对企业的补贴分开，这些有偏差的数据仍然意味着对企业大量的补贴占了政府支出的相当部分，实际上也这是对资本的隐性补贴。上述几节我们已经强调扭曲更少或者更中性的资产增长模式，它要求人力资产和自然资产随着实物资产而扩张。这些补贴则是与其他用途争夺本来就稀缺的公共资源。问题就在于，从社会的角度来看，它们能否更好地应用于这么一个有问题的领域，或应用于诸如建设人力资本、防止自然资本急剧恶化的其他领域。当然，还有一种可能，对企业的补贴支持了对实物资本投资的持续扩张，提高了经济效率和劳动生产率，并对社会产生正向的外溢效应。如果真是这样，就不该反对补贴。

自 21 世纪初以来，能源补贴仍然在国际政策议程中维持很高的热度，因为人们逐渐意识到能源补贴对环境、财政、宏观经济和社会生活等方面有着负面影响。大量的研究发现，能源补贴存在负面影响。能源补贴破坏环境，通过当地的空气污染引发更多的早亡，加剧拥堵以及其他由汽车使用引发的副作用，增加大气中温室气体的浓度。能源补贴造成沉重的财政成本，需要由更高的公共债务和税收负担提供融资，同时，它们对卫生、教育和基础设施等生产性公共支出产生挤出效应。能源补贴也会拖累经济增长，因为它们阻止了改善能源效率、可再生能源和能源基础设施方面的必要投资，增加了国家对波动的国际能源价格的脆弱性。由于大部分能源补贴的利益通常被富裕家庭获得，能源补贴也不是向低收入家庭提供支持的有效方式（Coady 等，2015）。

## 结论

本章提供了分析人力、实物和自然资本三种重要资产增长的框架。其主要的假设是可持续的经济增长和福利改善需要三种资产有效地扩张。然而，一些国家热衷于对实物资本进行补贴。有证据显示，这种补贴（税收减免、直接补贴、自然资源的轻易可得，等等）在政府支出和 GDP 中占很大比重。这种方式不大可能带来经济的持续增长。它还会忽略人力和资本资产，而这两者对福利有直接的贡献。所以，这种增长模式对福利的贡献很小。

从长期来看，将国民储蓄的更大部分投资于人力和社会资产的扩张——同时可持续地使用自然资产——能使得经济更快更好地增长。这三种资产共同参与的可持续增长模式更能增进福利。其原因在于对人力这一社会资本的投资直接提高了福利，也在于这些资产的投资有助于改善收入分配和降低经济增长的不稳定性。这就是为什么相对来说不扭曲和平衡的资产积累模式可能要优于简单地关注实物资本和金融资本的模式。

## 注释

1. 本章由 Ramón E. López 于 2000 年撰写，在世界银行的 Asif M. Islam 和乔治·华盛顿大学的 Feng Zhang 的帮助下，王燕于 2016 年进行了更新。

2. 参见如 Adelman，1975；Dasgupta，1993；Dreze 和 Sen，1995；Lewis，1955；Sen，1988。

3. 正如随后的讨论，平衡的资产增长并不意味着所有资产都以相同的速度增长。本章所有使用的平衡增长的关注点在于资产的结构，而非通常约定的产出的部门构成（Hirschman，1958；Nurkse，1953）。

4. 见 Barro 和 Sala－i－Martin，1995；Romer，1986。

5. 资产增长不平衡会导致外部性与市场失灵。与人力资本和自然资本相比，实物资本较少受外部性影响。信贷市场的不完善会阻止贫困人口在他们想要的水平进行教育投资，即使他们能获得更高的回报率。外部性对自然资本，包括环境的影响也是极为普遍的。另外，相比于对实物资本的投资而言，对人力和自然资本的投资需要更长的时间才会有效果。资本市场的不完善似乎对后者的负面影响比前者更大。所以，和另外两种资产相比，私人市场经济趋于积累实物资本。有文献认为，另一个导致资产不平衡增长的原因在于协调失灵。这是由主体间的互动难以完全被价格传达［参见如 Stiglitz（1975）早期一个关于能力和教育的不完全信息产生的多重均衡模型，Murphy、Shleifer 和 Vishny（1989）和 Rodriguez（1993）关于主体协调失灵的文章］。

6. 见 Easterly 和 Levine，2000；King 和 Rebelo，1993；Klenow 和 Rodriguez－Clare，1997a；Romer，1986、1993。

7. 资本补贴的其他例子比比皆是。阿根廷和墨西哥长期向私有化的电话公司提供垄断权。巴西给汽车工业的投资提供补贴和税收优惠（《金融时报》，1999 年 7 月 21 日）。智利曾向从事植树的少数大企业进行补贴，以支撑其私营纸浆和造纸行业的扩张。自 20 世纪 80 年代初，中国就向外国投资者提供了免税和减税。在中欧和东欧国家，以税收拖欠为形式的政府直接补贴占 GDP 的 5%～10%，并且以每年相当于 GDP2% 的速度增长（Schaffer，1995）。在巴西，橡胶生产者从政府那里收到了大量的补贴，八家公司就得到了 20 亿美元（*Gazeta Mercantil*，1999 年 5 月 21 日）。根据美国向 WTO 提供的申述，在韩国，两大钢铁公司在 1993～1999 年从政府手中得到了 60 亿美元补贴（New Steel，1998）。Herrera（1992）分析了阿根廷私营电话系统由于缺乏足够的法规制约产生的消极影响。

8. 因为多重均衡和不可逆过程是可能的结果，所以存在一个公共政策干预的可能范围，以避免贫穷和环境恶化的恶性循环。

9. 见 Alesina 和 Rodrik，1994；Deininger 和 Squire，1998；Persson 和 Tabellini，1994；Ravallion 和 Sen（1994）关于资产不平衡和经济增长的部分以及第 3 章。

10. 教育的分布由基尼系数和教育的标准差来衡量（这些衡量细节见第 3 章以及 López、Thomas 和 Wang，1998）。

11. 这项研究将森林面积作为自然资本的替代指标。森林覆盖减少通常与水土流失、商业性林木物种的丧失、水源枯竭和土壤侵蚀有关，所有这些对生产而言很关键。所以这是一个能反映自然资本恶化的合理指标。

12. Barro 和 Sala－i－Martin，1996；Jones，1995；Mankiw、Romer 和 Weil，1992；Young，1994、1995。

# 第3章

# 改善机会的分布状况[1]

"对于我们来说，财富不仅仅是物质，更是获取成就的机会。"

——修昔底德（Thucydides），公元前460～公元前400年

贫困人口的最主要的财富就是他们的人力资本。对贫困人口的人力资本进行投资，增加他们的资产，是减少贫富差距、消除贫困的有效途径。本章将把普及教育和增长及消除贫困结合起来，对教育质量问题进行探究。接下来，本章将讨论怎样才能使各个层次的教育都更具成效。自然，接受高质量教育之重要性首先在于它能提高人们的收入。但这还不够。要想获得更高的生产力，人们还得将自己的人力资本与生产资本——如土地与股权资本以及开放市场中的工作机会等等——结合起来。

第2章讨论了无扭曲地、平衡地增加资产的重要性。本章集中讨论的是那些贫困人口所拥有的资产，首先是他们的人力资本以及那些他们严重依赖的资产，如土地。要通过经济增长来消除贫困，能使得贫困人口的资产，尤其是他们的人力资本增值，并使其更平等地分布。[2]然而，在教育和卫生保健支出方面的不平等情况仍然很严重。这反映出市场的失灵和对贫困人口人力资本投资的严重不足。资产分布反映了机会的分配情况，是人均生产力和收入的先决条件。既然对现存的资产和收入进行重新分配从政治层面来说是非常困难的，创造新的资产（如人力资本）这一途径就被普遍接受了。

发展要持续下去，就必须是平等的，而且是具有包容性的。保障在公共教育和医疗卫生方面的公共开支很重要，但其本身不能保证发展的持续。需要采取全方位的策略来赋予人民权利。以下是要着重强调的行动措施：

- 通过保证贫困人口公平地获得高质量的教育及卫生保健服务，使他们增加自己的人力资本。

- 提高社会对公共投资效果的关注并减少那些对富人有利的教育和卫生保健类型的补贴。

- 贫困人口通过获得土地、信贷、培训以及工作机会，使他们更便于充分利用自己的人力资本。

- 以经济改革和市场开放积累补充人力资本，提高教育的生产力。

## 教育的潜在效益

教育和卫生保健可以增强人们塑造自己人生的能力——提高他们在社会中的作用，直接改善他们的福祉。例如，妇女受教育并不只是可以使她们获得更高的收入，还能够促进其生殖健康，降低婴幼儿死亡率，使上下两代人都受益。由此可见，人力资本的投资对经济增长、消除贫困和环境保护至关重要。[3]人力资本投资的重要性早已为人们所知，但只是在最近20年里人们才更加认识到它与发展的其他方面——安全、社会公正以及可持续发展间的联系。

对人力资本投资可以保护劳动者和改善他们的安全保障，后者是生活质量的一个重要组成部分。教育和良好的健康能增强贫困人口应对环境变化的能力，使他们可以更换工作，对经济低迷和金融危机有一定的抵御能力。

社会排斥降低了个人上学和参加工作的动力。[4]研究显示，在校期间的问题学生更可能遭到社会排斥（Social Exclusion Unit，2001）。“童年期的社会排斥”是衡量个体将使社会产生多大成本的主要预测指标。据估计，这项成本很大并且将由许多机构承担（Scott、Henderson 和 Maughan，2001）。制度性强加给个人的社会身份会在资源分配方面偏惠一个群体而歧视另一个，这种不平等会对个人激励的内在反应产生影响，因此加剧了收入不平等（Afridi、Li 和 Ren，2015）。

对人力资本的投资如果能被很好地分配并能瞄准贫困人口，那么可以提高社会的包容性。对于那些易受冲击的、常常遭到排斥的社会群体，例如文盲、残疾人、老年人、长期患病者或因语言障碍而被孤立的人，如果给他们提供更好的教育和卫生保健服务，就可以帮助他们克服障碍，提高其生产力。

对人力资本进行投资也有利于保护环境。接受过更高程度教育的妇女会养育更健康、数量更少的孩子，这就可以减小人口膨胀对资源和环境的压力。人们在接受更多的教育后，就能吸收更多信息，会使用各种工具来保护环境和更合理地利用资源（第4章）。

人力资本投资可以改善人权状况，促进社会公正，从而直接提供社会满意度。基础教育使贫困人口认识到自己的民事和政治权利，他们通过投票选举和竞选来行使这些权利；表达他们所关注的问题，寻求法律救济，进行公共监督。这有利于机构建设，改善治理结构和打击腐败（第6章）。

这些益处绝不是自动产生的。许多研究表明，人均接受教育年限的增加能提高产量和经济增长率。但是，也有研究者认为，人力资本的积累对经济和生产力增长并无明显作用，甚至还有负面影响。正如 Bils 和 Klenow（2001）提到的：“从学校教育向经济增长的转化渠道太弱，以至于超过1/3观测到的教育与增长间的关系不能被合理解释……Barro 及其他学者所记录的大量实证关系不应该被解读为反映了教育对经济增长的影响。”

## 仅有数量是不够的——质量更重要

1980年以来，发展中国家对教育投入了数量可观的公共资源。20世纪60年代，发展中国家的适龄儿童入学率还不到一半，而到了90年代，这一比率增长至3/4以上。但是，各地区之间的发展进程是不平衡的。自20世纪90年代以来，拉丁美洲在教育方面取得了显著的进展。例如，小学净入学率从1980年的70%升至2014年的92%，中学入学率从1999年的60%升至2014年的74%。入学率上升的原因部分是由于大规模的“有条件现金转移支付”计划，如墨西哥的“机会项目”和巴西的“家庭救助金计划”（专栏3.1）。根据世界银行的世界发展指标数据库，在撒哈拉以南非洲，尽管小学净入学率上升缓慢，但仍从1999年的58%增长至2014年的77%。在一些低收入国家，基础教育不足仍然是一个严峻的挑战。增加对教育的公共开支十分必要，但从以下几个理由来看还不充分。

**专栏3.1　　巴西的“家庭救助金计划”**

“家庭救助金计划”是全世界最大的有条件现金转移支付（CCT）项目之一，使大约1100万家庭受益。像大部分拉美地区的CCT项目一样，“家庭救助金计划”提供月度有条件的转移支付给低收入家庭——那些每月人均收入少于120巴西雷亚尔（68美元）的家庭——成员中孩子不超过17岁并且（或者）家庭中有一位孕妇以及不超过三个儿童。与该地区其他CCT项目不同，“家庭救助金计划”也提供月度转移支付给极端贫困家庭——即那些每月人均收入少于60巴西雷亚尔（34美元）的家庭——无论他们的家庭成员构成情况。对于极度贫困且没有儿童的家庭，不附加任何条件。

此项目于2003年启动，是四个当时存在的有条件与无条件现金转移支付项目的合并。到2006年年底，它已经升级到能够施惠于1100万家庭的项目。Soares、Ribas和Osorio（2010）发现，相较于拉美地区的其他CCT项目，“家庭救助金计划”有助于减少不平等与极端贫困，提升了教育的产出，也并未对劳动力的参与产生负面影响。此项目并未对医疗卫生及营养方面产生预期的作用，主要问题似乎是供给侧的约束。

Glewwe和Kassouf（2012）考察了巴西的“家庭救助金计划”项目对巴西儿童教育成果的影响。如果贫困家庭的子女（6岁至15岁）被学校录取，那么救助金将为这些家庭提供现金支付。使用学校人口普查数据来比对在不同时期接受了救助金学校的学生入学率、辍学率及升学率。他们估计该项目将1~4年级学生入学率提高了5.5%，将5~8年级学生入学率提高了6.5%；将1~4年级与5~8年级学生辍学率分别降低了0.5个百分点和0.4个百分点，将1~4年级与5~8年级学生的升学率提升了0.9个百分点和0.3个百分点。大约有1/3的巴西儿童参与了救助金计划。假设不存在对未参与者的溢出效应，这意味着救助金计划的影响将高出这些估测数据三倍之多（Glewwe 和 Kassouf，2012）。

资料来源：Soares、Ribas 和 Osorio，2010；Glewwe 和 Kassouf，2012。

## 公共开支与成果之间的联系不大

跨国研究表明，大量的教育开支与教育成果之间并无紧密联系。Filmer、Hasan 和 Pritchett（2006）运用跨国数据进行研究发现："即使在那些满足初步完成联合国千年发展目标的国家，大多数青年并未达到最低的竞争水平，更别提实现全球化环境下要求的竞争力了……尽管几乎所有国家的教育系统都在数量上进行扩张，但几乎没有国家实现了其最基本的目的"。

同样的情况也出现在政府医疗卫生支出和五岁以下儿童死亡率的微弱关系中。Filmer、Hammer 和 Pritchett（2002）指出，在政府支出与增加的医疗卫生之间存在两种微弱的联系：一是"由于内部监督和控制政府雇员行为方面的困难，从而无力将医疗卫生方面的公共支出转化为实际的服务"；二是私人医疗卫生服务市场的"挤出效应"，即市场主要存在于初级医疗卫生保健服务水平。与此同时，他们识别了医疗卫生服务方面的两种市场失灵特征：一是使用标准公共服务干预解决了大部分传染病问题，然而在控制疾病过程中有大量外部性存在；二是保险市场大范围的破产使人们暴露于灾难性的财务损失中。

为什么公共支出与其成果之间仅有微弱的联系？原因在于教育服务的质量和分布，以及人力资本的生产力。对于许多已经将相当多的公共资源投入到社会服务中的发展中国家，加大投入不一定能提高贫困人口的教育成果，尤其是在公共资源被用于补贴有利于富人的教育时。经济战略和政策也很重要：为吸引外资而提供补贴在一定条件下可能有利于收益率的提高，但不利于人力资本的增长。劳动力市场的扭曲会削弱对教育的投资。另外，人们要想进行生产活动，还需要获得其他生产资料，包括土地、信贷、股权和在开放的竞争性市场里工作的机会。

## 教育质量参差不齐

尽管入学机会增加了，各国和各地区的教学质量却相差很大。一项广泛的调查探讨了界定和衡量教学质量的最佳方法：依据投入、教程以及学生成绩进行评估（见 Behrman 和 Birdsall，1983；Card 和 Krueger，1992；Greaney 和 Kellaghan，1996；Lockheed 和 Verspoor，1991；Barro 和 Lee，2001a；Raudenbush，2004；Green 和 Worswick，2012）。

我们认为质量是一些指标的组合，它们反映了投入、教程和成果方面的情况。其中，投入是指每个学生的人均费用以及教师的数量和质量；教程是指学习时间的长短和课程内容；成果指标则用学习成绩、态度、考试分数以及辍学率等的综合情况来衡量。

数据显示，教学质量相差很大。东亚地区的小学复读率和辍学率比收入更高的拉丁美洲要低，考试成绩则比拉丁美洲地区高。专栏3.1显示，巴西在实施了有良好针对性的“家庭救助金计划”后，辍学率下降。另一些基于有限的国际可比较考试成绩的研究也表明，大量的公共支出并不一定能保证教育的高质量——关键取决于供求关系双方的因素。

教育质量差异如此之大，原因何在？教育成果的好坏与供求关系相关，同时还取决于整个经济的政策和激励机制。如果一个国家将公共资源都用于补贴实物资本而不是基础教育，那么回报率将不利于非熟练劳动者，并将损害贫困人口的利益。

Coady等（2015）指出，补贴产生大量财政成本，这些成本需要由几种方式来融资，包括更高额的政府债务、更高额的征税以及挤出潜在的生产性公共开支，而这将拖累经济增长。由于实际上是富裕家庭获取了大部分的利益，导致对低收入家庭提供补贴可能是无效的。

在微观层面上，众多研究都考察了教学质量和学生成绩之间的关系。Behrman和Knowles（1999）发现在教师水平、经常性投入的质量和在校儿童成绩之间存在强烈的正相关关系。Rockoff（2004）发现教师间存在较大的、统计学意义上的显著不同，以全国标准等级衡量，教师质量每提高一个标准差，将使学生阅读与数学成绩提高约0.20个和0.24个标准差。当教师质量控制不变时，教学经验将在统计上对阅读考试成绩产生显著的积极影响。

Banerjee等（2007）测试了两个补救性教育项目对学生成绩的影响。两个项目均提高了实行该实验的学校学生的考试成绩，大多数可归因于处于成绩分布低端的学生成绩有较大幅度的提升。与之前的文献相反，在肯尼亚农村进行的一项随机实验并未发现提供教科书会对学生考试成绩产生影响（Glewwe、Kremer和Moulin，2009）。

## 低质量教育的后果

低质量的教学不成比例地对贫困人口利益造成损害，而且限制了他们未来的收入机会。例如，越南高收入家庭的学生可以更容易地获得高质量的教育。在拉丁美洲地区，大部分来自低收入家庭的学生都上公立学校，而此类学校的授课时间和课程设置只有私立学校的一半。家庭收入越高的人就越排斥公立学校。贫穷的学生更可能面对次等学校，后者反过来影响他们的未来收入（Perry等，2006）。Edelman和Holzer（2013）指出，“不成比例的低质量学校、不成比例的监禁以及持续发生的基于种族和民族的歧视，都是以种族和贫穷交织为特点的”。

根据对拉美地区家庭调查估计，低收入家庭的学生接受较差的初级教育。以学生在劳动力市场上的表现来计算的教育质量，家庭收入低的学生比相对收入高的学生要低35%。[5]相同国家内，贫困人口与富人在完成中学学业方面也存在巨大差距。由于仅有来自富裕家庭的学生才能享有私立学校的教育，所以那些接受低质量的公立学校教育的贫困家庭学生增加收入的潜在机会就被严重削弱了。

## 质量与数量——如何权衡？

提高教学质量是对普及教育机会的补充。如果贫穷家庭的孩子只能上质量差的学校，那么他们很难有机会找到高收入的工作，而他们的父母将会对送孩子上学丧失兴趣。当教育普及率较低时，最好的办法是集中用政策干预的方式同时提高教育的数量和质量。例如，一些减少童工和将儿童留在学校的计划——如学校供应午餐和现金津贴——将与对教师进行培训一样，都能提高教育质量。

然而，随着人口增加和预算收紧，质与量兼顾的方案可能会变成两者间的各种权衡，尤其是在提高质量的措施与学生学习效果的联系并不密切的时候。应当采用什么样的干预措施来提高质量呢？是激励学生，还是增加课程学习时间，或是提高教师的教学水平？有数据显示，学生与教师比率的缩小对学生学习效果并没有太大影响。尽管韩国的学生与教师比率相对较高，但韩国学生在国际科学与数学竞赛中的平均成绩却是位居前列。[6] Duflo、Dupas 和 Kremer（2001）进行了一项实验，将学生基于初始成绩被分配到实验组中的不同部分，而实验组是从对照组中随机指派的。研究发现，分在课程质量最高组的学生确实会受益于优秀的同伴与工作负责的教师，而课程质量最差组的教师趋向于讲那些低学术能力学生能听懂的内容。Duflo、Hanna 和 Ryan（2012）发现，每天监督教师的出勤情况并以出勤率为函数制定工资水平之后，教师的缺勤率下降了，学生的考试成绩提高了。

## 实现平等教育和社会包容性

平等获得教育和卫生保健是每个人都拥有的基本人权之一。与土地和实物资本一样，公平的人力资本分配对于基础广泛的经济增长和减贫至关重要。不仅如此，公平的机会分配也有利于对现有资产进行重新分配，因为投资于人力资源可以创造新资产，提高社会福利。[7]保障贫困人口更平等地接受教育是一项被工业国家和发展中国家逐渐接受的双赢政策。

为什么要重视教育的分布？这是因为保障贫困人口接受基础教育的权利与改善教育分布有重要关系。在可用于教育的公共资源有限的情况下，将教育的公共投资集中用于贫困人口，这通常意味着将原本主要对富人有利的教育项目的公共资源进行重新分配。这样的政策在政治上来说不怎么受欢迎，在许多国家难以实施。但是，正如本节所述，政府有充足的理由执行这项政策。

### 对教育成果离散分布情况的测算

自从亚当·斯密时代以来，教育便与社会平等和经济发展联系在一起。现在对于教育不平等和普及教育的论述虽然还不多，但正在逐渐增加。[8]随着可得到的教育分布测算数据的增加，教育的不平等情况也越来越突出。Birdsall 和 Londofio 在 1997 年考察了初始资产分配对于经济增长和消除贫困的影响，发现初始教育不均和收入增长减缓之间有很强的相关性。Morrisson 和 Murtin（2013）发现，随着时间的推移，国家内部的教育不平等呈倒 U 形曲线。在全球层面，世界教育方面的不平等曲线也遵循了相似的轨迹，先是在 1870 年至 1970 年上升，然后下降。

后来，研究者创立了教育基尼系数。教育基尼系数与被广泛用来衡量收入、财富和土地分配的基尼系数相似。基尼系数的最小值为0，代表完全平等；最大值为1，代表完全不平等。Lopez、Thomas 和 Wang（1998）首先对20个国家教育成就的基尼系数进行了评估，发现在教育分布方面存在很大的差异。跟进这项研究，我们建立了140个国家在1960～2000年间的教育基尼系数，考察了教育基尼系数与平均教育成就、性别差异、教学的标准差之间的关系（Thomas、Wang 和 Fan，2002）。教育基尼系数使我们能够观测到在1960～2000年间不同国家的教育不平等程度是如何变化的。我们发现教育基尼系数在大多数国家缓慢下降，教育不平等仅在少数国家的特殊时期才有所恶化。在研究期间，此系数在包括韩国、突尼斯和中国在内的一些国家迅速下降，而在另一些国家下降的速度则较为缓慢，诸如马里和巴基斯坦。

具体来说，韩国在教育覆盖面方面普及得最快，教育基尼系数下降也最快，从1960年的0.55下降到2000年的0.19。突尼斯也在教育分布方面取得了较大改善，其基尼系数在同期从0.94下降到0.54。印度的教育基尼系数最初下降缓慢，从1960年的0.79下降至1990年的0.69，然后相对快速地下降至2000年的0.58。哥伦比亚、匈牙利和委内瑞拉的教育基尼系数则出现波动，表明这些国家的教育不平等在一个时期有所增加，在另一时期却有所减少。

## 印度和韩国的教育洛伦兹曲线

教育平等的改善可以通过一个国家的教育洛伦兹曲线的移动来表示。1990年对印度和韩国的一项调查显示，发展中国家的教育洛伦兹曲线变化幅度非常之大。尽管印度在提高小学和中学入学率方面取得巨大进展，在1960年仍有超过一半人口（15岁及以上）得不到任何学校教育，而与此同时，占人口10%的人却占了累计受教育年限的40%。对印度来说，普及基础教育仍然任重而道远（图3.1）。

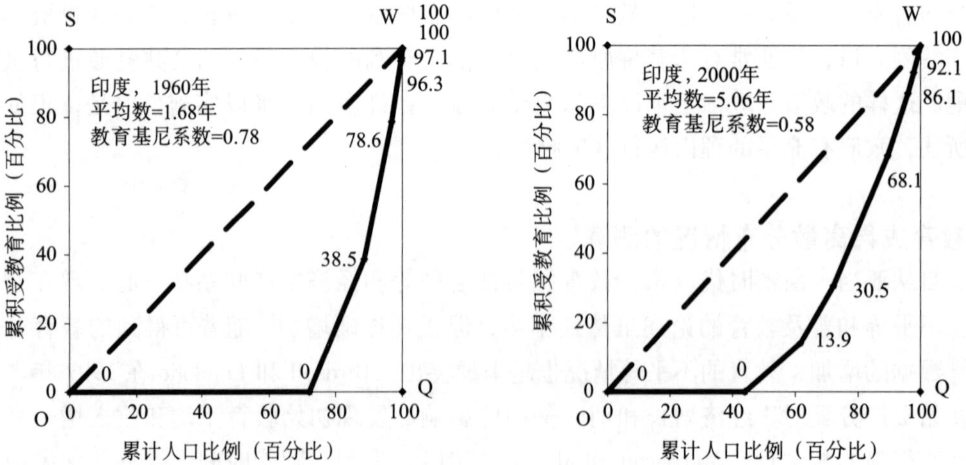


**图3.1　1960年和2000年印度的教育洛伦兹曲线**

资料来源：Thomas、Wang 和 Fan（2001，2002）。

韩国迅速地普及了基础教育，并成功地扫除了文盲。在 20 世纪 60 年代和 70 年代，超过 2/3 的政府教育支出集中在小学和中学教育方面。自 1960 年以来的 40 多年，平均受教育年限增加了一倍以上，扫除了文盲。韩国的洛伦兹曲线相较于其他的国家而言，更向 45 度平等线靠近（图 3. 2）。

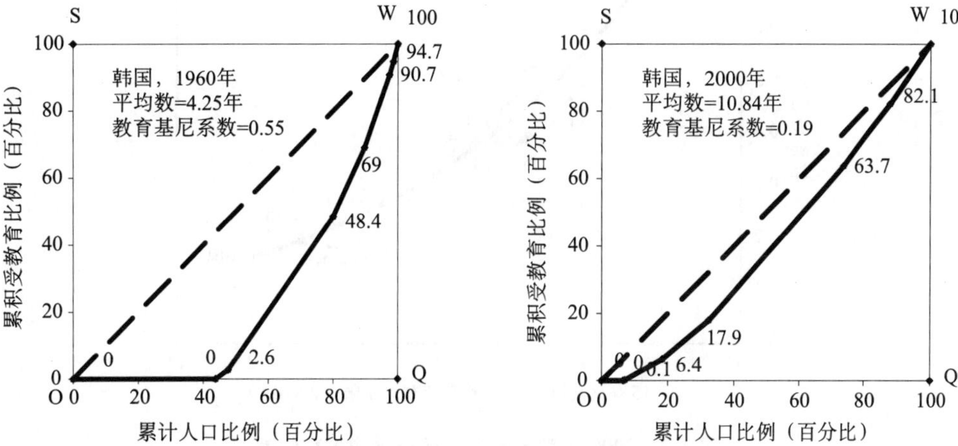


**图 3. 2　1960 年和 2000 年韩国的教育洛伦兹曲线**

资料来源：Thomas、Wang 和 Fan（2001，2002）。

韩国的洛伦兹曲线比较平滑，教育基尼系数比较小，较之印度，其教育分布也更加平等。即使在 1960 年当韩国人均国民收入与印度相近的时候，韩国的教育基尼系数也只有 0. 55，比印度 2000 年的水平还要低。值得注意的是，韩国的教育分布状况要比其收入分布更加平等，而印度的教育分布状况则比其收入平等程度更糟糕。在 20 世纪 90 年代，韩国的收入基尼系数为 0. 34，高于其 0. 21 的教育基尼系数。[9]

印度扭曲的教育分布状况反映了社会对人力资源潜力的开发不足所造成的巨大损失。假设能力或智力是正常分布于所有人口的，那么当教育的分布状况与人的才能分布情况相匹配的时候，生产才能达到最高水平。当教育分布状况过于滞后，与人才能力分布不匹配时，社会上就存在着对那些未开发和未充分使用的人才的严重浪费。在此种情况下，社会最好大力普及基础教育，尤其是增加贫困人口受教育的机会。

## 教育不平等与平均受教育程度之间的关系

通过研究各国的教育分布格局，我们发现，随着平均教育水平的上升，教育基尼系数会下降，虽然很明显地存在其他可能性。除了工业国之外，匈牙利、波兰和爱尔兰在 1960 年至 2000 年间也有相对较低的教育基尼系数。韩国、突尼斯和其他一些新兴发展中国家的教育基尼系数则急剧下降。只在少数几个国家——哥伦比亚、哥斯达黎加、秘鲁和委内瑞拉——曾在不同时期经历了教育基尼系数的波动和恶化。在测算了教育基尼系数的 140 个国家里，阿富汗和马里是教育分布最不平等的，基尼系数达到约 0. 90，同时大多数工业国则位列基尼系数最小值那一端，其中美国和波兰的教育分布最公平（图 3. 3）。

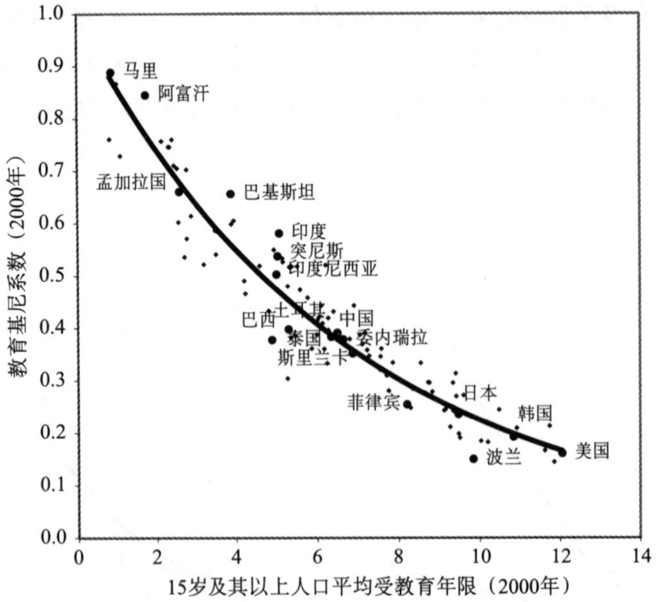


**图 3.3　2000 年教育基尼系数与平均教育成就**

资料来源：教育基尼系数来自 Thomas、Wang 和 Fan（2001，2002）。平均受教育年限来自 Barro 和 Lee（2000）。

平均受教育年限较高的国家相较于那些年限较低的国家而言，更可能实现更加平等的教育。低收入国家的教育不平等可能比高收入国家的情况更严重。然而，当使用其他指标（比如标准差法）时，这个好的特征并不一定维系。此外，这项结果有很强的政策意义。扫除任何一个文盲都将改善国家的教育基尼系数，同时增加国家层面的教育成就。我们在后文会继续讨论这个问题，这是使用教育基尼系数——而非标准差——作为衡量不平等的方法的一大优点。

## 教育不平等的原因

教育的不平衡是贫困的许多维度之一，但它同时也与公共投资的不合理运用、战争、贫富差距、性别差异、社会排斥以及经济危机等有关。众多的研究发现，家长的受教育程度和家庭收入以及财产都影响孩子的受教育水平。

在贫富差距方面，Lovenheim（2011）提出，在 21 世纪初的十年里，美国家庭在家庭财富最具流动性时，利用家庭的财富为接受高等教育提供资金。Lovenheim 发现，家庭净资产中每 10000 美元将大学入学率平均提高 0.7 个百分点，这种效应地方化后应用于资源较少的家庭，则家庭财富每增加 10000 美元将大学入学率相应提高 5.7% 个百分点。Das、Pandey 和 Zajonc（2006）发现，在巴基斯坦农村地区，更高层次的学习成效与家庭财富、父母受教育程度相关联。有关中国农村地区的调查研究显示，社区贫困程度，而非工业化水平，与教育性别差异相关联，但是贫困和孤立使不同教育层次的离散状况不尽相同（Cherng 和 Hannum，2013）。在对印度各邦的全国家庭健康调查数据进行分析的基础上，Filmer 和 Pritchett 发现，被定义为财产指数的前 20% 和后 40%

之间差异的贫富差距在很大程度上影响着入学率。[10]

在有些国家，贫困人口与富人之间教育成果的差距仍然不见缩小。对一些国家15~19岁的青少年的研究显示，有5个国家的人口中最贫穷的40%的人完成学业年限的中值为零。这一群体中超过一半的人仅完成了不到一年的教育。在印度，最贫穷和最富裕人口组之间的教育年限差值达10年之高。拉丁美洲也存在类似不平等的现象。[11]

这一较大的福利鸿沟对我们的启示之一是，对教育的需求并不是独立于其他禀赋之外的。仅提供获得教育的机会（供给）是远不够的。解决许多影响需求的结构性和社会性的不平等问题，如性别差距以及其他生产性资产的分配，如土地（将在后文进行讨论）等，也是很重要的。

## 中国的教育差距

自20世纪80年代以来，尽管中国在普及教育及增加人力资本产出方面取得了显著成就，但各省间的发展却不均衡。全面提高教育水平取得了较大进展，但是教育成就的差距却在扩大。直到20世纪90年代末，各省间学校入学率尚存微小差距，然而到了2008年，学校入学率及收入之间开始呈现较强的正相关性（图3.4）。在2008年，富裕省份超过25%的儿童可能升至初中，而贫穷省份平均仅有12%的儿童初中入学率。

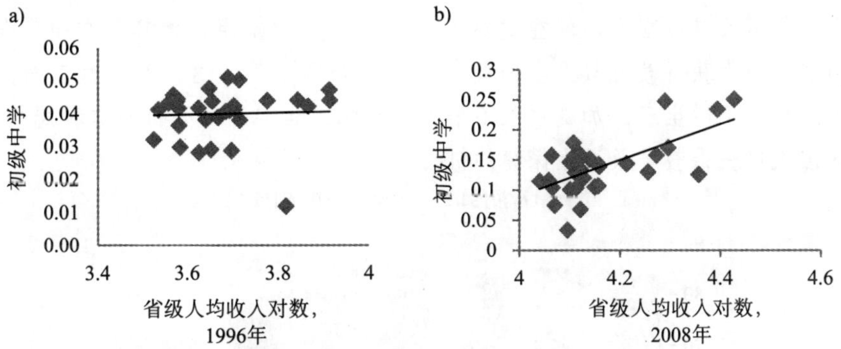


**图3.4　中国的教育与收入的相关性**

资料来源：王小林、王立敏和王燕（2014，84）；基于中国统计年鉴数据的计算。

收入方面的快速增长与政府在教育投资方面角色的淡出，共同催生了中国私人教育的发展。越来越多的富裕家庭将孩子送到私立学校，那里配备有更先进的设施和高质量的师资，而公立学校则在招募合格教师方面举步维艰。例如，在2007年的农村和乡镇学校，较低资质的代课或兼职老师在全部师资中占比超过94%（China Human Development Report，2005）。

中国经济转型的一项积极效果就是大幅度提高了教育的回报，这为许多家庭投资于子女教育创造了强大动力。然而，如果只有富裕家庭有能力这么做，那么特权阶层和高收入群体相比穷困人口将永远保持优势。这会反过来加剧收入和机会的不平等、限制代际（社会）流动（王小林、王立敏和王燕，2014）。[12]

## 贫困人口和富人之间的健康差距也很大

健康方面的巨大差距和教育差距一样，都反映了处于主流经济生活之外的赤贫人口获得卫生保健服务的难度。许多研究表明，那些最贫困的人也是健康状况最差的，战争、外来冲击以及社会和政治动荡使他们遭受的损失也最大。赤贫人口中的儿童死亡率也往往比那些收入较高的人口要高得多。在1960年至2000年间的美国，用标准化的死亡率衡量的黑人与白人种族间的差距的变化非常微小，事实上如果用婴儿及35岁及以上的非裔美国男性死亡率衡量，则两者间的差距出现恶化。用2002年的数据估算，如果可以消除黑人与白人种族间的死亡率差距，则美国每年可以避免83570人死亡（Satcher等，2005）。

**专栏3.2　　贫困人口和富人之间的健康差距**

许多研究表明，收入高度不平等会导致在健康与教育方面的次优投资，进而在贫穷与富裕人口中产生鸿沟（Aghion、Caroli和Garcia – Peñalosa，1999）。健康方面的巨大差距和教育差距一样，都反映了处于主流经济生活之外的赤贫人口获得卫生保健服务的难度。

图B3.1展示了对生育、孕产妇、新生儿和儿童健康服务的受益人群的分布。它显示了贫困人口与富人之间在健康保障方面较大的差距，尤其是在印度与其他南亚国家。因为获得教育与卫生保健服务的机会不平等，这会导致教育与卫生保健产出恶化，阻碍生产，加剧收入不平等。因此，非常有必要打破这种恶性循环，拓宽贫困人口获得教育及卫生保健的机会。

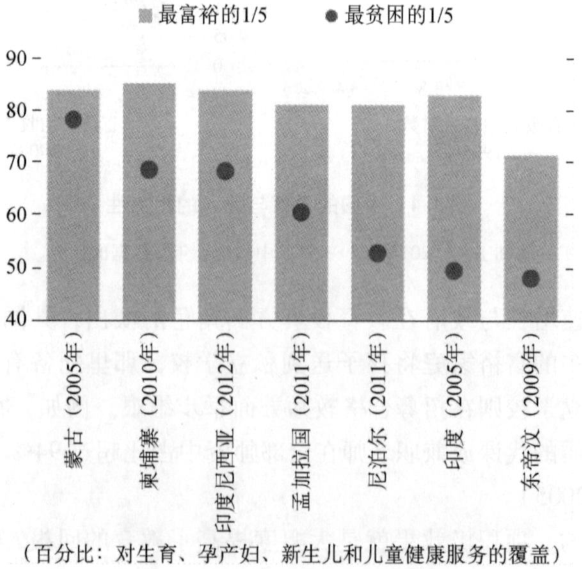


**图B3.1　财富五分比人群的健康情况**

资料来源：世界卫生组织，健康公平监控数据库（Health Equity Monitor database）。

## 中国在医疗卫生保健方面的差异

20世纪80年代以来，中国在提高医疗卫生保健服务方面进步显著，但是地区分布不平衡。贫困地区人口预期寿命的提高低于富裕地区。上海作为中国最富裕的城市，2000年的人口预期寿命是78岁，但是最贫困地区预期寿命是65岁——这种差距相较于美国与英国来说相当大。在2001～2003年，美国人口预期寿命最高的州（明尼苏达州）与最低的州（华盛顿哥伦比亚特区）之间的差距是6.5年。[13]英国12个地区和郡2004～2006年男性和女性的人均预期寿命差距分别为2.6年和2.7年。[14]

中国城市与农村死亡率的差距在持续扩大。联合国儿童基金会最近的一项研究表明，在贫穷的农村地区，孕产妇与儿童死亡率是城市地区相应统计的4～6倍。2004年，70%～75%的孕产妇与儿童死亡发生在贫穷的农村地区。这些死亡大部分都是由一些可预防的情形引发的，[15]表明缺乏基础医疗卫生保健服务是造成农村与城市之间死亡率差距的主要原因。

改革开放前是由政府主导公共服务的投资，现在中国经济向市场经济过渡，侵蚀了以前广泛提供的基础社会服务。在1978年经济改革之前，农村合作医疗覆盖90%的农村人口（Lui、Rao和Fei，1998），政府保险计划和劳工保险计划向城市地区的公共部门/机构的雇员提供几乎是免费的医疗服务。基本上，20世纪80年代中期之前，绝大多数人口都能负担得起基本医疗卫生保健服务（Gu和Tang，1995）。

中国市场驱动的改革改变了这种情况。继大部分农村地区实行非集体化后，农村合作医疗制度随之崩塌。从20世纪80年代末到2000年，社会保险计划只覆盖了不到10%的农村人口（Tang等，2010）。最贫困的农村人口变得更容易受到健康问题的冲击，这也是农村地区贫困的主要原因。

在城市地区，新型职工基本医疗保险计划已经发展起来，并取代了政府保险计划和劳动保险计划。然而，新建立起来的保险计划在设计上侧重营利，部分是为了应对政府在医疗卫生保健融资中不断下降的地位。这导致人们的医疗卫生保健费用在过去十年中迅速攀升。[16]2008年之前，多数农村居民缺少医疗保险，负担不起前往医院就诊的费用。近年来，由于农村医保体系的推广，这一情况有所改善。

城市与农村的基础医疗服务鸿沟已经扩大了，差距同样也发生在富裕和贫困省份之间，富裕省份可以为每1000位居民配备更多的医务人员（图3.5）。在农村地区，可获得的医疗卫生保健服务下降了；在1980年，每1000人配备的乡村医生总人数是1.81人，这一数字在2008年下降到1.06人。同年，北京地区每1000人配备的专业医护人员是22.3人，而在中国最贫穷的省份甘肃，这个数字则是9.9人。另外，贫困地区的医疗服务质量较差，因为对农村人口提供医疗卫生服务的是乡镇医院，其配备的设施与合格的医护人员要远逊于城市地区。在中国经济奇迹中，基础医疗卫生服务与居民健康成果离散程度增加，近年来整体医疗卫生保健发展还亟待进一步提高。

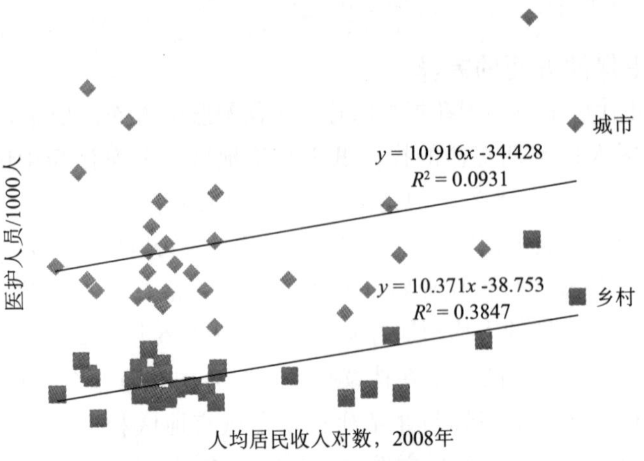


**图 3.5　农村与城市地区专业医护人员情况**

资料来源：王小林、王立敏和王燕（2014，85）；基于中国统计年鉴数据的计算。

## 性别差异

在某些国家，性别差异是导致教育不平等的重要原因之一。在许多针对性别差异的研究中，Schultz（1998）发现，世界上 65% 的不平等是国家间的不平等，30% 是国内家庭间的，5% 是不同性别间的。

国家间的回归分析显示了教育方面的性别不平等降低了平均人力资本水平，直接影响经济的增长。增长同样受投资与人口增长方面的性别差异的间接影响。在东亚、撒哈拉以南非洲、南亚和中东，人均年增长率差异中约 0.4～0.9 个百分点可归因于教育方面的性别差异（Klasen，2002）。在肯尼亚，一项针对女孩的随机奖学金激励计划提高了学生的考试成绩和初中入学率。Friedman 等（2011）评估了此项计划的政治和社会影响。从赋权的视角分析，他们发现在该项目学校中的年轻女性更了解自己的权利，而不太可能接受家庭暴力。不仅如此，这个项目增加了客观的政治知识，降低了政治专权的接受度。然而，现阶段对专权的抗拒并不能直接解读为政治更高效，民众参与度更高，或是投票意愿更强烈。对中国农村的调查研究显示，社区贫困与教育性别差异相关联，而非工业化水平。贫困及孤立造成了不同教育层级之间的离散状况（Cherng 和 Hannum，2013）。

## 性别差异与教育不平等

在识字率方面，教育不平等与性别差异显著相关。在这里，性别差异用女性与男性的文盲率来衡量。这一数字差距越大，则表示性别差异越显著。我们计算了教育基尼系数与这一特殊的性别文盲差异指数之间的相关性。结果显示，性别差异与基尼系数衡量的教育不平等正向相关。随着时间的推移，性别差异与教育不平等之间的联系不断增强，相关系数从 20 世纪 70 年代的 0.50 增加到 1995 年的 0.70（两者均显著）

（图 3.6）。随着时间的推移，教育不平等有所减小，性别差异解释了许多教育成果剩余的差异。缩小教育方面的性别差异对解决教育不平等问题至关重要。

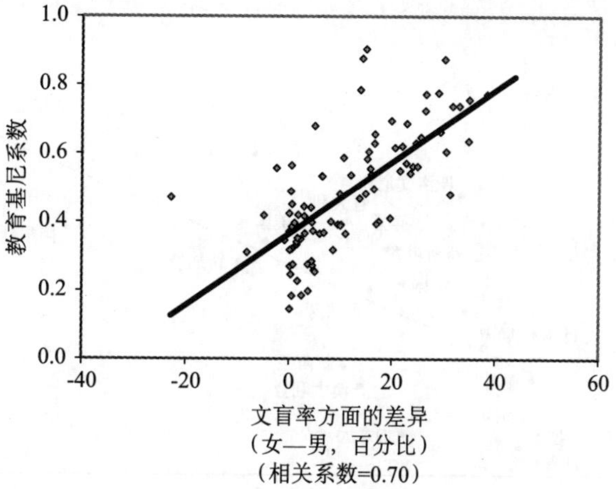


**图 3.6　性别差异与教育不平等相关**

资料来源：Thomas、Wang 和 Fan（2002）。

## 教育成就巨大差异的后果

一个社会之所以关心教育分布不平等是因为它直接影响到居民福利。教育分布不平等既是贫困与社会排斥的根源，又是其后果。那些辍学的贫穷儿童最终被排除在主流经济与社会生活之外，构成了社会劣势群体的核心组成部分。除非这些人能够通过后期培训来寻得一份有意义的工作，否则，对他们来说消除贫困及融入社会仍然遥不可及。

### 社会排斥

被排斥在主流社会之外的人更不容易接受教育。Loury（1999）揭示了在美国的市中心区域，社会排斥是如何改变人们的行为和降低人们对学校教育的需求的。学生辍学的原因之一是他们的伙伴也辍学了。童年期的社会排斥是衡量个体将产生多大社会成本的主要预测指标（Scott 等，2001）。

### 代际间的流动

尽管缺乏官方数据，20 世纪 80 年代之前中国社会仍存在较高水平的社会流动，这被广泛视为中国取得的重大社会成就之一。例如，因为政府资助的农村教育系统和大学提供的奖学金，大学生中的相当大比例来自贫穷的农村地区。然而，近些年来这一趋势已经发生改变。

图 3.7 显示，相较于世界上许多国家，中国目前仍是一个代际收入流动性较低与收入高度不平等的国家。中美之间的对比尤为显著。虽然两国的收入不平等处于相近

水平，但是在增加收入方面，中国的低收入家庭的儿童所拥有的机会要远远少于来自美国相应家庭的儿童。

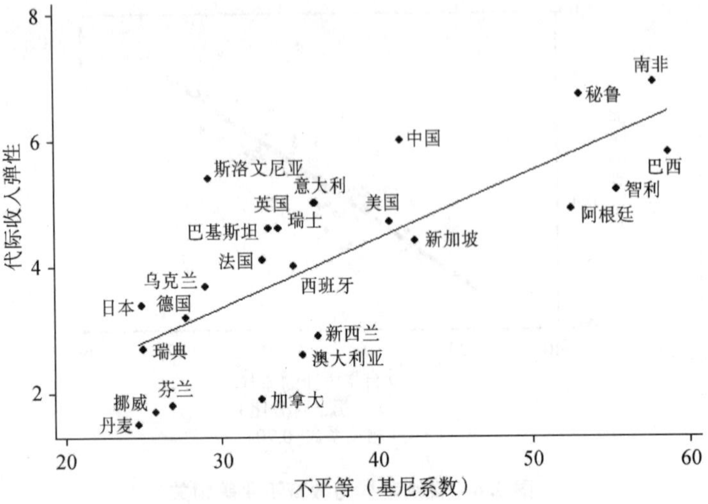


**图 3.7　部分国家的代际流动性与不平等**

资料来源：Miles Corak（2011）。

一些国家拥有侧重公平的公共政策传统，并且政府积极参与基础公共服务的提供，这些国家包括北欧国家、加拿大、法国、新西兰和澳大利亚，其代际流动性更高（低弹性），收入不平等程度低。在很大程度上，中国在社会流动性方面变弱可归咎于政府公共服务职能的收缩和日益重要的私立教育。与此同时，日渐扩大的收入差距又反过来加剧了机会的不平等。

总体说来，中国亟须进行结构性改革，以终止医疗卫生保健与教育方面日益扩大的社会差距。人类发展指数方面不平等的加剧会潜在地削弱改革开放前成功实现的社会流动性。除非能够切实实施解决社会差异方面的政府措施，否则中国将面临一个不断自我加强、急遽扩大的不平等局面。由于高收入群体更有能力为他们的子女投资于更高质量的教育，并从越来越高需求的熟练工作中获益，他们会不成比例地更多地享受中国现代化成果。而与此同时，那些在产业升级与经济多样化进程中创造出的生产性就业机会将在很大程度上与社会弱势群体无缘，这些人将深陷于低收入、低回报的经济活动中而无法自拔。

经济的迅速扩张片面地关注经济增长速度，不仅无益于改善居民的生活水平，实现经济发展的原本目标，甚至会侵蚀人力资本，扩大机会不平等，造成社会发展的倒退。因为经济增长本身并不能保证发展成果尽如人意，在增强医疗卫生与教育方面的个人能力和促进公平方面，政府履行其职能至关重要。

政府确认了不平等加剧及社会差异离散程度相关的重大风险。中国政府在 20 世纪 90 年代在社会保障方面引入了最低生活保障制度（“低保”），尽管收入仍然处于较低水平，但现在几乎实现了全面覆盖（Cevik 和 Correa - Caro，2015）。这项机制并未减少不平等，但是它有助于缓解贫困（Li 和 Yang，2009）。为了实现包容性增长，帮助弱势群体，近些年来的政府政策重点关注提高农村地区教育与医疗水平，促进城乡之间人口迁移。支持农村寄宿学校的发展被认为是一项行之有效的政策，它既能提高农村教育水平，又能鼓励城乡之间的人口迁移。在2011年，中央政府投资了472亿元人民币（约合79亿美元）支持农村地区九年义务制教育，尤其是针对农村寄宿学校的发展。国家第十三个五年规划发布了更具远大宏图的政策措施（Wang 等，2014）。

### 教育不平等及对收入增长的影响

在实证研究中保持劳动与实物资本不变，高度倾斜的教育分布往往与人们收入增长的下降呈现相关关系。与可以在公司与私人间可交易的土地与实物资本不同，教育和技能是不可以随意买卖的。由此而产生的后果是，教育分布状况和教育水平都进入生产函数，并影响产出的水平和增长。Thomas、Wang 和 Fan（2002）使用140个发展中国家的面板数据，揭示了教育分布倾斜对经济增长的不良影响。当大部分人口的受教育水平都比较低的时候，劳动力的生产力低下会阻碍实物资本的投资，经济增长也将随之遇到困难。

教育分布状况还对经济增长对消除贫困的作用产生强烈影响。Ravallion 和 Datt（1999）通过分析1960年至1994年间印度15个邦的数据发现，消除贫困与经济增长的联系随初始条件的变化而变化：在那些开始时识字率较低，农业生产力不高，并且与城市相比乡村生活水平较低的邦，经济增长对消除贫困的作用较小。在喀拉拉邦，男女的基础教育分布状况最好，识字率也是最高的，经济增长1个百分点就和消除贫困有着更密切的联系。Datt、Ravallion 和 Murgai（2016）发现，“自从20世纪70年代以来，贫困措施呈下降趋势，1991年后下降速度加快，尽管加剧了不平等。更快地减少贫困，随之而来的是与更高的增长和更支持贫困人口的增长模式。1991年后的数据显示了更强的产业间联系：城市地区消费增长使农村受惠，同样受益的还有城市贫困人口，增长构成中第一、第二、第三产业的组合不再重要，因为这三种产业都有助于减少贫困。”

## 提高公共支出的效率

单靠市场不会使贫困人口更公平地享受基础教育。作为公共物品的一部分，教育提供的正溢出效应不会完全为私人或企业所获得。然而，市场失灵主要表现在收入分布的低端：没有对面向贫困人口的教育的公共投资，社会对教育的投资就会不足，呈现次优状态。而且，正如我们所看到的，公共支出与教育成果只存在微弱的关系，部分原因是这种支出偏惠于较富裕者。增加公共支出的方案值得考虑，但并不足以解决人类发展后果不公平的问题，因而我们现在转向讨论如何提高支出的分配及其效率。

### 为面向贫困人口的教育配置更多的公共支出

政府用于教育和医疗卫生保健方面的开支的构成影响着人类发展的后果。公共支出应集中于市场失灵现象比较普遍且正溢出效应最大的领域：初等和中等教育，尤其是面向贫困人口的教育。在公共资源有限的情况下，投资的配置应更多地向初等和中等教育倾斜。另外，在市场失灵最不显著的领域，应鼓励由私人部门及政府和社会资本合作来提供高等教育。

用生均公共支出来衡量，许多国家对高等教育的公共补贴下降了，但下降的速度不足以用于向基础教育重新配置公共资金（见表 3.1）。在大部分国家，资源的配置仍不利于小学和中学教育。在美国，30 多年来教育的公共支出一直比较平衡，生均支出占人均国民生产总值（GNP）的 20% 左右被用于初级教育补贴，是全世界最高的，自 1965 以来其教育基尼系数一直是全世界最低的。美国三个教育层级间的生均公共开支配置一直非常均衡。阿根廷和智利也在三个教育层级间实现了公共开支的均衡分配，这种模式促进了更公平的教育分布。

在韩国，由于小学生人数较多，20 世纪 60 年代，政府生均支持并不太强调初级教育，尽管总支出的 60% 以上给了初级教育。在 80 年代，这一情况发生了变化，每个小学生的人均公共教育支出首次超过了高校学生。由于给予基础教育足够的重视，韩国得以迅速降低教育不平等的程度。1970 ~ 1995 年韩国由于经济扩张，人口增长率减缓，每个小学适龄儿童的平均教育开支增长了 10 倍多（表 3.1）。中学生的人均教育支出也有所上升。经济增长迅速加上学生数量稳定甚至下降，意味着可以将更多的资源花在更少的学生身上，使初级教育的质量获得巨大的提高。

**表 3.1　不同教育层次的学生的人均公共教育支出（20 世纪 90 年代至 21 世纪头十年）**

| 生均公共教育支出（占人均 GDP 的百分比） | | | | | | | | | | | |
|---|---|---|---|---|---|---|---|---|---|---|---|
| 国家 | 教育层次 | 1996 ~ 2000 年 | 2001 ~ 2005 年 | 2006 年 | 2007 年 | 2008 年 | 2009 年 | 2010 年 | 2011 年 | 2012 年 | 2013 年 |
| 阿根廷 | 小学 | 12.2 | 11.2 | 10.7 | 11.6 | 12.8 | 13.7 | 13.1 | 14 | 13.7 | 13.9 |
| | 中学 | 17 | 15.9 | 16.4 | 17.3 | 19.1 | 21.9 | 20 | 21.9 | 19.5 | 20.9 |
| | 大学 | 18.4 | 11.9 | 11.5 | 12.3 | 13.3 | 15.5 | 14.6 | 14.8 | 15.3 | 16.2 |
| 孟加拉国 | 小学 | | | 7.8 | 9 | 8.5 | 7.8 | | | | |
| | 中学 | 10 | 11.7 | 12.9 | 12.5 | 11.9 | 10.6 | 12.9 | 12.1 | | |
| | 大学 | 40.2 | 34 | 37.4 | 31.9 | 30.8 | 24.5 | | 17.4 | | |
| 巴西 | 小学 | 10.6 | 12 | | 16.9 | 18.1 | 19.6 | 20.4 | 20.1 | 21 | |
| | 中学 | | 11.5 | | 17.6 | 19.1 | 20 | 20.9 | 21.8 | 22.7 | |
| | 大学 | 62.8 | 39.6 | | 29 | 27 | 27.7 | 27.6 | 27.3 | 26.6 | |
| 智利 | 小学 | 12.9 | 13.3 | 10.6 | 11.3 | 14 | 16.3 | 14.7 | 15.2 | 17 | 15.9 |
| | 中学 | 14 | 14 | 11.8 | 12.8 | 15.2 | | | 15.3 | 18.1 | 15.2 |
| | 大学 | 19.7 | 14.3 | 11.2 | 10.9 | 11.5 | 12.8 | 16.2 | 14.5 | 15.1 | 17.5 |
| 印度 | 小学 | 13.1 | 12.2 | | | | 7.3 | 7.2 | 8.7 | 9.1 | |
| | 中学 | 24.6 | 19.3 | 16.2 | | | 13 | 13.6 | 14.6 | 15.2 | |
| | 大学 | 94 | 62.2 | 55 | | | 74.3 | 68.7 | 58.4 | 52.6 | |

续表

| 生均公共教育支出（占人均 GDP 的百分比） | | | | | | | | | | | |
|---|---|---|---|---|---|---|---|---|---|---|---|
| 国家 | 教育层次 | 1996 ~ 2000 年 | 2001 ~ 2005 年 | 2006 年 | 2007 年 | 2008 年 | 2009 年 | 2010 年 | 2011 年 | 2012 年 | 2013 年 |
| 韩国 | 小学 | 16.6 | 16 | 16.2 | 15.9 | 19.2 | 22.7 | | | | 23.5 |
| | 中学 | 14 | 21.2 | 20.9 | 20.8 | 21.6 | 22.2 | | | | 23.4 |
| | 大学 | 7.1 | 7.2 | 9 | 8.5 | 9.4 | 12 | | | | 12.9 |
| 墨西哥 | 小学 | 10.2 | 13.8 | 14.1 | 14 | 14.1 | 14.8 | 14.8 | 14.6 | | |
| | 中学 | 14 | 15.7 | 14.6 | 14.2 | 14 | 16 | 15.9 | 15.9 | | |
| | 大学 | 41.8 | 39.9 | 37.4 | 39.2 | 40.2 | 44.9 | 42.3 | 37.3 | | |
| 美国 | 小学 | 17.3 | 20.2 | 20.9 | 21.2 | 21.8 | 21.8 | 22.1 | 20.9 | 20.6 | |
| | 中学 | 21.6 | 23.2 | 23.2 | 23.3 | 23.9 | 24.5 | 24.3 | 23.9 | 22.8 | |
| | 大学 | 26 | 24.8 | 24 | 20.9 | 20.4 | 18.9 | 20.9 | 20.1 | | |

资料来源：世界银行，《世界发展指标》数据库。

注：标为黄色的国家在生均公共支出方面存在偏向性的分配。

巴西、印度和墨西哥采用了更高比例的公共支出来支持高等教育，这更多地使富人受惠。在20世纪90年代以前，印度用于高等教育的支出份额高于韩国，而用于初等教育的份额较少，但正在增加。90年代中期，印度将其用于提高入学率和扫除成年文盲计划的支出从教育总开支的20%提高到了31%，但仍远远低于韩国的比例。为了提高教育的可获得性和减少不平等，印度在改善公共资源配置方面仍大有可为。

## 改善公共与私人教育支出的构成

韩国在公共和私人教育融资方面同样实现了较好的组合。20世纪60年代中期以来，私立高校的入学人数占到了70%以上，私立中学入学人数超过40%。家庭承担了教育经费的很大一部分，大约在30%到50%之间，这取决于学生的受教育程度。初中的学费和其他相关费用约占校内开支的40%左右，但到高中和大学则猛增到72%。

最有效的公共和私人资金组合取决于市场失灵的程度和其他各种因素。高等教育对于技术进步和生产力增长至关重要，但是人们将其看作一种私人物品，因为高等教育的大部分回报都被个人和公司内部所获得。而小学和中学教育则具有更多不能为私人和公司完全获得的溢出效应。因此，政府在小学和中学教育投资方面扮演主要角色的同时，还要鼓励在高等教育方面的私人投资及政府和社会资本合作关系。例如，美国在这方面提供了宝贵的经验。

举例来说，政策环境可以体现为贸易和投资的开放程度，影响着对熟练工人的需求，进而影响人们支付教育费用的意愿。与机构能力相关的教育服务的质量也是影响人们支付教育费用意愿的因素之一。类似的是，公共资金和私人资金在医疗卫生健康方面的组合也取决于服务的性质和具体子部门中市场失灵的程度（Filmer、Hammer和Pritchett，2002）。

## 决策分权和鼓励参与

决策方式也影响着公共服务的质量。在那些机构能力比较弱的地方，由中央部门拟订和组织的公共支出和干预措施并不是很有效。许多国家为了使支出更适应当地需要，转而将决策权下放。直到最近，还没有太多实证性证据表明学校管理权分散是有益处的。最近对萨尔瓦多的 EDUCO 计划（社区管理的学校计划）的一项评估显示，在强化社区和父母对社区学校的参与后，学生的语言能力提高了，逃课率下降了，这在长远上可能对教学成绩产生影响（Jimenez 和 Sawada，1999）。在印度尼西亚和菲律宾，一些研究也表明社区管理的学校取得了更好的教学成绩（James、King 和 Suryadi，1996；Jimenez 和 Paqueo，1996）。

有一些国家试推行了凭证计划，以将资金转拨给父母，帮助他们交付私立学校的学费。这些凭证计划对贫困人口有潜在的好处。Angrist、Bettinger 和 Kremer（2006）探究了哥伦比亚 PACES 项目的长期教育结果，此凭证项目覆盖一半私立中学费用，并且每年根据达标的学术条件来进行更新。估测显示，PACES 项目使中学完成学业率增加了 15% ~20%，在潜在考试成绩分布中的成绩提高了十分之二个标准差。在这次调查人口中，男生的分数低于女生，但在考试成绩的进步幅度更大，尤其是在数学成绩方面。De Janvry 等（2006）使用面板数据从墨西哥的“机会项目”经验中发现，有条件的现金转移支付帮助保障学生入学，但是并不能限制家长增加童工以应对冲击。结果揭示了有条件的现金转移支付将起到教育防护网的作用，为受助者提供额外的好处。

然而，在那些政府腐化，掠夺成性的国家，决策权下放并不能解决问题。腐败的官员往往会将本应给贫困人口的公共资源重新分配给那些精英利益集团，并向那些能帮助富人的社会服务提供补贴。对这样的国家，正确的途径就当是通过民主化和更好地发挥民间社团的作用来向人民赋权，以增强人民对于政策的影响力并鼓励社区和家庭更大范围的参与（见第 6 章关于参与和民间社团对于反腐败和改善治理结构的作用）。

# 使教育更有利于提高生产力

要提高教育对贫困人口的作用，仅对他们的教育进行资助是不够的。贫困人口要想提高自己的生产力，还必须将其人力资本与其他生产性资产相结合，比如土地、股权资本以及在开放性竞争性市场上的工作机会等等。

## 更平等地分配土地

贫困人口不止穷在收入少，他们还缺少资产。在农业经济中，处于劣势的家庭往往是无地或少地的。在南亚、南非和拉丁美洲等很多地区，贫穷多与无地高度相关。尽管关于土地所有权的数据很贫乏，收入不平等却似乎与土地拥有权的不平等有关。

正如下面我们会谈到的实证性研究所显示的，土地改革对经济增长和减贫都有很多益处。在那些有很大一部分人口缺少生产性资源的社会中，对重新分配生产资料的强烈要求会引起社会动荡。研究表明，经济增长缓慢和土地及收入方面的不平等有关；[17]平等性增加一个标准离差会带来经济增长 0.5 个到 1 个百分点。[18]Banerjee、Gertler 和 Ghatak（2002）分析了农业雇农法律的影响，包括为雇农提供使用权保障和规范作为租金支付的农业生产成果的份额。在 70 年代后期，印度西孟加拉邦有证据表明，雇农制改革对农业生产起到了积极的作用。雇农制改革的净影响是由议价能力与保障使用期的共同影响决定的。

另一些研究表明，初始阶段的土地和分配等资产方面的不平等比收入方面的不平等对其后的增长影响更大。[19]还有另一些研究也发现，最初土地拥有权上的不平等加上初始教育方面的不平等，对经济增长和赤贫者收入增长有着显著的负面关联（Birdsall 和 Londonio，1998）。除了与经济增长的负相关之外，土地不平等还会阻碍人力资本通过互动效应对经济增长的促进作用（Deininger 和 Olinto，1999）。Galo、Moav 和 Vollrath（2009）建议，土地所有权的不平等分布负面影响到人力资本促进机制的出现，反过来影响从农业经济向工业经济的转型，造成巨大差异的产生。美国 20 世纪初的证据表明，土地所有权的集中对教育开支的不利影响。

通过土地再分配，土地改革可以把土地交给生产能力较高的生产者，弥补信贷市场的不足，从而提高贫困人口的投资决策能力。拥有土地所有权意味着拥有更多的资产，这会提供给贫困人口一种防护网，以抵御外来的冲击，同时还能提高他们参政的能力。[20]Ravallion 和 Sen（1994）指出，将拥有富余土地家庭的土地重配给缺少土地的家庭，从整体上会减小孟加拉国农村地区的贫困程度。他们还发现，如果财政转移支付集中于那些无地或少地的农民，能发挥最大效果（见附录表 A3.5 前部分研究）。Bardhan 和 Mookherjee（2010）利用 1974 年至 1998 年间西孟加拉邦一个村庄的面板数据，调查了土地改革实施中政治决定因素。这项结果与类唐斯式理论（quasi - Downsian Theory）相一致，都强调了机会主义的作用（再选举担忧）与选举竞争。

土地所有权的广泛分布不仅仅提高了平等程度，还提高了生产力和效率（Banerjee，1999）。在加纳，土地所有权的改善为投资提供了便利（Besley，1995）。而在泰国，农民在拥有了土地所有权的法律文书之后，耕种的积极性提高了（Feder，1987、1993）。或许是国家传统方面的原因，或因为土地改革，许多东亚经济体中土地所有权分布较广泛。在韩国，原先为国家公有的土地在第二次世界大战之后第一次分给了农夫。接着，20 世纪 50 年代，政府通过名义上的补偿措施，将地主的地产分配给了 90 万名雇农，有效地废止了雇农制。在中国台湾，当局在 20 世纪 50 年代初利用补偿给地主国有企业股权的办法，从他们手中收回土地，再以优惠价格卖给农夫。

在中国，20 世纪 80 年代初实行的家庭联产承包责任制将集体所有的土地承包给农民家庭 15 年。1998 年家庭联产承包责任制经过修改之后，承包期又延长 30 年，由此将农民的努力与回报更紧密地联系起来。连同价格及其他改革措施一起，这一变革使得粮食产量在 1978 年到 1984 年每年平均增长 5.7%，其后每年平均增长 1.8%。在这段时期，近一半的产量提高可归功于家庭联产承包责任制（Lin，1992）。一项研究显示，土地使用权归还农民可改善中国国内的营养状况，因为土地是增加收入和获得比市场便宜的食物的手段（Burgess，2000）。另一项研究表明，中国在20世纪90年代农村地区的财富分配，尤其是土地的分配（基尼系数为0.31）比收入分配（基尼系数为0.34）更为平均。农村收入的不平等更多的是源于工资收入不均，而非土地收益的不均，这在发展中国家是不常见的（McKinley，1996）。运用国家层面有代表性的一组农村社区数据，Luo等（2007）发现村领导的直接选举导致对村庄公共物品投资的增加。

土地改革是具有争议的，也是有政治难度的。Sikor和Müller（2009）指出，由于依赖“自上而下”的动议和在实施过程中存在的官僚作风，国家主导的改革可能遭遇严重的问题。相反，作者呼吁土地改革的重心应由国家转移到社团。近年来，作为传统土地改革的替代物，出现了以市场手段为辅的土地改革。并且，这一改革方式正在巴西、哥伦比亚和南非展开。改革的基本思路就是国家提供赠款或补贴性贷款给那些确认为无地的农户，帮助他们购买土地。这种市场手段为辅的土地改革与传统的全额补偿的土地改革在两方面有所不同：对土地分配，既没有明确的对象，也没有确定的时间表。除此之外，土地改革是由需求驱动的：那些想要土地的人自然会决定购买。一些研究者认为，这种市场为辅的土地改革措施具有优势，尤其是如果将其与小额信贷、拓展计划和方便于农业合作社与合同耕种的补充措施配套的话（Banerjee，1999）。如果再努力使市场更具透明度，更活跃，并把私人部门包括在内，这一项目会更成功（Deininger，1999）。

从南非的经验来看，小农经济经常是土地改革的中心组成部分，Sender和Johnston（2004）质疑了这种小农生产的相对有效性。他们认为，理论上支撑这种说法背后的推理是不能自洽的，而非洲地区对这种规模—效率关系的实证支持惊人地薄弱。处于赤贫状态的农民不太可能受益，并且基于这些观点的土地改革政策很有可能使他们受到伤害。南非的证据表明，处于赤贫状态的农民并没有获取土地，但是在农村工资收入机会减少时，他们也蒙受了损失。Hall（2004）强调了最近南非土地改革政策的重心转移，从侧重于农村贫困人口转向新兴的黑人商业农民。这种转变本质上与宏观经济政策和转变的阶级联盟一脉相承。当前的改革追求的是一个商品农业地区有限的“去种族化”，而并非农业结构调整。

## 分配股本，鼓励竞争

通过职工持股计划在职工中更好地分配股权也是一种办法。在工业国家，员工持股计划对公司业绩有良好作用。美国公司曾将公司职员持股计划作为公司重组的方式。例如，联合航空公司曾与员工谈判，以职工持有多数股权作为交换条件，使职工在提高工资方面作出让步。通过告知投资者和员工重组计划的益处，公司减少了主要重组成本，增强了重组效果，并因此为股东创造更多的价值，投资者和员工都由此获利（Gilson，1995）。尽管在向这种双重身份的过渡中可能有潜在的内部冲突以及与所有权相伴的风险使职工对享有股权不那么感兴趣，但是共享所有权的特别优惠能在职员与雇主之间缔结聚合性的心理契约（Rousseau 和 Shperling，2003）。

在那些受到最近的金融危机冲击的国家，向员工出售股权可以为急需资本的公司提供一个重新注资的途径，并可重新分配财富与风险。在重组后需要裁员的情况下，那些被裁掉的员工可以得到的是股票而不是解雇费，从而在公司重组和复苏后获利。

为下岗员工提供小额融资，帮助他们建立小型企业，是另一个帮助其积累实物和金融资本的办法。在海得拉巴进行的一项随机实验发现，不同群体获得小额融资后的不同的效应（Banerjee 等，2010）。做买卖的家庭更多地投资于耐用品，并获得利润的增长。对成为企业主具有很强倾向的家庭见证了非耐用品消费的下降，特别是有诱惑力的商品。然而，不太倾向于成为企业主的家庭则会增加非耐用品的开支。这些家庭用小额信贷来偿付旧的贷款。对那些早已从事商业或计划经商并投资于耐用品、限制其他消费的家庭，本实验表明小额融资对这些家庭起到了应有作用。但是，因为不是每一个人都希望成为企业家，所以小额融资只提供了部分解决方案。

## 使人力资本与开放性市场中的机会相结合

城市的贫困人口必须靠出卖劳动力为生。因此，创造工作机会对于他们的人力资本转化为生产力以及减少贫困就尤为重要。一系列的出版物（包括世界银行，1991、1993、2013）建议实行有广泛基础的、劳动密集增长的发展策略，以创造使贫困人口增加收入的工作机会。有些国家推行了这一战略并且走得很远——它们将教育投资与教育开放结合起来，促进了良性循环。类似的例子出现在 20 世纪 50 年代的日本和 60 年代 ~ 80 年代的中国香港、韩国、新加坡以及 80 年代改革开放后的中国内地。

一个国家知识的积累影响着本国的贸易和竞争力，而贸易又加强了知识的积累，尤其是通过进口渠道。Lucas（1993）指出，一个国家要想持续知识积累，就必须是外向型的，并且是大出口国。Young（1991）和 Keller（1995）发现，贸易本身并非是经济增长的动力，但必须是通过一系列的机制，例如人力资本的形成等来运作，从而促进经济增长。

市场开放有利于技术进步和能力培养，后者是通过各种各样的认知模式来实现的，如资本和中间产品的重要性、边干边学、在职培训等。Foster 和 Rosenzweig（1995）发现了关于边干边学和学习的外溢效应的有利证据：农民和他们的邻居的各种高产经验极大地提高了收益。那些与经验丰富的农民为邻的农户的收益比其他人要好，与向别人学习相关的外溢效应尽管不大，但并非不重要。

总体经济政策和教育的作用之间的关系非常明显。在 1965 年至 1987 年间，60 个发展中国家里，那些教育水平高、宏观经济稳定、市场开放的国家经济增长幅度尤其大。因此，贸易开放对长期经济增长的作用就取决于人们对伴随贸易和境外投资而来的信息与技术的吸收情况。在市场改革和外向型经济结构的前提下，提高人力资本的储备会对经济增长起到加速作用，但是一旦少了这些条件，教育对经济增长的作用就不那么大了。教育与开放之间的互动关系对经济增长的作用是很明显的（Thomas、Wang 和 Fan，2002）。

与此相似的是，Thomas 和 Wang 发现，在世界银行的 1265 个项目里，那些同时具有较高教育水平的劳动力和较为开放的经济制度的国家，比只具备一项或其他条件的国家的回报率要高出 3 个百分点（图 3.8）。[21]这项发现后来由 Flanagan（2007）更新。

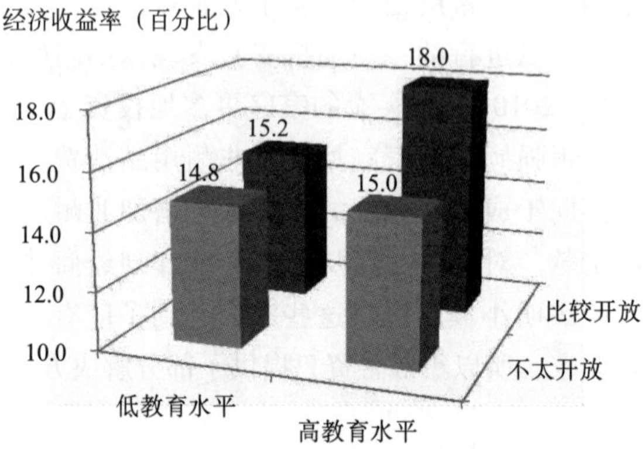


**图 3.8　1265 个世界银行贷款项目的教育、开放度与经济收益率**

资料来源：Thomas 和 Wang（1997），Flanagan 更新（2007）。

注：经济收益率数据取自世界银行业务评价局的评价数据库。

## 保护劳动者抵御冲击

城市贫民往往缺乏足够的人力资本，因而只能担当非技术性的工作。随着开放和全球化程度的提高，适合非技术性工人的工作越来越少，其工资也越来越低，年轻人在所有群体中首当其冲。世界银行（2013）记录了一些国家令人不安的年轻人失业情况。自 2008 年早些时候，南非的青年失业率已经超过 40%，西班牙在 2012 年早期的青年失业率超过了 50%。即使在一些青年失业率较低的国家，失业率也已经超过国家平均标准的一倍，甚至更多。与年轻人高失业率相对应，全球 6.21 亿年轻人处于“空闲”状态——既不在学校上课或接受培训，又没有被雇佣或正在寻找工作。国家间 15 岁至 24 岁年轻人的空闲率从 10%～50% 不等（World Bank，2013a，50）。

2008 年至 2009 年的金融与经济危机对发展中国家的影响程度不一，波罗的海国家、吉尔吉斯斯坦、墨西哥、罗马尼亚、俄罗斯、南非和土耳其遭受就业的绝对下降，而巴西、中国和印度尼西亚只是遭遇短暂减速。危机在不同人群间的影响也不同。据估计，这次危机在中国损失了 2000 万～3600 万个就业岗位，特别是对在出口导向型行业工作的农民工的影响。在墨西哥，在 2008 年至 2009 年第二季度期间，减少了 50 万个就业机会，妇女、青年和老年工作者受到的影响尤为严重；实际工资则下降了 10%。在印度尼西亚，虽然危机的影响总体还算温和，但是年轻人、临时工和非正式工人仍受到了影响（World Bank，2013a，61）。

面临外来冲击、结构调整和经济衰退，城市的非技术工人是最脆弱的。由于他们缺乏足够的人力资本，因此很难对市场需求的变化做出适应性调整。这一问题又因为劳动力市场的扭曲和缺乏劳动力市场机构等阻碍市场调整的问题的存在而更加恶化。劳动力市场的扭曲问题亟待加以制约：工资结构的扭曲和童工的存在影响了对教育的需求。政府需要为劳动力市场机构提供帮助，并提供贫困人口所需要的劳动力市场信息。

同时，我们还需要培训或重新培训失去工作的工作者，使他们有能力转向其他的行业。加纳就通过职业培训或学徒课程培训了 4000 人，向他们教授制衣、电工和木工等课程。课程参加者在结业时会得到证书和工具等人力资本和实物资本，这样他们便可以立即开始成为自由工作者。

## 结论

经济增长对减贫具有重大影响，为此必须增加贫困人口的资产。为了实现这一点，可以对一些新的资产进行投资，尤其是人力资本，也可对现有资产进行重新分配。本章通过考察教育的分布和质量问题，以及对教育成就较大的离散状况的原因和后果，乃至补救措施的考察，重点讨论了对新资产的投资问题。当教育水平低下且教育不平等严重时，受损失最大的是贫困人口，因为人力资本是他们的主要资产。对贫困人口的人力资本投资不足会使贫困和收入差距的问题进一步恶化，更加难以解决。

改善公共教育支出的配置是关键的问题。有条件的现金转移支付项目，如巴西的“家庭补助金计划”和墨西哥的“机会项目”似乎已经取得了可喜效果。然而，很多国家未能将公共投资集中于小学和中学教育。不恰当的公共支出分配会导致花费在学生身上的每一分钱的平均收益降低，而这对贫困人口来说最有害。

政府需要调整公共支出的配置，重新面向基础教育，同时使私人部门和政府与社会资本合作能在高等教育上下大力气。各国都有充足的理由来加强各层级的教育。教育可以增进经济增长对减贫的影响力，并直接提高福利。它也使国家能有效地参与到经济全球化中去。

然而，单单对教育投资并不能保证发展的成功和贫困的减少。因为，本章还涉及教育之外的、与人力资本的使用相关的因素。例如，土地和其他生产资料的分配、经济政策等等。要减少贫困，各国需要一个以人为本的全方位战略。

我们必须保证普及教育和医疗卫生保健服务，并且是更好地进行普及；我们要为贫困人口更全面地利用其人力资本而提供便利，并且通过国际贸易、投资和思想领域的开放，赋予他们获得土地、股权资本、培训和工作机会的权力，以提高他们的竞争力。

## 注释

1. 本章由王燕在 2000 年担任世界银行的项目经理和高级经济学家时撰写，并于 2016 年更新，其现任国际金融论坛研究院副院长、乔治·华盛顿大学客座教授。在此，本章作者感谢早期合著者 Vinod Thomas、Ramon Lopez 和 Xibo Fan；感谢王小林和王立敏提供的有关中国的材料；还要感谢乔治·华盛顿大学的张丰所做的研究协助。

2. 关于资产分配的重要性，可以参见以下文献：Ahluwalia，1976；Birdsall 和 Londofno，1997；Chenery 等，1974；Deininger 和 Squire，1998；Kanbur，2000；Knight 和 Sabot，1983；Lam 和 Levison，1991；Lanjouw 和 Stern，1989、1998；Li、Squire 和 Zou，1998；Ram，1990；Ravallion 和 Datt，1999；Sen，1980、1988。

3. 参见如 Mankiw、Romer 和 Weil，1992。

4. Bourguignon，1999；Loury，1999。

5. IDB，1998，54。

6. Mingat 和 Tan，1998。

7. 关于“什么东西的平等（equity of what?）”曾经有过激烈的争论。Sen（1980）认为个人的功能水平，如识字和营养，是应该使之平等的属性。其他人将人们面临的机遇视为应该使之平等的属性（Arneson，1989；Cohen，1989；Roemer，1993）。还有人将拥有的资源视为应该使之平等的属性（Dworkin，1981）。

8. 参见 Lam 和 Levinson，1991；Londonio，1990；Maas 和 Criel，1982；Ram，1990。

9. 许多研究都对收入、土地和财富的基尼系数进行了比较（例如，Leipziger 等人在 1992 年对韩国的研究）。然而，没有研究对教育基尼系数和土地、收入的基尼系数进行比较。

10. Filmer 和 Pritchett，1999。

11. Filmer 和 Pritchett，1999。

12. 代际（或社会）流动性通常通过代际收益弹性来衡量，即父母与子女之间的收入弹性（数值越高，代际收入流动性越低）。

13. 美国人口调查局人口司。2005 年临时国家人口预测。

14. 英国（国家统计局）当地出生时和 65 岁时的预期寿命。

15. 死亡的主要原因包括产后出血、高血压、孕产妇死亡栓塞以及新生儿损伤、早产和导致儿童死亡的低出生体重。

16. 卫生部门改革扭曲了对医疗保健提供者的激励，鼓励医院通过高昂的药物费用收回成本，并采取昂贵的医疗程序，同时减少预防保健服务的供应。

17. Alesina 和 Rodrik，1994。

18. Persson 和 Tabellini，1994。

19. Deininger 和 Squire，1998；Li、Squire 和 Zou，1998；Lundberg 和 Squire，1999。

20. Binswanger 和 Deininger，1997；Binswanger、Deininger 和 Feder，1995。

21. 国际间项目层面的数据集包括教育变量、人均收入、开放度、政府支出和项目业绩。该项目数据涵盖了世界银行业务评价局在 1974 ~ 1994 年评估的 109 个国家中的 3590 个贷款项目，包括对总体业绩（满意/不令人满意）和经济收益率的评级。

# 第 4 章
# 保持自然资本的可持续发展[1]

“如果我们真正关心我们这个星球的未来，我们就不能将现有问题推给‘他人’解决，我们必须解决现有的所有问题。为了明天的世界而采取行动，这是我们的职责，你我都应该负责。”

——珍·古德（Jane Goodall），《希望的理由》（Reason for Hope）

自然资本对人类的发展和福利贡献良多。自然资本包括两种功能，其一是降解功能，其二是生产功能。降解功能即环境可以吸收人类生产和消费产生的污染物的能力。保护降解功能对于人类健康至关重要；而保护生产性或者资源功能，对于依赖这些资源为生的人的经济安全是非常关键的。高质量的自然资本可以间接增加人类的福利，因为它是经济产品和服务可持续生产的一个重要组成部分。它同样可以直接增加人类的福利，因为人类可以从恬静、干净的环境和原始森林中享受愉悦，可以在清洁的河湖中畅游与垂钓。

第 2 章阐述了人力资本、自然资本和实物资本对于经济增长和福利的重要性。这些资本之间一般是不可完全替代的，因此为了实现可持续的经济增长，这些资产需要以不扭曲的或者相对均衡的增长率增长。扭曲的或者不均衡的增长——其标志是实物资本的快速积累，人力资本的缓慢增长和自然资本的逐渐枯竭——增加了经济增长的波动性，这对贫困人口造成的损害尤其巨大。如果一个经济体在这些资本的增长上失衡，那么它很可能遭受经济长期停滞的恶果。

如果一个国家的大部分收入来自于自然资源，那么通过实物资本的积累而牺牲自然资本的方式是不可能保持经济的可持续增长的（Lopez、Thomas 和 Thomas，1998；Arrow 等，2012）。环境恶化对贫困人口来说可能是一场灾难，因为他们往往以自然资源为生，不大可能以其他资产来进行替代。特别是从长期来看，注重环境质量和资源利用效率的增长模式更有利于积累、投资、经济增长和人类福利的提高（Munasinghe，2004）。

但是，世界上有很多国家为了追求短期的经济增长，过度砍伐森林、捕捞鱼类、开采矿产，造成水和空气的污染。这些国家的政策制定者认为，他们所采取的政策将会增加国民的福利。在这些国家，大量的自然资本因森林的退化、生物多样性的丧失、土壤的退化以及空气和水污染而被消耗掉，但安全的用水、污水处理和卫生设施方面却往往并没有随着国家经济的增长而出现多大的改善。专栏 4.1 对中国所面临的环境挑战及其采取的应对措施进行了概述。本章我们将要探讨的内容是，为什么自然资本会被滥用滥采，尤其是在经济迅速增长的时期？哪些措施可以被用来纠正环境恶化的恶性循环？

**专栏 4.1　　中国的可持续增长挑战**

在过去的 30 年里，中国经济的发展成效显著，成为绝大多数发展中国家立志要看齐的标杆。中国现在是世界上主要的出口国和制造国，并跻身世界第二大经济体。从 20 世纪 80 年代中期起，中国的 GDP 增长率均值约为 10%，这使得超过 6 亿人口得以摆脱贫困。然而，转型挑战使中国近期经济增长的道路荆棘丛生，尤其是来自于之前不可持续增长的环境限制。据估算，这些外部性代价已经达到中国国民总收入的 9%，其中能源和矿物消耗占国民总收入的 3.1%，空气和水污染占 3.8%，土壤养分退化占 1%，二氧化碳排放占 1.1%（World Bank，2015a；World Bank 和 DRC，2013）。中国可持续发展面临的主要挑战包括：

- **水资源安全**。在中国，由于过度的开采和对日趋紧张的水资源的低效使用，水资源安全仍是一个极其紧迫的问题。中国的人均水量为 2062 立方米，仅为全球平均水平的 1/3 左右。不均等的地域分配使这一问题更为严峻。以中国北方为例，这里的人口占全国总人口的一半，但水资源却仅占全国水资源总量的 15%。北京居民水资源人均年占有量仅为 145 立方米，明显低于国际水资源人均年占有量 1000 立方米的阈值。污染使情况变得更糟。在受监测的河流中有 30% 出现了严重污染，75% 的湖泊、25% 的沿海水域也都有污染现象出现。大多数水污染是由农业生产、工业废水和原污水中的化肥和农药引起的。
- **土壤退化**。人口快速增长、城镇化、土地过度使用以及其他自然因素导致了 540 万平方公里土地（即全国 56.2% 的土地）逐渐退化。土壤退化的主要原因在于土壤和水资源的流失，土壤盐渍化和草场退化。此外，50% 以上的耕地出现了土壤退化，这给经济效益与粮食安全造成了重大的影响。
- **空气污染**。恶化的城市空气质量使暴露在这种环境中的人患心血管和急性呼吸系统疾病的风险增加。2016 年，据世界卫生组织 2008 ~ 2013 年的空气污染（PM2.5，直径小于 2.5 微米的细悬浮颗粒物）调查报告表明，中国有四个城市被列入世界上污染最严重的 20 个城市。这四个城市的污染水平超过世界卫生组织规定的空气质量标准——每立方米空气中 PM2.5 的含量为 10 微克——约 11 ~ 13 倍。
- **气候变化**。我们有大量的记录表明温度和降水的变化。从 1961 年到 2000 年，中国西北地区年平均气温上升了 0.7℃，而这一时期的降水量增加了约 22% ~

33%。大约从2005年起，包括长江流域在内，中国西部和华南地区的极端降雨频率显著增加，导致出现洪水灾害。沿海巨大的人口和高频度的海平面上升，往往会导致风暴潮的发生以及使像珠江三角洲这样的大三角洲出现洪水灾害。同时，气温上升也导致湿地干涸，生态系统严重退化（IPCC，2007）。

尽管面临这些严峻的挑战，中国一直奉行可持续发展的政策。据估计，到2030年，通过消除一些由环境损耗和退化造成的不良影响，追求更绿色的增长政策可能会使得国民总收入净增长达到2.7%，并显著改善空气污染和水污染情况（World Bank和DRC，2013）。

“十三五规划”（2016～2020年）的推出和之前的五年规划，为促进清洁生产、建立绿色和低碳产业体系以及针对自然资源制定严格政策，如保护耕地和森林土地、更严格的水资源管理，提供了政策上的依据。2015年年底，碳交易试点区域和贸易试验区在各自辖区内的排放量分别为35%和65%。通过不断的努力，中国减少了对煤炭的依赖，并提高了像在运输这样的部门中可再生能源和能源的利用率。这些努力将会使政府制定的目标得以实现，到2030年，温室气体排放量达到峰值，使非化石能源占到总能源使用量的20%，并使碳强度减少60%～65%，低于2005年的水平。

资料来源：World Bank，2015a；World Bank和DRC，2013；王立敏和王燕，2014。

纠正措施是否合适，将取决于问题的实质，以及经济和制度性安排。例如，通过对工业排放物征收污染税可以改善空气质量，而通过诸如明确土地产权和给渔民以可转让捕鱼配额指标等措施，可以提升自然资源的生产效率。要想这些措施取得成功，政府需要采取积极而有选择性的干预措施，同时与私营部门和民间团体进行合作。

## 巨大的环境风险和损失

工业排放物、汽车尾气和家庭燃烧的化石燃料造成的空气污染，每年导致700万人死亡，其中大部分是因为呼吸系统损伤、心肺疾病和癌症导致的（WHO，2014）。在这些过早死亡的人中，有430万人暴露在因传统燃料的燃烧而造成的室内空气污染的环境中。空气污染还减少了人们的生产劳动时间，因而降低了经济产值。

与水污染和水传播疾病有关的健康成本也很高。2012年，超过30万的五岁以下儿童死于由脏水导致的疾病。含有二噁英、农药和来自工厂、矿山及化工厂的重金属的有毒废水，已经对世界上的主要水域造成了污染。工人、农民和其他接触污染的人群面临着极大的健康威胁。同空气污染一样，贫困人口由于水污染而受到的损害也最大。据估计，每年有100万～500万的农业工人因杀虫剂而中毒，并且每年至少有2万人因有毒杀虫剂而丧生，这些丧生的人大都来自于发展中国家（Dasgupta等，2005）。渔业产品是贫困人口摄取蛋白质的主要来源，但它们也正由于城市化和农业活动造成的污染，森林砍伐及矿物开采而产生的淤积而不断受到威胁。在印度尼西亚，1990～2007年以底拖网、围网和流刺网捕获的鱼类总量明显下降。在菲律宾，蓝圆鲹（一种以“贫困人口之鱼”著称的鱼类）的人均供应量从1999年的每人每天7.2克下降到了2011年的每人每天4.4克（ADB，2014a）。

最近的估计表明，由于主要环境健康风险而导致的过早死亡和疾病在发展中世界总体疾病负担中的占比约为23%，同样的原因造成的死亡占全世界五岁以下死亡儿童人数的26%（Prüss－Üstün等，2016）。主要由于环境问题而出现的疾病（以伤残调整寿命计）包括心血管疾病、腹泻和下呼吸道感染（图4.1）。这些因素主要对贫困家庭的儿童和妇女造成严重影响。

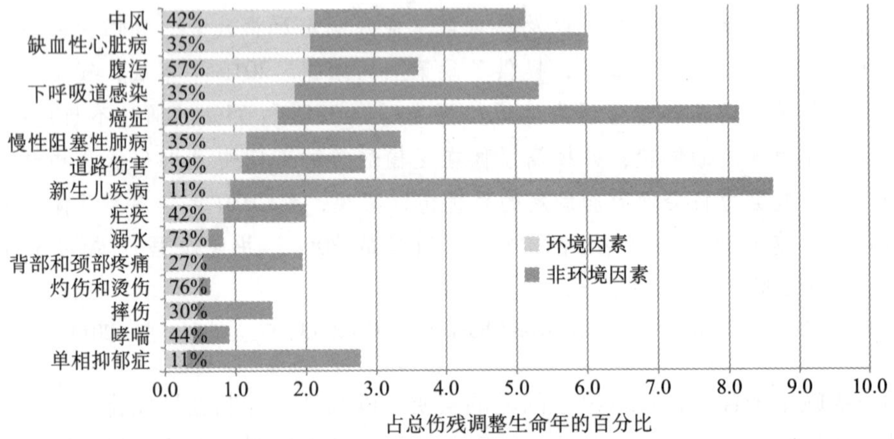


**图4.1　2012年环境因素对疾病的影响**

资料来源：WHO。

注：条形图中的百分比指环境因素对各种疾病的影响程度。

自然资源的过度开采和退化也是人们关注的一个主要问题。世界银行（2015）的一项报告基于20个国家（其总人口占发展中国家人口的40%）进行估算得出，环境退化造成的成本相当于一个国家GDP的3%～10%（图4.2）。世界各地都存在着土壤退化的问题，亚洲和非洲尤其严重。全球在治理土壤退化造成的生态系统服务损失方面的成本达到10.6万亿美元，相当于全球GDP的17%（ELD，2015）。对于一些非洲国家来说，每年生态系统服务损失的成本相当于这些国家GDP的12.3%（UNEP，2015）。在中国，该成本约为GDP的1%（World Bank和DRC，2013）。每年的损失令人担忧，但积累的影响更应令人警觉。

荒漠化是土壤退化的一个直接后果，据估计，荒漠化每年仅仅使农业生产损失的成本就高达420亿美元。根据《联合国防治荒漠化公约》，由于收成减少，荒漠化直接使2.5亿贫困人口面临饥荒的风险。[2]

森林部门是世界经济的重要组成部分，它每年创造6000亿美元的价值，并提供5000万个就业岗位。据估计，2000～2010年平均每年至少有520万公顷的林地消失

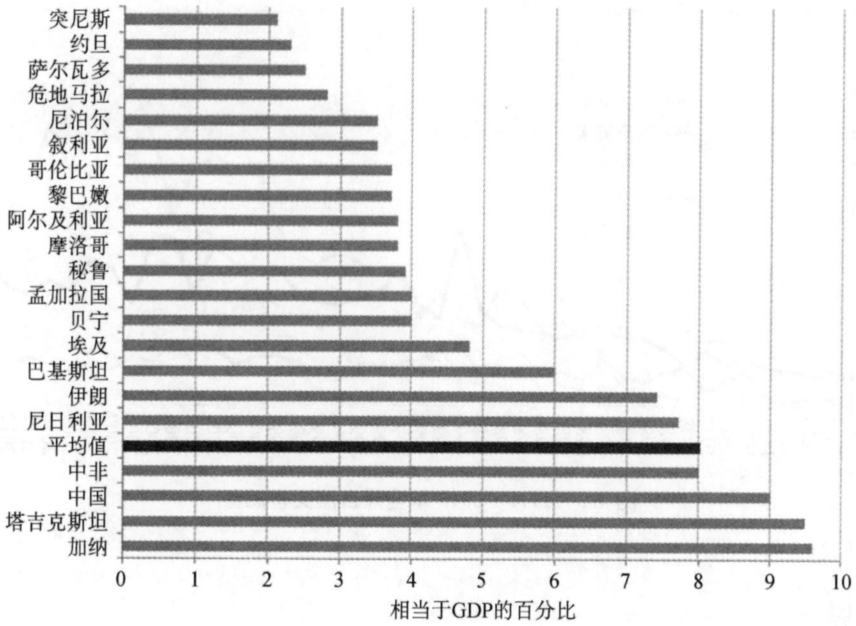


**图4.2　环境退化成本**

资料来源：世界银行。

（FAO，2010），因为人口增加，林地被开发为了农田和转作其他用途。2015年，森林大火造成了印度尼西亚灰霾和烟雾相关的损失达160亿美元，约相当于其GDP的2%，其空气污染还扩散到了临近的马来西亚和新加坡（World Bank，2015）。这样的自然资本的损失毫无疑问将给印度尼西亚维持就业和收入的能力造成损害，同时后代将承受生物多样性的减少带来的损失，而这些损失是难以量化的。

同印度尼西亚的森林大火一样，一国的环境恶化所带来的不利影响不仅限于该国的政治疆域内。荒漠化、海岸带退化、全球气候变化、跨国界酸雨现象以及臭氧层不断损耗的情况越来越严重（Bierbaum等，2014）。

始于21世纪的全球气候变化将会使洪灾、旱灾和热浪的强度增加，频率增多，使沿海低洼地区被淹没，传染性疾病更频发，同时还会加速森林的退化。1995～2015年世界共发生了8155次有记录的自然灾害，相对1960～1980年，增长了4倍（图4.3）。受灾害影响的人数超过40亿，绝大多数都发生在亚洲（约95%）。大部分灾害（90%）都和天气有关（洪水、风暴、干旱）。根据EM－DAT国际灾害数据库的数据，如果以货币计量，自然灾害的累计损失达到1.4万亿美元，即2004～2014年平均每年损失1400亿美元。同时，联合国估计每年因灾害造成的经济损失为2500亿～3500亿美元。

气候变化还将减少发展中国家的农业产量，从而损害粮食安全，对人类健康和保障形成威胁。气候在如往常一般或者极端变化的情况下，在2100年以前，将会造成全球GDP降低20%，甚至造成更大的损失（Burke等，2015；Chancel和Picketty，2015；

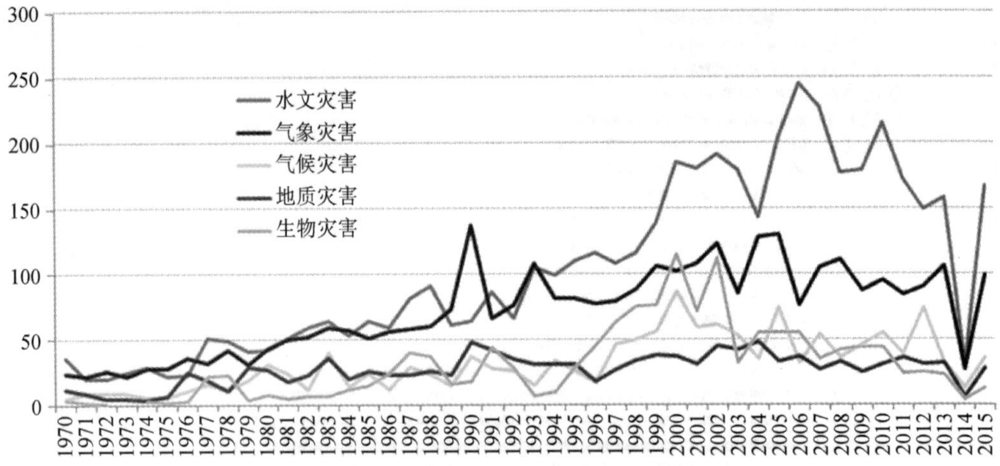


**图 4.3　1970 ~ 2015 年全球自然灾害总数**

资料来源：EM - DAT。

Gore，2015）。

“真实储蓄”或者调整后净储蓄，为我们提供了一个有用的概念，它抓住了自然资本退化的特点，可以被用来评估国家的环境质量状况。真实储蓄等于国内储蓄减去实物资本的折旧，减去矿产和能源的损耗，减去森林的净损耗，减去污染造成的损失，加上人力资本的投资。将所有发展中的国家当作一个整体来看，2014 年总储蓄是国民总收入的 25.8%。如果剔除自然资本（如森林、能源和矿产）的损耗，以及二氧化碳排放造成的损失，并加上人力资本投资，真实储蓄稍高于国民总收入的 12.7%。[3]

## 改善环境的行动将会带来巨大的收益

从经济的角度来看，并非需要完全控制所有的污染，也并非需要扭转所有的自然资源退化的状况。只有当边际（社会）损失等于减轻或控制污染的边际（社会）成本时，才需要对污染和自然资源的退化进行控制，这一点即是环境保护的最佳点。然而，经济增长依然是减贫的一个关键驱动力，即使是通过不完美的措施来实现，例如追求 GDP 的增长（Ferreira 和 Ravallion，2009）。绿色增长的概念在许多政策环节中得到重视，它支持在追求经济增长的同时要阻止环境退化。据估计，在土地、水和能源方面投入 9000 亿 ~ 17000 亿美元的绿色投资能够得到大约 3 万亿美元的经济回报，在给予一定的低碳价格以及能源、农业和水补贴的情况下，这个数字可能上升到 3.7 万亿美元（McKinsey 和 Company，2011）。既然有如此大的收益，为什么环境退化和环境破坏依然在延续？主要原因在于，在环境保护方面投资的私人收益明显小于私人成本（Dasgupta 和 Maler，1994）。投资收益的很大部分归整个社会现在和将来所有，而不是归进行投资的私人机构所有。因此，作为个人，只注重其私人的、短期的收益，他们很少将环境退化的成本问题纳入决策之中——这些成本在当代人中的分配并不均衡，还会影响到后代。这是一个典型的外部性和市场失灵的案例，它充分说明，政府需要采取政策以建立市场或者类似市场的条件，以便将私人部门的激励机制和提供环境服务的社会成本收益结合起来。

有些政策具有扭曲性，低估了环境的价值，这些扭曲的政策造成了环境污染和退化（Dasgupta 和 Maler，1994）。例如，许多国家对农业投入物提供补贴，对农产品提供价格支持，这使得森林管理失去了竞争性，迫使人们将森林改为牧场使用。政府对能源提供补贴，以保持较低的物价水平，这种方式导致了人们过度消费并造成了过多的污染。对在边缘地区经营的企业提供免税政策，在生态脆弱的区域修筑公路，以及其他许多短视的政策，都将导致森林退化和资源管理不善，并威胁到生活在这些地区的弱势阶层的生活（Chomitz 和 Gray，1996；Cropper、Griffiths 和 Mani，1997）。取消这些补贴，征收环境税，这样的政策改革能够减少政策扭曲，并使价格达到最佳水平。

导致自然资本不能有效管理的因素还包括：许多人持有的"先增长后治理"的观点；腐败；产权不明确；缺乏足够的资金进行环境管理。人们往往缺乏足够的信息，无法完全了解环境退化的原因和结果。公众对此漠不关心的态度妨碍着环境问题的解决。虽然目前环境保护的势头不错，但是推动国际合作，进行环境保护的努力还面临着重重困难（专栏4.2）。

**专栏4.2　　气候变化谈判**

国际气候变化谈判自古以来就是富国和穷国之间的一场角逐，但现在越来越多地印上了工业化国家和发展中国家之间的经济实力的变化的特色。因此，我们需要一种新的方法来鼓励国家间的合作。Mattoo 和 Subramanian（2013）提出几种方式，以实现上述目的。首先，规模较大的蓬勃发展的新兴经济体，如中国、印度、巴西和印度尼西亚，必须承担起全球领袖的责任，为应对气候变化并鼓动犹豫不决的工业国家采取措施作出贡献。这种角色的逆转恰逢与更大的风险契合，这种风险源自气候变化对蓬勃发展的新兴经济体产生的影响。

其次，技术变革是气候行动的前进方向。不过，由于许多国家致力于实现全球气变化保持平均气温升高少于2℃的目标，因此，服从全球排放分配指标的国家也需要获得更大的消费和生产可能性的余地。

最后，所有的主要排放国必须作出贡献，以摆脱旧的、以减排换取现金的方式。这种方式依赖工业国家为他们提供自身缺少的现金，并让新兴经济体承担一部分排放指标，然而这些新兴经济体自身也并不乐意此举。由于旨在推动技术革命，工业国家应该极早主动提高碳价格。充满活力的新兴经济体也应该取消对化石燃料的补贴，与未来的碳价格上涨相匹配，降低自己的出口边境税，加强对绿色技术的知识产权掌控。这项措施将直接或间接地支持这一技术革命。

资料来源：Mattoo 和 Subramanian，2013。

## 经济增长、自然资本和福利之间的关系

到目前为止的讨论强调，环境恶化不能等到其他迫切的改革完成之后再来解决。我们现在将通过实践证据来探究经济增长与自然资本质量之间的关系。

### 先发展，后治理?

越来越多的证据表明，一些国家还没有纠正这样一种观念，即环境是随着经济增长后人们收入增加了才需要的一种奢侈品。因此，发展中国家倾向于忽视环境问题，因为政策制定者所主要关注的几乎就是如何加速经济的增长。为了支持他们的观点，他们引用了工业国家的例子，认为一些工业国家在其经济增长的初期基本不关注环境恶化问题，而是在以后才去慢慢解决。然而，他们忽视了这样一个问题：环境退化所带来的经济、社会和生态成本的潜在破坏性非常大，而且这种损失有时候是不可逆转的。空气和水污染似乎是可以逆转的，但它对人类福利的影响却往往是不可逆的。未来的治理行动很难补偿当代人的福利损失。只有实行清洁的经济增长政策，才符合使处于不同时代的人都享受公平的原则。

此外，早日投资于控制污染，还可以在其他方面产生积极的收益。例如，人的健康状况改善之后，可以更加有利于人力资本的积累和经济的持续增长。“先发展后治理”的方式往往是不公平的；贫困人口和弱势阶层因为环境污染和资源退化受到的损失更大。例如，当工业有毒废水和其他污染导致水质下降之后，贫困人口往往无法享用城市的净化水，也没有资金投资于水过滤和其他净化水系统。贫民窟的居民每天都面临着环境问题，由于所处的位置和有限的基础设施，这些问题将会影响他们的健康（Ananta、Bauer 和 Thant，2013）。这些分配的影响加剧了收入的不平等，并可能导致严重的社会冲突。因此，在加速经济增长的时候重视环境问题与减贫战略是完全一致的。

环境污染造成生物基因物质不可逆的损失，以及潜在的生态系统崩溃的威胁，是我们拒绝“先增长后治理”的理由之一。有些损失是永远都恢复不了的。栖息地的破坏导致全球陆地和水生生物多样性的损失是不可逆的。海洋污染和竭泽而渔的捕鱼方式已使东非海岸的珊瑚礁近乎枯竭，并威胁着海洋中的许多动植物（ADB，2014a）。

高收入国家的经验显示，失控环境所造成的健康成本会大大超过预先采取措施所发生的成本；当然，在比较这两种成本时，应该考虑两者发生的时间不同，且所产生的结果具有不确定性。例如，在日本，治理环境并为三种疾病的受害者提供的补助是预防成本的 1.4～102 倍，这三种疾病是：由镉中毒引起的“痛痛病”，吸入含有过量硫的空气而引起的四日市哮喘，由汞中毒造成的水俣病（Kato，1996）。而美国则面临着危险的工业废弃物被胡乱倾倒而造成的威胁。有毒废物堆场污染清理基金设立的堆场，是堆放着有毒物质的区域，它是由公司或者政府机构预留的，它的操作可能在变化。这些堆场可能是老旧的填埋场、废弃的矿山或者废弃的军事设施。某些情况下，一

个公司负责一处污染物处理堆场；除此之外，如填埋场，则可能有成百上千的公司作为“潜在责任方”，这么多公司的协同清理使得清理工作变得困难重重。美国联邦政府在1980年制定了“有毒废物堆场污染清理基金计划”来解决相应的问题。但是，由于这个基金极度资金短缺，积压了大量的未处理堆场，使堆场附近的居民依然面临着危险。现在，35年多过去了，这个问题还远远没有被解决，仍有近半数的美国人，在其生活半径10英里范围内就有一个活跃的、未处理的有毒废物堆场，这样的堆场在全美国共有1304个。专家估计，一个单独的堆场可能需要数年的时间并花费数亿美元才能清理干净。每个堆场需要数十年以及数十亿美元去清理，其成本将由现在和未来的几代人共同承担。[4]

## 经济增长的快慢能够确保自然资本得到保护吗?

从全世界看来，不论一国经济增长是快还是慢，都会经历环境退化，但退化的程度有所不同。对GDP增长率和自然资本质量指数的分析表明，两者之前存在弱相关。从更为明细的角度分析经济增长与自然资本要素的退化之间的联系，我们可以很好地了解这种关系的强弱和方向。东亚在经济增长和减贫方面取得了令人瞩目的成就，但与此同时其环境质量却恶化了。从2008年至2013年，按照PM2.5测定的全球污染最严重的20个城市中，印度占了10个（WHO，2016a，见图4.4）。空气污染，特别是高浓度的总悬浮颗粒物，在曼谷、雅加达、马尼拉和中国的几个城市中造成了许多人过早死亡及受到严重的健康损害。20世纪80年代实施了经济改革而经济迅速增长的国家，如中国、韩国、马来西亚和泰国，在经济改革和经济加速增长之后，人均二氧化碳排放量增加了两到三倍。

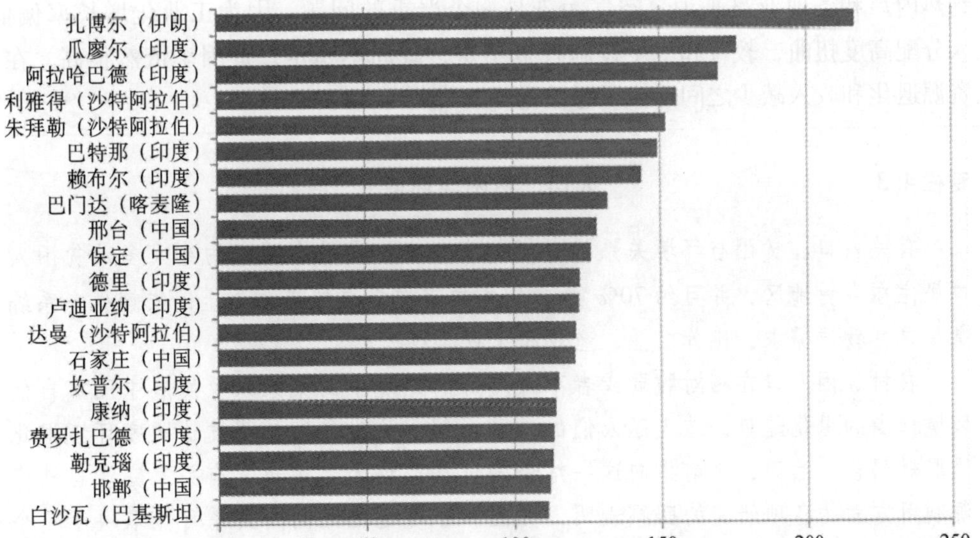


**图4.4 全球污染最严重的20个城市（以PM2.5计）**

资料来源：WHO，2016a。

大多数国家的森林退化率都很高，且这种水平依然在持续，贫穷的发展中国家尤其如此。据估计，森林砍伐和退化引起的温室气体占全部温室气体的15%～17%。尽管最近在植树造林和再造林工作中取得了进展，但是由于生物多样性的丢失，这些再造森林并不能完全代替原来的原生森林。此外，净森林损失下降速度放缓，但并不能将之与人类造成的森林砍伐率降低联系起来（Keenan等，2015）。

东亚约20%的耕地由于内涝、侵蚀和过度放牧而出现土壤退化。在中国、泰国和越南，严重的土壤退化对许多生态系统造成了不可逆的损失（Howes和Wyrwoll，2012）。东亚50%～75%的海岸线和海洋保护区的生物多样性已经被定为处于高危状态。但是，也不是所有的指标都显示亚洲高速发展的经济体的环境状况出现了恶化。中国、韩国、马来西亚和泰国的清洁用水和卫生设施增长很快。1990～2015年，马来西亚拥有安全用水的人口在全国总人口中的占比由90%上升到了98%；同期，泰国由87%上升到了98%；印度尼西亚从70%上升到了87%；菲律宾从84%上升到了92%；越南由63%上升到了98%。[5]这些国家的卫生服务可使用率也有提升。但是，在柬埔寨、老挝和缅甸，这一时期的安全用水和卫生服务依然处于较低水平。

不过，并非仅仅只有经济增长才能带来自然资本退化的问题。和东亚国家一样，经济增长缓慢的拉丁美洲国家同样在清洁用水和卫生设施方面取得了不小的进步，但是它们也面临着环境恶化的困境。绝大多数国家都经历了严重的森林退化，在生态敏感区域和斜坡区域，这个问题尤其严重；它们还经历了土壤的大面积退化；沿海地区有过度捕捞和水污染的问题；农药污染了水体；人和牲畜因农药而中毒。空气污染在亚洲并不是一个普遍的问题，部分是因为工业化增长率比较低。但是，对于墨西哥城、里约热内卢和圣地亚哥来说，空气污染是一个严重的问题。因为工业化增长率偏低，收入分配高度扭曲，教育和卫生设施投资不足，政局不稳定，贫困率依然很高，在自然资源退化和收入减少之间形成了恶性循环（专栏4.3）。

**专栏4.3　　人口、贫困与环境**

有关人口、贫困与环境关系的分析相当复杂。发展中国家的绝大多数贫困人口居住在乡村地区，并且约70%[a]的贫困人口直接靠自然资源为生，依赖生态系统满足自身物质需求，比如农业、渔业和化石燃料。

农村贫困人口在相对脆弱或者不太友好的环境中的集聚以及发展中国家自然环境稳步的退化趋势，造成了人们的一种误解，认为贫穷是不发达国家环境退化的罪魁祸首。然而，当前指向这一结论的证据或许太过简单。有关家庭在自然资源利用方面的各项研究的回顾表明，贫困和环境退化之间的关系可能取决于一个复杂的选择范围和贫困人口可以触及的交易。而这些反过来也影响了贫困人口进入关键市场的途径（例如：土地、劳动力、信贷、商品和服务），并对自然资源禀赋的质量构成威胁。Dasgupta（1993，475）指出，“在贫穷国家的农村地区，许多意义重大的市场（如信贷、资本和保险）正处于缺失状态。与此同时，一些对家庭生产至关重要的商品（如饮用水、化石燃料和饲料等），只能以相当长的时间和劳动力成本为代价才能得到。”

世界人口不断增长，预计到2050年有望飙升到近100亿人。同时，在条件较差的地区，农村贫困人口也将有所增加。全球可持续发展议程呼吁经济、社会和环境三者之间实现协调发展。然而，越来越多的人口成为该议程实施所面临的主要挑战。针对人口、贫困与环境之间的关系而制定的政策包括以下几点：(1) 提供直接的融资，使贫困人口参与到生态系统服务项目中，并采取其他措施来改善贫困人口赖以生存的环境质量；(2) 提供定向投资，以直接提高农村贫困人口的生活水平，并以此减轻其对环境资源开发的依赖，即人力资本和安全网；(3) 拓宽农村贫困人口获得诸如信贷、保险、土地使用权等主要市场的渠道，并减少与非农就业相关的高昂的运输和交易成本，这些被认为是长期以来全球可持续发展所面临的主要制约因素。

资料来源：Dasgupta（1993，2013）；Barbier（2010，2012）。

a. 如淡水、珊瑚礁和森林这样的生态系统，占联合国称之为“贫困人口的GDP”47% ~ 89%，即农村和居住在森林的贫困人口的生计来源（Rodríguez - Labajos 和 Martínez - Alier，2012）。

因此，经济增长的快慢与自然资本之间并没有必然的联系。例如，20世纪80年代，马尼拉市的经济增长缓慢，而曼谷的经济增长迅速，但它们在空气污染和交通拥堵状况方面并没有多大差别（Hammer 和 Shetty，1995）。但是，经济快速增长——伴随着城市化程度提升，工业扩张和对再生资源和不可再生资源的开发利用——给环境施加了压力，这些指标显示了自然资本的质量随着经济的增长而下降。

但是，经济增长可以为环境的改善创造条件，因为经济增长创造了人们对于高质量环境的需求及更多的资源供应的需求。这是否意味着存在一种环境库兹涅茨曲线？当收入上升，环境质量是否首先恶化，然后再开始改善？如果环境商品是一般消费品，需求的收入弹性大于某些收入水平整体上的弹性，那么环境质量在收入基准水平之上将会得到改善。Lopez（1997）建议，诸如洁净的空气和水以及卫生设施这些可以直接影响健康并能产生局部外部性的环境商品，在需求的收入弹性较高时就能成为一般商品。因此，在经济增长时期，环境质量很可能在经过一段时间的下降后得到改善。绝大多数实证研究都注重于环境质量的降解功能指数，如空气中悬浮物浓度、水中生物需氧量、二氧化碳和硫的排放水平，以及无机工业污染物的污染范围等（Stern、Common 和 Barbier，1996）。这些研究表明，一定程度上确实存在环境库兹涅茨曲线。

Hettige、Mani 和 Wheeler（1998）利用国际数据测算了工业排放物造成的水污染与人均收入之间的关系。该研究发现，污染最开始随着经济发展水平的提高而增多，在人均收入达到约12000美元时污染程度达到最高，在此之后污染程度就逐渐下降。该研究得出结论认为，“现在的经济发展远没有达到使水资源部门的库兹涅茨曲线污染程度下降这样一种理想的结果”。而除非有其他因素的干扰，否则即便在收入增长的条件下，污染物的排放量依然将保持在一定的水平上。

自然资源的质量不大可能像污染一样有库兹涅茨曲线，因为自然资源一般都是生产要素，而不是消费品。此外，自然资源破坏造成的外在影响主要是全球性的，它不大可能通过国内需求来消化（Lopez，1997）。因此，经济增长对自然资源形成了更大的需求，管理上的干预措施是非常重要的。

各国不必等到库兹涅茨曲线达到转折点时才开始行动。有证据表明，库兹涅茨曲线发生弯曲是可能的，也是必要的。无论一国的经济增长是迅速还是缓慢，自然资源的很多指数都在恶化，包括森林退化、渔业资源退化、土壤退化和海岸带污染等。由于自然资源是重要的生产要素，快速的经济增长往往造成更多的、对自然资源的需求。自然资源过度开采造成的外在影响都是全球性的，如碳汇和生物多样性的损失等。因此，地方政府往往不会考虑滥用或过度消耗本地资源所造成的后果。自然资本的其他要素，如空气和水的质量以及排污和卫生设施服务等，都是典型的一般消费品。这些商品的收入弹性比征管自然资本的收入弹性要大，因此收入增长很可能会导致这些商品质量的提升。虽然一些实践证据表明，一小部分环境指数存在着库兹涅茨曲线，但如因此而不采取行动，其成本将会及其高昂，因为许多发展中国家在几十年的时间内是无法达到该曲线的转折点所需的收入水平的。有两个环境指数，即清洁用水和卫生设施状况，不论在经济高速增长的国家还是缓慢的国家都有所改善，这说明国家的干预是有效的，但是如果要了解这些指标的改善步骤是否最佳，还需要仔细分析这些干预措施的收益和成本。

### 资产和收入的不平等以及自然资本的质量

收入和资产更为公平的分配，可能会带来环境质量的一些主要指数，诸如森林退化和水污染的改善。Shively（2004）发现，贫穷造成了印度尼西亚和马来西亚的森林退化，一些拉丁美洲国家为了生存而破坏森林，它们以此缓解生存危机带来的冲击。Markandya（2001）发现，环境恶化对贫困人口的伤害甚于富人。他认为存在一个环境库兹涅茨曲线，并提出环境压力将随着贫困的减少而至少下降到边缘水平。Ekbom 和 Bojo（1999）发现，贫困人口生活在环境质量低下的区域，这些区域缺乏使贫困人口搬迁到更好的地区的资源。他们还认为这种不平等增加了环境压力。

Bennagen 等（2006）指明了为什么菲律宾山地森林中的居民会因为缺乏可替代的生计来源而不断非法砍伐以及进行不可持续的耕种。Opschoor（2008）发现，类似的情况在东博茨瓦纳的大部分区域则造成了在干旱地区过度放牧。

Heil 和 Selden（2001）及其他研究者发现，收入分配和不平等水平与减少排放有很大的关系，这意味着缓解气候变化和社会平等及经济增长之间权衡仍然存在。这样的权衡随着经济增长而增加，随着收入增加和更多中等收入国家而降低。进一步的研究表明，排放和不平等之间存在一种 U 型曲线的关系（Grunewald 等，2011）。这种关系意味着，在相对平等的国家，排放和不平等之间存在着一种反比关系。也就是说，当不平等的程度增加，排放减少；不平等的程度下降，则排放增加。在更不平等的社会中，收入不平等的减少与人均排放量的降低有关。在这些社会中，基尼系数与人均排放量有相同的趋势；也就是说，当不平等的程度增加，排放增加；当不平等的程度下降，排放减少。

## 将环境可持续性融入经济增长政策之中

许多国家将环境问题与经济增长政策融合在一起。下面的案例说明了如何才能做到这一点。我们选择这些案例是为了说明环境污染管理和自然资源保护方面成功的经验，并重点讨论实现具体环境目标所需要的干预措施的类型。

### 中国：通过法令来缓解

能源是发展的一个关键投入，而以化石燃料为基础的能源生产是高污染的。中国在 2005 年通过了《可再生能源法》，提供了多样的财务激励，以实现绿色能源领域的发展，如成立国家基金以促进可再生能源的发展，以及对可再生能源项目的优惠贷款和税收优惠待遇。该法律还要求电网运营商只能从注册的可再生能源生产商那里购买资源。法律政策和财政政策的结合，激励了风能和太阳能的发展，也使得中国成为全球可再生能源领域就业的领头羊。根据国际可再生能源机构的数据，在 2014 年，中国的可再生能源领域创造了 340 万个直接和间接的就业岗位。大部分的岗位分布于太阳能光伏发电、太阳能加热和冷却及风力发电领域。

为了直接鼓励合资企业和当地在大型风力发电机组技术方面的技术转让，《可再生能源法》规定必须使用当地制造的风力涡轮机。通过科技部，中国自 1996 年以来一直在资助风能的研究和发展。2005 ~ 2009 年，中国的生产能力每年都增加 100% 以上。从 2009 年开始，中国成为世界上最大的太阳能光伏电池的生产地之一，提供全球 45% 的产品。现在，中国拥有世界上最大的太阳能热水市场，占全球市场的 2/3。超过 10% 的中国家庭靠太阳能供给他们热水。

### 巴西：库里蒂巴的城市可持续发展

2014 年，按照城市人口规模来计算，巴西是世界第四大国家，以 1.73 亿城市人口排在中国、印度及美国之后。快速的城市化带来了各种各样的环境问题，如空气和水污染以及基本服务无法应对日益增长的人口时而出现越来越多的贫民窟。库里蒂巴是巴西的巴拉那州的首府和最大的城市。拥有 190 万人口的库里蒂巴是巴西人口数量排名第八的城市，也是巴西南部地区人口最多的城市。库里蒂巴城市发展的一个关键特征是，它的增长从城市的核心向外，呈现一个径向的线性分支模式。节能的公共交通基础设施将交通从市中心转移到住宅、服务和工业区的径向轴线上。考虑到风向，库里蒂巴工业城建立在城市的西侧，以避免对市中心造成污染。库里蒂巴工业城还实施严格的环境法规，包括禁止会造成污染的行业。该市还促进废物管理基础设施的建设和倡导废物分类回收的公众意识。经过 30 年的发展，库里蒂巴工业城现在有超过 700 家公司，创造了 5 万个以上的直接就业岗位和 15 万个间接就业岗位。

尽管库里蒂巴的人口每年增加 3%，但是它的人均绿地面积也从 1996 年的 1 平方公里增加到了 2008 年的 50 平方公里以上。虽然库里蒂巴是巴西最富裕的城市之一，但是它的人均温室气体排放量比全国平均水平低 25%，其燃料消耗量也比全国水平低 30%。库里蒂巴有着巴西最高的公共交通使用率，其居民 45% 的旅行都是通过公共交通实现。它也是巴西城市空气污染率最低的城市。在由严重交通拥堵造成的人均损失方面，库里蒂巴是圣保罗的 1/11，是里约热内卢的 1/7。其 70% 的城市居民热衷于回收废旧物品，相对于圣保罗 1% 的固体废物回收率，库里蒂巴的固体废物回收率高达 13%。

库里蒂巴还试图通过将防洪和排水措施结合来解决其潜在的、代价高昂的洪水问题。易被洪水淹没的地区被改造成公园，并种植树木。库里蒂巴通过建造人工湖来蓄洪。据估计，建造混凝土运河的成本比这一战略带来的成本（包括贫民窟的搬迁成本）要高五倍左右。因此，周边地区的地价提升，税收收入增加。

### 德国：经济增长与温室气体排放的分离

1997 年，根据《京都议定书》，发达国家同意降低温室气体排放。欧盟承诺在 2008 ~ 2012 年相较于 1990 年减少 8% 温室气体排放。根据这一承诺，德国将贡献其中 21% 的减排量。到 2014 年，德国的温室气体排放量比 1990 年时的水平降低了 27%。

德国目前在气候行动方面的领导是值得效仿的，虽然德国是世界第六大温室气体排放国，仅次于中国、美国、印度、俄罗斯和日本。一方面，德国试图挑战温室气体排放是经济增长重要的组成部分的观点。自 1991 年起，能源与增长的趋势表明，相对于全球惯例，德国成功地将温室气体排放从其经济增长路径中分离出来（Thomas，即将出版）。

德国已经将其目光放在到 2050 年，届时其温室气体排放量将比 1990 年减少 80% ~ 95%。它也有意向将其可再生能源发电份额从 2013 年的 23% 提升到 2050 年的 80%。相关的政策措施，如固定电价——其中政府制定可再生能源的价格——帮助营造一个对于可再生能源有吸引力的环境。当地居民被鼓励去投资那些对投资和长期合同有正向回报的可再生能源，这些投资因为可再生能源发电能够并入电网而显得可行。到 2013 年，超过一半的可再生能源的投资是由小投资者和当地的合作社做的。此外，超过 90% 的人赞成使用可再生能源，德国的政治体制已经回应了来自公众的压力，以支持过渡到一个以更多可再生为基础的经济。

德国展示了转移到低碳经济的积极作用和实质影响，因为它开始意识到投资于清洁能源方面的巨大基础设施的好处。利用提高能源效率和更便宜的可再生能源获得的好处，德国整体的能源成本正在降低。这使其工业获益，同时使其能吸引更多能源密集型产业。贸易顺差预计用可再生能源替代能源进口，使该国不容易受到全球化石燃料市场波动的影响。2005年，可再生能源产业在德国创造了20万个岗位，而在2011年这个数字增加到37万个以上。当地社区在可再生能源方面的投资增强了当地经济。德国通过发展能源效率和可再生能源领域的高价值工程技术、技能和服务，获得了全球能源市场的先发优势。

## 哥斯达黎加：保护森林和减缓气候变化

哥斯达黎加丰富的生物多样性吸引了来自世界各地的富有的生态旅游者。但在20世纪80年代，该国的森林砍伐率每年上涨3%以上，这主要是因为土地被清理并被用来发展农业和畜牧业。为了保护宝贵的自然资源，哥斯达黎加在20世纪90年代末实施了一个森林保护系统，它是世界上最具创新性和可操作性的森林保护系统之一。

该国家调查了森林环境服务的市场和非市场效益，以确定是谁承担了服务成本，是谁又从中受益。调查显示，土地所有者或者政府（如国家公园）承担了栖息地保护的成本，而大部分好处则被其他国家获得。因此，哥斯达黎加决定为一些环境效益建立市场（Castro等，2000）。由此，1997年环境服务支付计划建立，它补偿了土地所有者由其土地产生的环境服务。

这个计划在1997年因《森林法》第7575号的颁布而生效。该计划指向了四种环境服务：碳、水、生物多样性和秀丽风景。研究表明，哥斯达黎加在碳隔离以及水域保护服务方面一直是最优秀的。其政府作为中介，在向国际和国内买家出售这些服务。由销售（还要加上指定的5%的燃料税）得到的资金被支付给土地拥有者，以使他们保护覆盖在其土地之上的森林。

环境服务支付计划非常成功。1997~2012年，它保护了超过86万公顷森林，并造林6万公顷，还支持了可持续森林管理近3万公顷。最近，它促进了近1万公顷的森林自然再生。这一计划涵盖了近100万公顷的土地，种植了超过440万棵树。该计划的其他重要共同利益包括将土著社区纳入其中，女性户主比例上升，以及逐步规范小业主（Porras等，2013）。

哥斯达黎加还吸引了很多国际投资者，从而为那些通过保护森林而增加碳隔离功能的土地所有者提供补偿。经验证可交易的森林环境产品在国际市场上与温室气体排放量进行交易。第一批在1996年7月进行。1996~1998年，双方通过谈判进行销售。随后，销售疲软，这是因为国际碳市场从来没有被物质化。但是，根据2015年年末在巴黎通过的全球气候变化协定，建立全球和区域间以森林为基础的碳补偿市场有着巨大的潜力。这将促进国际投资进入哥斯达黎加。

哥斯达黎加已经证明其在创造绿色市场和征收绿色税收以降低环境破坏方面取得的成功。今天，超过一半的哥斯达黎加的国土被森林覆盖，相较于20世纪80年代20%的森林覆盖率来说有显著的增长。其中，约25%的部分被以国家公园和野生动物保护区的形式保护起来。一系列的政策和激励措施鼓励在私有土地上进行保护和森林管理。当地机构研究与开发的早期投资在可持续的热带林业中创造了国家最先进的技术能力。[6]

哥斯达黎加的做法强有力地揭示了创新的、以人为本的政策是如何扭转快速的和看似不可避免的森林破坏造成的。它给其他国家提供了一个可以学习的模式，中国、萨尔瓦多、墨西哥和巴西都已经接受了这种模式。

## 对国家作用的反思

环境退化的主要原因是政策扭曲，一些补贴具有破坏作用，没有建立相应的市场，环境退化的外部性，此外公众的环保意识也不健全。这些因素使得国家处在促进环境保护和管理的中心位置上。不过，政府干预环境保护所带来的并非都是好结果，这说明，我们应该重新审慎地思考一下政府应采取什么样的环境政策。为了使政府的政策能带来最好的积极影响，政府应该有选择地采取环境干预措施。

### 理顺补贴并征收环保税

从原则上来说，补贴应该增加贫困人口的收入；但实践中，补贴往往增加了社会收入的不平等，浪费了公共预算资金，加速了自然资源的消耗，导致了环境的退化。一般来说，亚洲国家相较于其他国家有着更高的能源补贴。造成国内和国际能源价格不同的税前补贴占亚洲 GDP 的 0.9%。后税费补贴包括诸如失去的税收和其他经济部门损害的外部性收费，它约占 GDP 的 4.4%（Petri 和 Thomas，2013）。

2014 年，全球范围内的化石燃料补贴据估计达到 5000 亿美元（IEA，2015）。如果将由能源消费造成的环境破坏损失额也纳入计算的话，化石燃料补贴金额预计将会骤升 10 倍。2013 年，包含环境损失额的化石燃料补贴约为 4.9 万亿美元（相当于全球 GDP 的 6.5%），而 2015 年时这个数值预计会达到 5.3 万亿美元（Coady 等，2015）。

化石燃料补贴激励了温室气体排放，抑制了清洁能源领域的投资。能源补贴也给财政带来了巨大的成本压力，它挤出了诸如教育和健康等其他公共支出。如果取消能源补贴，那么全球二氧化碳排放量可减少 20% 以上，空气污染致死人数能减少一半以上。假如 2015 年在全球范围内取消税后化石燃料补贴，将使政府财政收入增加 2.9 万亿美元（占全球 GDP 的 3.6%）（Coady 等，2015）。

当然，并不是所有补贴都会产生不好的结果，好的补贴应该继续施行。在人们的生命损失中，尤其是贫困家庭的妇女和儿童的生命损失中，得不到水和卫生设施服务是一个相当重要的因素。研究显示，这些家庭非常愿意为可靠的、适度的服务支付费用。向这些家庭提供补贴，使他们能够购买水和卫生设施服务（这些服务可能是由私人部门提供的），这也许是一种具有成本效益的方式，可以通过促进人力资本的积累，以减轻不利的健康影响并减少贫困。

对导致环境退化的活动征收碳税，是控制污染和减轻资源枯竭的一种有力手段。

碳税对于减少导致空气和水污染的排放极其有益。《新气候经济报告》联席主席 Nicholas Stern 进一步认为，环境退化是世界上有史以来最大的市场失灵，而为碳排放定价以纠正这种外部性，是目前“最急需的政策”。Akerlof（2014）甚至提出为碳排放制定可以逐步升级以使排放量降低到理想水平的统一税。

按理来说，碳税本应被化石燃料供应商抵制。但在 2015 年，欧洲六个最大的石油和天然气公司的高管们却呼吁对碳排放征税，因为他们意识到需要政府提供一个有助于刺激低碳发展的明晰而稳定的框架。能源价格应该反映排放造成的损害，在能源密集型的国家尤其应该如此。一个更高的碳排放价格将促进那些投资或者转化为碳减排技术的人的信心。这将需要的科学机构去证明生产力和气候变化减缓之间是可以兼顾的（Thomas，即将出版）。

对工厂使用的煤或对汽车使用的汽油征税将减少资源的过度使用和过度排放，并能够提高税收收入；因此，绿色税收提供了一个可以和经济增长双赢的环境质量管理模式（Dasgupta，2013）。当一个完善的、有排放标准的管理框架和有效的检测执法系统到位时，污染税对于环境管理是最有效的。

## 从中央控制转变为合作关系

过去，政府过多地依赖于中央控制的方式进行环境管理，这种方式要求政府具有广泛的监督能力。由于一些政府经常采用指令和控制的政策，而监督与执行环保计划的资源不足，导致了环保计划往往以失败告终。政策制定者正意识到，受环境污染影响的社区成员可以弥补监管的不足。使当地社区和民间团体参与到环保计划中来还有其他一些好处。尤其在农村地区，农民既具有关键的环境信息资源，同时还具有传统的环境保护技术。因此，当地社区和民间团体可以制定和实施平衡增长和环境保护的战略。对一种资源的低估可能会导致该种资源的枯竭，而正确地评估其经济价值和社会效益则可以确保在决策制定时充分考虑该资源的贡献（Dasgupta，2013）。

总的经济价值估计值与其实际私有价值间的差距很难轻易弥合，不过有证据显示，政府可以在这方面有所作为，其方式是：创建市场；建立恰当的机构和能够形成类似市场的环境的法律法规；提供充足的资金流。认识到国家干预的局限性和在环境管理中对积极伙伴关系的需求，政府正在寻找新的方法来促进环境管理。向所有的利益相关者传播忽视环境可能会造成的全部后果，并制定明确的问责和环境责任框架，将能够产生巨大的影响。例如，垃圾堵塞排水管道是造成 2009 年马尼拉凯萨娜台风带来的降雨后出现洪涝的主要因素。这次事件过后，各地的社区在非政府组织和私人部门的帮助下，用非常成功的绿色方案清理了这些被垃圾阻塞的排水管道，比如在 Estero de Paco 的做法。

地方治理和规划必须认识到社区、民间团体和私人部门的作用。这些部门必须消息灵通，具有受过教育的应变能力和城市发展目标，以使他们参与并投资于一个统一的目标。然而，必须在分权和完全自上而下的治理之间达成平衡。在不牺牲利益相关者的部分利益的前提下，有效的治理必须避免耽搁和各方之间的政治僵局（Tanner 等，2009）。

## 明确产权、资源所有权和环境责任

在个体和社区层面，较强的环境政策可能伴随着为贫困人口建立更强大的产权的政策。例如，授权当地社区，让他们获得来自对森林所提供的生态服务的可持续性管理的收入，这有利于保护森林（ADBI，2013）。在肯尼亚的研究表明，产权制度和资产不仅影响保护土地的决策，还会影响农民保护土地的方式（Kabubo - Mariara，2007）。在菲律宾，终身制的土地使用权担保在森林环境保护方面也有非常有益的影响，尤其是在森林的增加方面（Pulhin 等，2008）。在渔业方面，将权利授予给社区（如通过领土使用权渔业的方式）可以减少过度捕捞（Kishor 等，即将出版）。因此，建立明确的产权和所有权，确定环境责任，是一个国家为实现环境可持续发展作出的最重要的贡献。

## 改善治理结构并减少腐败

寻租活动和腐败行为会损害经济效率，并妨碍理想结果的获得，即便字面上制定了良好的环境管理政策时也是如此（Bhagwati，1982；Krueger，1974；Rose - Ackerman，1999）。腐败的官员会削弱政府监督和实施环境措施的能力，这些措施包括工业污水排放和汽车尾气排放的检查以及木材砍伐的许可等（专栏 4.4）。研究发现，控制腐败与诸如减少水污染等环境目标是显著相关的。收集这方面的知识并将其广泛传播，能够打击腐败并促进良好的治理，同时也能够得到经济增长与环境管理方面的益处。尤其需要注意的是，腐败诊断法显示，一些国家在减少腐败及推动清正廉洁方面是有希望的（Kaufmann、Pradhan 和 Ryterman，1998）。

**专栏 4.4　　以公谋私：森林部门非法伐木与贪污腐败**

非法伐木是监管薄弱和贪污腐败的一个显而易见的特征，这种行为在全球森林监管中十分猖獗。据世界银行估算，全球每年非法木材交易额超过 100 亿美元。非法伐木不仅对实现森林的可持续管理构成了严重威胁，还助长了其他不良后果——错综复杂的贪污腐败网滋生出大量非法资金、土地投机、犯罪、吸毒、贩卖人口等非法行为。

非法伐木及其附带产品不受国界的限制。森林趋势组织（2010）报告指出：从老挝非法进口的木材占越南全部木材进口的比例高达 16% ~25%。Currey 等人（2001）得出这样的结论："人们通过复杂微妙的关系，将从加里曼丹和苏门答腊盗窃来的白木（一种优质硬木）运送到国际市场，并在马来西亚和新加坡对这些走私木材进行洗白。"

非法伐木怎么会如此猖獗呢？这是因为，非法伐木得益于涉及众多利益集团的复杂的物质、政治和金融关系网。同时，这些复杂的关系网并非局限于某一特定国家，相反，这种关系网是跨国运营的。因此，制止非法伐木的永久解决办法必然是相当复杂、盘枝错节，并且是针对许多持股者及其利益的。提出这样的解决方案，需要我们努力提高国家森林执法能力、鼓励进行森林认证、创立基于合法和可持续生产的木材私人或公共采购政策、扩大绿色消费。众多为实现此目标而正在进行的举措显示出巨大的潜力，如欧盟的《森林法》；《执法和贸易自愿伙伴协议》；打击洗钱的财务行动以及经济合作与发展组织的反贿赂公约。

资料来源：Kishor 和 Lescuyer，2012。

围绕气候变化政策的治理框架需要包括有效的集体行动。在许多发展中国家，得益于其对农村生计和环境保护的重视，以社区为基础的公共资源管理方法已经获得了长足的发展。对于存在重大社会经济差异的社区，基于社区的公共财产资源管理方法是否公平，争论依然在进行（Adhikari、Di Falco 和 Lovett，2004）。因此，政府面临的挑战是授权给社会中那些边缘化的和贫困的群体。社会中的草根群体是保护全球环境的最重要的参与者。如果保护环境和地方利益之间的联系是明确而有形的，那么社区便会积极参与到应付气候变化的挑战之中。

改善公共部门的能源供应与监管，以提高其成本效益，这其中将涉及私人部门的参与度和竞争力的提升。例如，中国和印度都在政府的支持下成立了节能公司，以提升其能源使用效率。中国的一些节能公司现在正在发挥更大的作用，如作为监督机构，消除提升能源使用效率的阻碍，加快节能减排，增强协调机构以助当地节能法律顺利执行（Zhu，2012）。

## 增强国家发展计划中的国家保障制度

对管理环境和社会的权衡的保障措施的需求出现于20世纪80年代，这是对由世界银行资助的一些有争议的项目的回应。例如，巴西的 Polonoroeste BR－364 亚马孙高速公路计划导致了土著居民无家可归；在印度，纳尔默大坝导致了约 9 万人流离失所。这些项目对当地社区的影响使得世界银行特意设置了环境和社会政策，以确保世界银行支持的项目遵循“不伤害”原则。区域性的多边开发银行也遵循类似的政策原则。

这些机构制定的保障政策目的在于保护民众和环境不受经济发展的潜在不利影响，从而促进项目的可持续性。例如，亚洲开发银行的保障政策要求：（1）确定和评估项目周期早期的环境及社会影响；（2）制定和实施相应的计划，以避免、减少、减轻或者弥补潜在的不利影响；（3）通知和咨询在项目准备和实施期间受影响的人。以下是两个关于保障政策是如何在可持续发展发明发挥作用的例子：

- 巴基斯坦的 Jamshoro 发电厂引进了超临界燃煤发电技术，这种技术比现有的重质燃油和亚临界发电技术对环境更友好。它遵循了项目开发阶段的保障政策要求，提供了环境方面的缓解措施，如污水处理、煤灰和烟尘处理等。

- 越南的宋邦 4 号水电项目不仅恢复了本应受到影响的人们的生活，而且使他们的收入可以以一种可持续的方式不断提高。而与利益相关者一起工作，使受项目影响的人更能灵活地适应生活中的变动，这也提供了移民安置策略与生计选择的一种设计方案。用训练有素的主持者与当地社区进行协商，并使用带当地方言的视觉辅助工具披露水电项目的影响和缓解措施，有助于促进持续的对话和反馈。

今后，多边开发银行将不得不更加关注其保障政策的积极潜力——也就是说，抛弃“不伤害”原则，站在一个更积极的治理措施的立场上，在社会和环境议题上“做好事”。多边开展银行也不得不支持加强其成员国实施保障措施的能力。

## 利用国际社会进行行动

联合国的可持续发展目标（SDG）给所有国家一个使命和机会去关注广泛共享的、社会公平的以及可持续的经济增长（专栏4.5）。但是可持续发展目标同样面临一些挑战，其中比较重要的是管理并最小化国家追求可持续与社会公平发展时会出现的、不可避免的、复杂的权衡取舍。粮食安全与增加种植面积的需求与森林可持续利用和保护之间存在矛盾。发展化石能源以适应能源增长的需要与控制污染并最小化其对人类健康的损害的目标之间也是背离的。而加速整体的经济增长可能以收入不平等的扩大为代价。

**专栏4.5　向着一个更可持续的增长路径前进**

2015年，全世界为了实现更可持续的发展道路而达成一致意见。这使得有关环境的顾虑与经济和社会发展目标处于同等重要的位置。为建立一个走更可持续增长道路的世界，达成了多项协议：仙台减轻灾害风险框架、亚的斯亚贝巴行动议程、可持续发展目标以及《联合国气候变化框架公约》第21次缔约方会议上通过的关于全球气候行动的协定（由195个国家签署）。

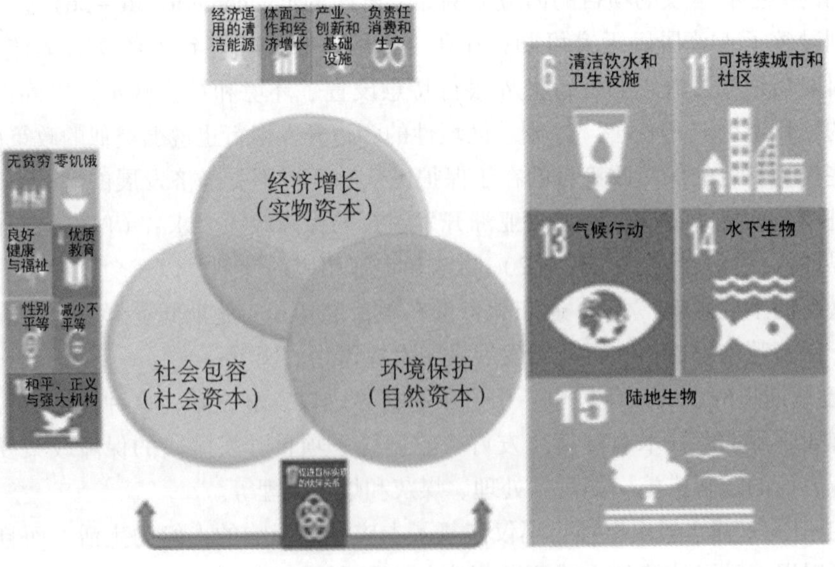


促进目标实现的伙伴关系

可持续发展目标的制定与气候行动协定的签署标志着国际社会对环境可持续发展的关注。在总计 17 项的可持续发展目标中，其中 5 项将自然资源和环境问题作为各国关注的核心，与经济和社会发展占有同等地位。这 5 个目标（目标 611、131415）涵盖了水质、城市和社区发展、气候行动以及海洋和陆地资源等方面。

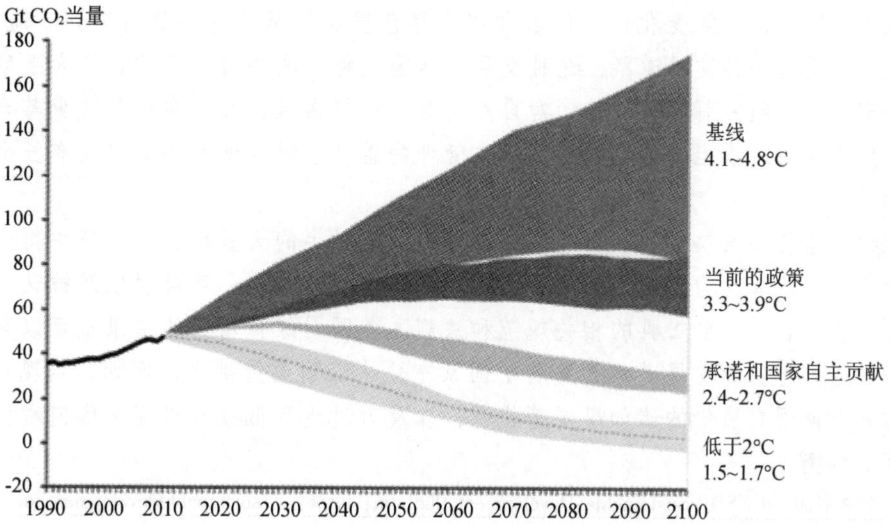


**2010～2100 年全球变暖预测**

可持续发展目标框架包括一种促进发展的关系途径，这种发展能最大限度地减少意外环境后果，并加强自然资本和自然环境的适应与抵御变化的能力。例如，旨在通过粮食安全和农业生产来消除饥饿和贫困的可持续发展目标与诸如提供可持续的生产和消费、有效利用有关水和土地资源等的经济上的考虑密切相关。针对健康提出的目标与提高环境质量密不可分，如鼓励使用清洁能源，以减少空气污染、解决水质和卫生问题，以最大限度减少疾病负担。

全球气候协定在控制全球变暖、创造低碳经济的道路上，为每个国家做出切实行动、树立责任心并承担责任做出了有效的示范。尽管最近的评估国家确定的国家自主决定贡献达到了 2.7℃，这显然比标准水平 2.0℃ 高，但是该协定过程将进一步延续，以期鼓励所有国家，拿出更加雄心勃勃的行动计划，以进一步控制全球变暖。

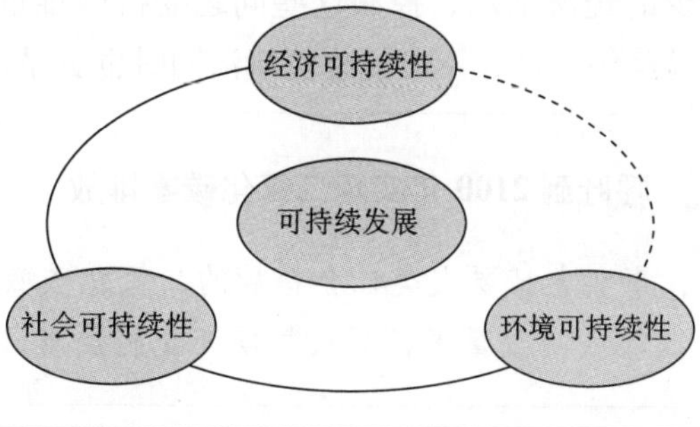

20世纪90年代以来，经济增长和社会发展的目标之间的关系表明，这些可持续发展目标具有很强的互补性和兼容性。这已经引起了诸如正在被越来越多的发展中国家所采用的、有条件的现金转移计划等成功的政策干预。然而，有关环境方面的联系已经在很大程度上沦为主流增长和发展的举措，这有可能带来不堪设想的后果。环境的恶化、频繁发生的自然灾害和气候变化，加深了经济发展面临的风险。同时，气候变化使得促进和实现绿色发展的需要变得日益迫切。通常，绿色增长是指一种发展道路，这种发展道路能确保在利用自然资源、最大限度减少外部环境制约方面的有效性，对自然灾害具有抵御性，并且在尽量减少甚至避免自然灾害中，承担起环境和自然资本管理的重任。绿色增长还应该具有社会包容性。

绿色增长不仅仅是一个新的概念，它更是从过去的大量理论和实证中得出的政策方向。例如，为促进绿色增长所制定的基本措施包括：环境税以及被认为是促进绿色增长的主要工具的相关规范和法规。各国对绿色增长的追求也可以帮助大多数走更可持续发展道路的发展中国家充分认识到重重挑战；例如，实现可持续增长与使用更廉价的诸如煤炭等能源，以及为过渡到低碳经济而采取何种技术之间的权衡。

资料来源：UNSDP Sustainable Development Platform：https：//sustainabledevelopment. un. org/sdgs；Climate Action Tracker：http：//climateactiontracker. org/global. html；Fay，2012.

注：INDC即国家自主决定贡献。

一方面，经济和社会的可持续性；另一方面，社会和环境可持续发展，都已经被证实两者不仅兼容，而且基本上互补。然而，对经济和环境的可持续发展而言却并非如此。由于经济增长以环境为代价——图中的虚线——这也就是为什么绿色增长旨在确保经济和环境之间可持续发展的相互适应性。

虽然发生在局部地区，但许多环境管理问题是全球性的。温室效应和全球气候变化与人类活动有着紧密的联系（专栏4.6）。化石燃料燃烧是温室气体最大的来源。乱砍滥伐也对温室效应和全球气候变化造成影响，因为它使得森林的碳汇功能被破坏，而森林正是通过碳汇功能使大气中的二氧化碳转变为生物质。农业活动、煤炭采掘及天然气运输管道的泄露都会释放大量的温室气体——甲烷。因为问题来源于大量被认为是对经济增长必不可少的经济活动，控制这些问题变得困难重重。大多数发展中国家依靠化石燃料燃烧推动经济生产，不可能改更清洁同时也更昂贵的燃料。

**专栏4.6　　呼吁到2100年实现二氧化碳零排放**

从科学的角度讲，事实上只要人类社会释放的二氧化碳数量比自然碳汇（如森林或其他植被）可以吸收的数量多，那么气候变化将会继续。同样，这也会对人类健康、发展和减贫等风险构成威胁（IPCC，2014）。这就是为什么我们要致力于保持全球气温升高幅度在2℃以下，从而实现全球经济的全面脱碳的目标（UNFCCC，2010；G7，2015）。由于能源消耗和相关的排放量不可能自行下降，因此，需要我们立即采取行动，以维持全球变暖温度低于2℃，甚至3℃。我们需要彻底改变发展模式。例如，基于这份报告进行的背景研究认为，假如新开发的碳排放强度超过全球平均水平73g $CO_2$/\$（每1美元GDP的二氧化碳排放量），那么，维持全球变暖温度低于2℃的目标仍然是非常困难的（Rozenberg等，2015）。作为参考，今天全球GDP的碳排放强度大约为360g $CO_2$/\$。如今，除了那些外包排放（如新加坡或中国香港）以外，没有任何一个国家和地区的GDP的碳排放强度能够接近100g $CO_2$/\$。即便是利用非化石能源产生本国大部分电力的国家（如巴西和法国）也不例外。此外，迟缓的行动使全球经济陷入碳密集型的发展方式。由于长期并且相对较高的能源基础设施成本，减少二氧化碳排放量以保持低水平的累计排放量则变得越来越困难、付出的代价也愈加沉重。每年附加的缓解二氧化碳排放的措施都被延迟（也就是说，我们按照目前的发展道路继续前进），为实现维持全球变暖温度低于2℃的预算，新的生产所需的碳强度要减少20%，达到50g $CO_2$/\$的水平。

资料来源：转载自Hallegate等人（2016），第44页。

所有的国家联合起来并郑重承诺，加上发达国家用财力和技术支持发展中国家的意愿，做出一个全球性的行动呼吁，对于解决全球气候变化带来的挑战和其他全球性的环境问题是非常必要的。过去的几十年里，国际协议难以推出，但是2015年12月份在巴黎召开的第21届联合国气候变化大会上通过的气候协定，为国际协议的早日推出带来了新的希望。对于一些国家2020年前减排目标的初步意见，联合国气候变化大会（UNFCCC）执行秘书长Christiana Figueres说："这些国家的响应的广度和深度反映了越来越多的人认识到，目前在国家层面上有一个无与伦比的机会，可以实现有恢复力的、低排放的及可持续的发展"（UNFCCC，2015）。195个国家签署的巴黎气候协定倡议减少化石燃料的使用，并鼓励加大对缓解和适应气候变化的资金投入。该协定还包括一项规定，即在2020年以前，发达国家每年增加1000亿美元用以资助发展中国家在气候方面做出努力。虽然大会低估了限制温度升高幅度在2℃之内会造成的损失，但这依然是一个很重要的信号，它表明在减少对化石能源的依赖上迈出了坚实的一步。

可持续发展目标提供了一个全球性的社会契约，即各国集体同意消除贫困，并以可持续的方式增加社会福利。对这些目标的广泛认同及巴黎气候变化协定的达成，给人们一个强烈的信号，同时增强了人们的信心：全球正在准备积极应对实现可持续发展这一艰苦卓绝的挑战。

## 结论

对发展中国家而言，自然资本（森林、能源和矿藏）的消耗和二氧化碳排放造成的损失估计占其 GDP 的 8%。环境因素造成的健康风险占全球疾病负担的 23%。此外，在制定国内发展政策时，必须考虑全球环境问题所带来的巨大成本。贫困人口，尤其是妇女和儿童，承担着环境退化带来的大部分负担。

自然资本对经济的持续增长至关重要，保护和增加自然资本对于国家和全球发展战略而言都是极其重要的。许多工业国和发展中国家信奉的“先发展后治理”的发展方式需要为实现经济与自然资本双双可持续增长这一发展方式让道。国家在环境管理上扮演着重要的角色，它需要致力于促进所有共同利益者协调合作，包括当地社区和私人部门。

全球性的环境问题很严重，不过，如果能够保证国家间进行有效的合作，也会给各国同时解决其自身的问题带来机会。资源与科技的转移机制的发展以及所有国家的全面承诺，是一个解决气候变化的紧迫问题的全球性社会契约成功达成的关键。

世界各国应重视能够实现高质量经济增长的战略，这种增长应是可持续的，而且与国内外金融稳定性保持一致，即这种增长应能有利于支持贫困人口和弱势群体，并且不会导致大气、河流、森林、海洋或者其他人类共同的自然遗产的退化。成本效益分析支持绿色清洁增长战略，而本章中的例子也表明这种战略是可行的。

## 注释

1. 本章由 NalinKishor 和 Jonathaniel Principe 更新，并得到了 Marianne Juco – Rodriguez 的协助。

2. 更多详细信息可以查看 UN Convention to Combat Desertification，http：//www. unccd. int/Lists/SiteDocumentLibrary/Publications/factsheets – eng. pdf.

3. World Bank，World Development Indicators（accessed May 2016），http：//data. worldbank. org/data – catalog/world – development – indicators.

4. 更多信息，可以查看 Center for Public Integrity，https：//www. publicintegrity. org/2007/04/26/5621/superfund – today.

5. ADB Key Indicators for Asia and the Pacific 2015，accessed May 2016：http：//www. adb. org/publications/key – indicators – asia – and – pacific – 2015.

6. 许多发展专家认为，在哥斯达黎加的进行的工作可能导致过度保护，会对林业可持续生产造成危害。事实上，使用木材建造的新房子的占比从 1984 年的 30% 下降到了 2000 年的 10%，这说明，森林并没有被充分利用，还有潜力未发挥。一个旨在评估森林资产的全部价值，并帮助找到保护和生产之间平衡的项目正在进行当中（Porras 和 Goodrich，2015）。

# 第 5 章 实现高质量增长的财政政策[1]

根据第 2 章提出的框架，现在我们将分析与经济增长质量相关的三个重要问题——贫困、收入分配与环境——以及对其有着重大影响的政策变量：公共支出和税收的结构的关系，并将其实证研究成果予以综合。我们认为，有质量的增长意味着这样一种经济增长模式：它能显著减少极端贫困，缩小结构性不平等，[2] 保护环境，并且反过来，能维持这种增长。

资源约束的全球趋势使得这些经济增长质量问题越来越受到重视。本章的研究确认了这一结论：政府在公共产品上的支出与更高、更有质量的增长紧密相连。一般而言，加大对公共产品的投入能提高经济增长速度，减少贫困以及改善空气质量。但是，如果没有在扩大政府总支出和减少宏观经济不稳定性的情况下采取这种措施，对公共产品的增量投入需要由政府支出带来的再分配效应予以调节，这种再分配效应与因对私人物品进行补贴带来的资源浪费激励大不相同。带着这些初步的见解，我们对错综复杂的财政政策和经济增长的本质进行了探讨。

在对经济增长的质量和最近的相关研究进行概览后，我们分析了长期增长的决定因素、贫困和收入分配的影响，以及环境指标。

## 更高和更好地增长是一项挑战

在始于美国的全球金融危机爆发的七年后，全球经济增长依旧乏力。在 2016 年第一季度，也就是本章写作之时，国际货币基金组织（IMF）警告，全球经济可能正在走向“新平庸”（IMF，2015a）。与此同时，一些经济学家在讨论“长期停滞”问题（Summers，2014）。长期发展面临的挑战包括减贫的不同步、不平等现象增加和环境的恶化。不仅增长的速度不均衡惹人关注，增长的质量也成为一个全球性的问题。正如世界银行的《世界发展报告》所言：“到目前为止，增加贫困人口和中产阶级的机会、扩大问责治理的范围一直低于预期。企业比以往任何时候更加紧密地联系在一起，但全球的生产增长已经放缓”（World Bank，2016，2）。根据世界卫生组织（WHO）的估计，在全球范围内，2012 年预计有 1260 万人因生活或工作在不健康的环境而死亡——将近全球死亡总人数的 1/4（WHO，2016b）。

中国，这个世界第二大经济体，在最近的 30 年取得了最快的经济增长和减贫速度。但 2015 年这种增速已经放缓至 6.9%，并且根据第十三个五年规划，在下一个五年增速将维持 6.5% ~7.0% 的水平。这个国家正面临国际和国内方面的强劲阻力。在国内，中国正试图实现经济增长模式的艰难转型，从过度依赖工业和国外需求转为依靠国内消费需求和服务部门。城市工业资本的积累扩大了与农村地区的生产力差异，导致更大的收入不平等。目前中国的不平等情况更甚于美国和俄罗斯，估计其基尼系数已经超过 0.47（图 5.1）。尽管中国已经在自然资源和能源使用的某些方面取得改善，但增长面临的环境约束依旧迫在眉睫。作为最大的碳排放者，中国有 16 个城市位列世界 20 大污染最严重城市。世界银行的一项研究发现，空气和水污染造成的医疗费用约占中国 GDP 的 4.3%。若考虑污染造成的其他非健康类的影响——这些约占 GDP 的 1.5%——空气和水污染造成的总成本将大致占到其 GDP 的 5.8%（World Bank，2007）。

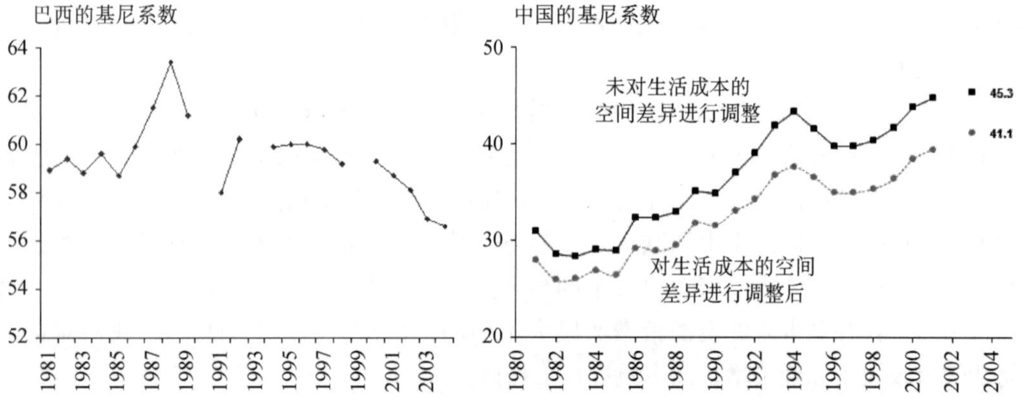


**图 5.1　巴西的收入不平等在下降，中国则在迅速上升**

资料来源：背景报告来自于 Romano 和 Sakurai（2007）以及 Hofman 和 Kuijs（2007）；World Bank，*China* 2030（2013b）。

巴西的不平等已经缩小，即使在经济增长低迷且波动巨大的过去十年间。但是，自 2014 年以来，巴西进入了衰退，造成近几年其民众生活困难。该国的基尼系数从 20 世纪 90 年代末的 0.59 下降至 2011 年的 0.53，并且部分归功于社会福利计划和税收改革，其基尼系数已经进一步下降。在环境方面，森林砍伐是巴西存在的主要问题之一。在过去十年里，亚马孙河流域的森林砍伐率一直保持高位并且具有显著的年度波动特征。巴西碳排放量的 75% 是由于砍伐森林和改变土地用途造成的。空气污染、劣质饮用水和其他环境风险预计每年在美洲地区造成 847000 例死亡（WHO，2016b），这些依然是需要关注的主要问题。

印度现在是世界上增长最快的国家，其 2015 年的 GDP 增长速度超过了中国，但其在减贫方面的步伐却一直很缓慢。1980 ~ 2004 年，印度的收入不平等情况一直在加剧，预计此后这种趋势还将一直持续（尽管缺乏官方数据）。就国际标准来看，印度在健康、教育和卫生方面的人类发展指标较弱。因为印度的经济增长过度依赖于高科技和技能密集型部门，经济增长的就业弹性很低。部门和性别之间的工资差距正在扩大。此外，不断增长的人口、迅速的城市化和资源的过度开采加剧了环境的恶化。据估计，其环境退化成本是 GDP 的 5.8%——四倍于发达国家的 1.4%（Ahmed，2007）。空气污染、饮用水污染和其他环境风险预计每年造成东南亚地区 380 万人过早死亡（WHO，2016b）。

自 21 世纪初以来，许多非洲的低收入国家实现了经济的快速增长，这部分要归功于资源和商品的繁荣，而目前这种繁荣正在走向尽头。然而，对应于这种增长，在减少贫困和不平等方面，不同国家却有着的不同表现。2007 ~ 2012 年，坦桑尼亚、乌干达、卢旺达、尼日尔和莫桑比克的贫困人口减少，在一些中等收入国家，如安哥拉、博茨瓦纳、纳米比亚和南非，情况也是如此。但在同一时期，赞比亚、马达加斯加和贝宁的贫困人口却在增加（Sembene，2015）。简单的相关性分析表明，这些国家的经济增长与减贫和收入不平等呈正相关。乌干达的收入不平等明显恶化，这部分是由于农业的低增长，部分是由于其他部门创造的工作不足（Nallari，2007）。最近的估计表明，非洲每年有 220 万人因环境风险和污染而死亡（WHO，2016b）。

## 连接财政政策和经济增长质量的框架

该研究的框架与文献的三组关系有关：（1）财政政策和长期经济增长；（2）增长、贫困和不平等；（3）税收、补贴、政府支出和环境。[3] 不同类型的政府支出和税收可能对增长造成大不相同的影响（Tanzi 和 Zee，1997）。不少模型已经表明，在一个内生经济增长框架下，存在财政政策有效促进经济发展的几种机制。公共支出的分配很可能影响到公共支出的生产性与否（Agénor 和 Neanidis，2006）。新增长理论刺激了试图检验公共支出与经济增长之间关系的研究。然而，实证证据表明，在政府支出与经济增长之间的关系方面，其结果既非明确，也不稳健。税收漏洞和税收豁免的再分配效应很大程度上被忽略了，直到最近的研究中才得到重视（Furman、Summers 和 Bordoff，2007；Kaufmann，2016）。

## 主要假设和政府支出的分类

我们考虑三类影响生产和福利的资产：人力和知识资本、实物资本以及自然资本。不完全市场或市场失灵通常会导致投资不足，尤其是在人力资本和知识方面，以及对自然资本的过度开发。这样的结果会导致低收入人口受到巨大的冲击，而使少数人口受益。因此，市场的不完全和失灵是导致结构性不平等的关键因素，反过来，这对生产效率和增长也是不利的。在许多国家，政府未能提供充分的基本服务，以抵消市场失灵，尤其是对贫困人口的基本服务。相反，政府经常使用珍贵的预算资源补贴相对富裕的人口，并为他们提供税收豁免，这扩大了结构性不平等。

财政政策是政府用于维持宏观经济稳定增长、代内和代际财富转移以及纠正市场失灵的最有力工具之一。政府经常将25%至40%的国民收入用于支出，包括在社会各阶层中再分配。已有文献研究了贸易政策的影响、汇率和财政支出的宏观经济效应。[4]然而，对政府支出的再分配效应、税收以及对增长速度和质量的补贴则较少关注。

在这里，我们区分了政府用于公共物品（广义）与私人物品的支出。公共物品包括用于补充而不是代替私人经济生产的支出。我们将这些物品的政府提供称之为A型干预措施。在某些市场失灵的领域（如信贷市场不完善、环境外部性和研发的外溢效应），旨在减轻这种失灵的政府支出被认为是公共物品。其中包括教育、医疗、社会保障方面的支出，如运输、通讯、公共秩序和安全等常规公共物品的支出，以及具有溢出效应的支出，如在研发、环境保护和自然资源管理、住房和社区设施方面的支出。[5]

**A型**干预措施可以减少资产积累方面市场失灵的影响，特别是人力资本、知识和环境方面的积累。政府公共物品的供给侧重在有利于提高私人投资的生产力。此外，公共部门提供环境公共物品的重点在于促进环境的可持续性。最后，借助于社会投资和其他公共物品，试图减少社会不平等的结构性障碍。

**B型**干预措施。用于私人物品的支出，包括代替私人部门生产的政府支出。我们称这些物品的政府提供为B型干预措施。这些措施着眼于对私人物品进行非社会性补贴，而这些补贴经常被精英阶层获得。对私人物品的补贴包括商品补贴、信贷补贴和对企业的补助，贷款担保、营销补贴和对破产国有企业和私人金融机构的救助等等。因为对金融行业的管制不足或者缺位，对私人金融企业的救助经常发生。

对私人物品的支出更容易被利益集团“俘获”，因为它们能够最有效地游说政府。B型项目经常触发私人部门的游说，引发道德风险，最终导致激励扭曲、寻租以及无谓损失。政府一贯愿意救助大公司的事实经常引发过度冒险行为以及损害股东利益的密谋活动。这种策略给少数高管带来巨额回报，其最终成本的一部分却让纳税人来负担。

通常，B型项目会宣称其目的在于促进受信用缺失影响的小企业的发展。但是，它们实际上会被经济实力强大的企业占用，因此难以减轻信贷市场失灵。这样反过来导致进一步的结构性不平等。另外，当它们以干预商品市场的方式出现时，B型干预措施容易扭曲市场，比如对农业、能源和水的补贴（见表5.1中的例子）。事实上，除了旨在激发研发和环境保护的补贴，大部分补贴着眼于对公司进行财力转移，从而变成B型干预措施。相比之下，对家庭的大部分直接补贴（包括绝大多数社会补助），因较少受游说和寻租的影响，至少可以部分地让低收入家庭受益。

所以，尽管它们有可能促进更高质量的增长，但当财政干预被误导时，弊大于利。税收政策也需要更多地关注环境退化这一紧迫的问题。例如，对自然资源租金征税很少受到关注，即使它是增加收入的有效途径。《斯特恩报告》（The Stern Review）呼吁

表5.1　公共/私人物品的划分与政治经济学

| | 公共和准公共物品 | 私人物品 |
| --- | --- | --- |
| 支出很难被精英阶层俘获 | A型：研究和开发；对基础教育和预防保健的投资；科技推广服务，对贫困家庭有条件或无条件现金转移支付；低收入保障、失业福利；对贫困人口的医疗保险和对家庭的社会保障支付，环境保护服务、公共秩序和安全。 | 灰色区域1：对高等教育、对非预防性医疗的补贴、养老金；住房和社区设施。 |
| 支出容易被精英阶层俘获和游说 | 灰色区域2a：大型基础设施项目。灰色区域2b：执行某些社会功能的国有企业。 | B型：对私人物品的补贴，包括燃料补贴、电力补贴、水/化肥补贴、商品补贴、信贷补贴，对公司的补助、贷款担保、营销补贴、对大型国有企业、政府赞助的企业和金融机构的救助。 |
| 排除支出 | 国防、债务和利息支付 | |

资料来源：作者。

注：灰色区域1包括一些对家庭的补贴，它们属于私人物品，但在实证上难以将它们从公共物品分离；灰色区域2包括部分公共物品支出，但是它们可由私人提供，故可以轻松地被私人商业利益俘获。

价格驱动型政策工具，如碳税及可交易配额（Stern，2006）。碳交易方面已经取得进展，《京都议定书》提供了框架，而巴厘岛峰会则描绘了路线图。但是，碳税的设计问题，改革和实施的政治经济问题远没有得到解决。2015年年末，在巴黎召开的联合国气候变化会议上，196个国家达成了一项减少碳排放的全球协议。尽管这个协议是基于自愿原则，并不具有约束力，但如果超过55个国家（总共代表全球温室排放的55%）加入，这个协议将具有法律约束力。在2017年4月21日，这些缔约方必须签署该协议，并在自己的法律体系内经批准、接受、核准或正式加入的方式通过。

### 能源补贴

随着石油价格从2009年的每桶超过150美元大幅下降到2015年的每桶约30美元，许多产油国正面临严峻的预算赤字。即便如此，一些国家的政府依然创纪录地将纳税人的钱花在燃料补贴上，错误地鼓励能源浪费和增加温室气体排放（Baig等，2007；Coady等；2015）。根据国际货币基金组织的一项最新研究，2015年能源补贴预计高达5.3万亿美元，相当于全球GDP的6.5%。这些数字大大超过原先的预期——实际上，这超过了国际货币基金组织先前报告（2013）中指出的2万亿美元的一倍以上。

此类补贴的针对性也很差。这些补贴和很多福利（如燃料补贴）一样，转到高收入群体的口袋中。研究表明，平均来说，前20%的家庭大约得到总能源补贴的42%，而底层的20%家庭得到的补贴少于10%（Coady等，2006、2015；IMF，2006、2013）。关于能源补贴的内容见专栏2.4。

## 新的经验证据

越来越多的证据支持这样一种观点：一个国家的政府支出结构、政府体制和治理结构对经济增长的质量有着重要影响。自本节开始，我们将对政府用于公共物品的支出与贫困、不平等和环境之间的关系进行跨国分析，并总结主要发现。

### 公共物品支出和增长模式

对 1980 ~ 2005 年期间 29 个国家（多数为中等收入国家）进行跨国分析，在控制了体制、历史、治理和地理因素后，我们得出结论：政府的公共物品支出与经济增长存在大且显著的正向关系；对多数国家而言，政府总支出对经济增长存在负面影响（详见专栏 5.1）。这一结果对数据变化、规范和估计方法的变化是稳健的。因此，在保持政府支出总水平不变的情况下，将政府支出从非社会性补贴重新分配至公共物品，似乎能带来更快的增长（López 和 Miller，2007）。这种效应的产生部分是由于非社会性补贴的减少，部分是由于公共物品比重的增加。López 和 Islam（2008）的一项研究使用更广泛的国家样本，包括 87 个发达和欠发达国家，证实了这些发现。

**专栏 5.1　　关键的实证结果、数据和方法论问题**

很多计量研究分析了各种政策与经济增长之间的联系；并不是所有都同样令人信服。最常提到的问题是不同国家的异质性影响、计量错误和遗漏以及内生性。其中，内生性是最难解决的问题。计量经济学理论提供了许多可能的解决办法，包括工具变量法和方程组三阶最小二乘法。为避免使用跨国分析，一些研究者使用公司和家庭层面的数据。

充分意识到这些困难，研究团队决定采用三种方法组成的“三角”：(1) 跨国分析，因为财政政策必须在国家或跨国的层面进行分析——公司和家庭层面的数据不能反映全貌；(2) 国别研究，包括对印度进行的国别分析；(3) 项目层面的分析，研究财政政策的结构。国家的选择由经济增长质量在一个国家议程中的重要性决定，同时考虑其可行性。

所有这三种类型的分析共同支撑本文的主要假设，政府支出结构在不同程度上对经济增长的水平和质量产生影响。表 B5.1 显示一组关键的回归。

**表 B5.1　公共物品支出占比对增长有着重要影响：方程组三阶最小二乘法**

| 自变量： | 因变量：人均 GDP 增长 | 公共物品支出占政府总支出的比重 |
|---|---|---|
| 人均 GDP 的增长 | | 2.963 ** |
| | | [1.318] |
| 公共物品支出占政府总支出的比重 | 0.098 *** | |
| | [0.033] | |
| 政府消费支出占 GDP 的比重 | -0.007 | -0.139 |
| | [0.026] | [0.137] |
| 税收占 GDP 的比重 | -0.078 ** | 0.429 ** |
| | [0.036] | [0.205] |
| 总投资占 GDP 的比重 | 0.074 ** | -0.390 * |
| | [0.037] | [0.204] |
| 人均 GDP 原值的对数 | -0.008 *** | |
| | [0.003] | |
| 通货膨胀率（CPI） | -0.001 * | 0.003 |
| | [0.001] | [0.004] |
| 受教育时间的对数滞后值 | 0.009 | 0.002 |
| | [0.007] | [0.030] |
| 民主稳定时间 | 0.002 ** | -0.002 |
| | [0.001] | [0.005] |
| 腐败 | | -0.281 *** |
| | | [0.073] |
| 热带地区的土地占比（%） | -0.012 ** | |
| | [0.005] | |
| 疟疾生态指数 | | 0.064 * |
| | | [0.036] |
| 虚拟变量—拉丁美洲 | -0.019 ** | 0.218 *** |
| | [0.008] | [0.029] |
| 虚拟变量—发达国家 | 0.003 | 0.006 |
| | [0.008] | [0.044] |
| 虚拟变量—东亚 | 0.014 * | -0.073 * |
| | [0.008] | [0.043] |
| 常数项 | 0.037 * | 0.605 *** |
| | [0.019] | [0.102] |

资料来源：López 和 Miller，2007；背景文件，Lopez、Thomas 和 Wang，2008。

注：括号中为小样本标准误差；年度虚拟变量估计并未在表中显示；29 个国家；观察值为 105 个。

* 在 10% 置信水平显著；** 在 5% 的置信水平显著；*** 在 1% 的置信水平显著。

增加公共物品的支出比重和增长之间的估计关系对多重灵敏度测试是稳健的。为解决这两个变量的相互依存性和双向联系，我们采用了方程组模型。以体制、政治、地理和宏观经济为控制变量，在回归中采用了三阶最小二乘法。虽然在所有案例中公共物品支出比重对经济增长都表现出显著影响，但是经济增长与公共支出比重之间的关系较弱，而且就绝大多数指标来看，倾向于不显著异于0。敏感性测试显示，其结果具有稳健性——公共物品支出比重对经济增长具有显著的正向影响。

这种异常强烈的关联性背后可能是什么？向公共物品重新分配支出似乎可以诱导出更加平衡的人力资本投资，减少非生产性寻租和结构性不平等。这样做有三个好处。第一，以向家庭提供资源的方式重新分配可以诱导人力资本和知识投资率的提高。很大一部分家庭经济拮据是因为信贷市场的不完善导致人力资本投资受到限制。无论以实物还是现金方式增加财政资源，都可以使家庭面临的经济约束放松。第二，增加政府在公共物品上的支出也意味着在所有增长的重要来源有着更高的投资率，包括基础设施、知识传播和保护自然资源等方面。第三，减少政府非社会性补贴的可得性降低了私人部门将资源用于非生产性寻租活动，降低了损害经济效率的商品市场扭曲，降低了由私人金融和非金融企业期望得到救助而引发的道德风险。如果政府在B型物品方面几乎没有支出，那么它将难以承受因高风险策略遗留而产生的金融动荡。相反，为防止这种情况，他们诉诸对金融机构的监管。智利就是一个好例子，这个国家仅仅维持最低水平的B型物品支出，而对银行和其他金融中介机构建立了一套有效的监管制度。

## 确证的结果

公共支出结构与经济增长的显著相关性被其他实证研究使用完全不同的数据和方法证实了。López和Galinato（2007）关于15个拉丁美洲国家农村部门的研究同样显示，重新分配公共支出对农村经济增长有很大的影响。研究表明，拉丁美洲各国政府将收入的很大部分用于私人物品（主要是补贴），而不是公共物品和社会物品。平均来看，51%在农村地区的政府支出为对私人物品的补贴。巴西和墨西哥将政府支出的最大部分分配给私人物品，分别达到了87%和66%。拉丁美洲补贴的平均占比从1985～1989年的54%下降到1995～1999年的46%。研究还表明，私人物品的支出比重与农村人均收入之间存在负向显著关系。

用印度11个邦超过15年的面板数据对印度的经济增长进行分析，结果与跨国分析得到的结果在很大程度上相符，支出结构对经济增长和减少贫困有重大影响。在控制邦级投资、贸易开放、内陆特征和其他因素后，用于公共物品的支出，包括卫生、教育和基础设施，对经济增长有大且正向的影响（Ahmed，2007）。

Flanagan（2007）的一项研究从不同的角度得到了同样的结论。利用世界银行独立评价小组1980年到2005年间的2500个项目的项目评估数据进行研究发现，在控制贸易开放度、贸易条件、发展援助、资本劳动比率和教育年限等一系列变量后，用于社会公共的支出比例对世界银行项目取得成功有着积极和显著的影响（见专栏5.2）。

**专栏5.2　　独立评价小组的评估支持跨国研究结果**

维持高质量增长需要更高的投资率或资本形成率。它要求完善的机制、完善的市场激励以及适当的配套投资。[a]

如果国家分配相对更多的政府资源用于对公共物品，在1980年至2005年由独立评价小组（IEG）作出的世界银行项目评价中，将具有较大的可能性获得令人满意的结果评定。图B5.2中的a图显示了政府的支出模式和项目评级之间的简单相关性。

《国际国别风险指南》（ICRG）中评级更高的国家拥有较低的腐败，并且较不可能调节腐败风险评级（图B5.2中的b图）。相比于高风险类别国家，这些国家将更多的资源分配至公共物品。一般情况下，制度水平和在社会和非社会性公共产品的公共支出高度相关。高水平的体制可以强调公共物品支出，通过透明和负责任的行动提高政府支出效率。

a图　项目结果与公共物品支出相关　　　　b图　公共物品支出与治理水平相关

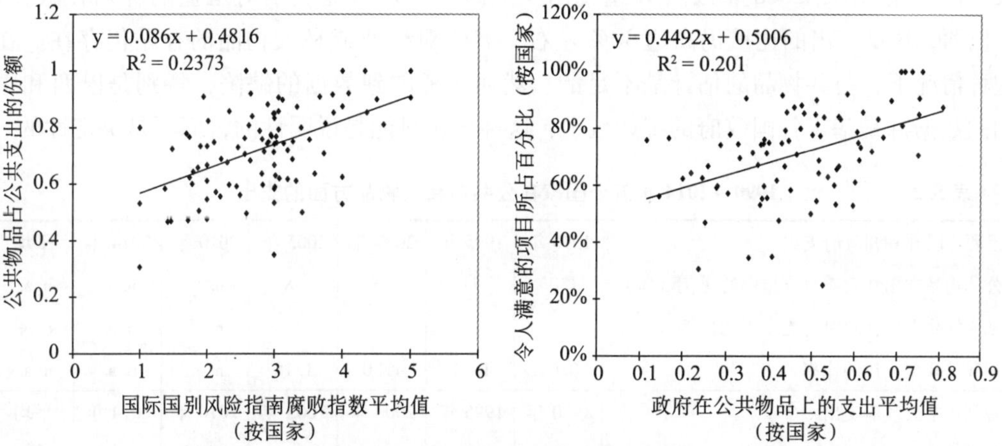


**图B5.2　世界银行项目的业绩分析**

资料来源：作者的分析基于IEG和ICRG1980～2005年的数据。

注：ICRG指数低意味着更高的腐败风险，反之亦然。

项目成功率的计量经济分析——项目总体结果的满意度由IEG评定，使用1980年至2005年期间86个国家超过2477项目的评估数据，采用条件logit进行分析——发现：

- 社会公共支出的比例与世界银行项目的成功与否显著正相关。在这里，项目的成功是因变量，社会公共支出的比例是解释变量之一。影响（弹性）的程度虽小，但在统计上显著。

● 更好的制度产生更多成功的项目。以 1994 ~ 2005 年的样本为例，在其他条件不变的情况下，拥有更高水平制度的国家具有较高概率获得令人满意的项目评价结果。这与以往的研究结果一致。Dollar 和 Levine（2005）发现，在控制国内生产总值初始水平，援助水平、国家的地理位置和制度的影响后，结论是有力和积极的。

● 人均国内生产总值的增速与项目满意度的评级显著相关。

资料来源：Flanagan（2007）的背景说明。

## 当财政政策提高了增长的质量

表 5.2 提供了 1990 ~ 2014 年五个国家公共物品（A 型）支出的比例和私人物品及补贴（B 型）支出的比例。在智利，A 型支出的比例保持高位，约占总支出的 80%，表明智利在公共物品提供方面有着完善的公共政策，并一直对补贴水平进行控制。在印度和韩国，A 型支出对 B 型支出的比率在下降，而在中国和巴西则保持不变，这令人担忧。在韩国，2000 年以后 B 型支出明显减少，这可能表明对工业的补贴在减少。在巴西，B 型支出的比重仍高达 30% 左右，表明对行业或私人物品的补贴仍存在。在这种情况下，公共物品的估计是不足的。然而，考虑到数据的缺陷，特别是巴西和中国的数据都是基于各国政府的统计数字，这种比较只能是说明性的，而不是决定性的。

**表 5.2　　1990 ~ 2014 年五个国家在公共与私人物品方面的支出**

| 巴西：联邦和州政府支出 | 1990 年 | 1995 年 | 2000 年 | 2005 年 | 2010 年 | 2014 年 | 平均 |
|---|---|---|---|---|---|---|---|
| 公共物品支出在政府总支出中的比例（%） | 30 | 47 | 35 | 38 | n. a. | n. a. | n. a. |
| 私人物品支出在政府总支出中的比例（%） | 47 | 36 | 27 | 32 | n. a. | n. a. | n. a. |
| A 型对 B 型支出的比率 | 0.64 | 1.31 | 1.30 | 1.18 | n. a. | n. a. | n. a. |
| 智利：中央政府支出 | 1990 年 | 1995 年 | 2000 年 | 2005 年 | 2010 年 | 2014 年 | 平均 |
| 公共物品支出在政府总支出中的比例（%） | 80 | 80 | 79 | 80 | 80 | 82 | 80 |
| 私人物品支出在政府总支出中的比例（%） | 12 | 14 | 14 | 13 | 14 | 13 | 14 |
| A 型对 B 型支出的比率 | 6.69 | 5.57 | 5.81 | 6.13 | 5.74 | 6.43 | 5.93 |
| 中国：一般政府支出 | 1990 年 | 1995 年 | 2000 年 | 2005 年 | 2010 年 | 2014 年 | 平均 |
| 公共物品支出在政府总支出中的比例（%） | n. a. | n. a. | n. a. | 69 | 68 | 69 | 69 |
| 私人物品支出在政府总支出中的比例（%） | n. a. | n. a. | n. a. | 17 | 21 | 21 | 20 |
| A 型对 B 型支出的比率 | n. a. | n. a. | n. a. | 4.01 | 3.18 | 3.35 | 3.45 |
| 韩国：中央政府支出 | 1990 年 | 1995 年 | 2000 年 | 2005 年 | 2010 年 | 2014 年 | 平均 |
| 公共物品支出在政府总支出中的比例（%） | 58 | 60 | 63 | 73 | 71 | n. a. | 63 |
| 私人物品支出在政府总支出中的比例（%） | 19 | 22 | 24 | 17 | 19 | n. a. | 22 |
| A 型对 B 型支出的比率 | 3.04 | 2.74 | 2.67 | 4.33 | 3.74 | n. a. | 2.91 |

续表

| 印度：综合一般政府支出 | 1990年 | 1995年 | 2000年 | 2005年 | 2010年 | 2013年 | 平均 |
|---|---|---|---|---|---|---|---|
| 公共物品支出在政府总支出中的比例（%） | 62 | 69 | 70 | 69 | 67 | 68 | 63 |
| 私人物品支出在政府总支出中的比例（%） | 21 | 16 | 15 | 17 | 23 | 21 | 18 |
| A型对B型支出的比率 | 2.90 | 4.34 | 4.65 | 4.01 | 2.99 | 3.28 | 3.41 |

资料来源：除巴西和中国外，各国数据均来自于国际货币基金组织1990～2014年政府财政统计数据库；巴西政府数据来自Lopez和Miller（2007）。中国的数据基于《中国统计年鉴》，仅有2002～2014年的内容。

注：本表仅具有说明性，因为各国数据的不可比较。n. a. 表示数据不可得。

a. 关于国防和债务清偿方面的支出并不在该计算中。

b. “平均”是对1990～2014年所有可得数据进行的简单平均。

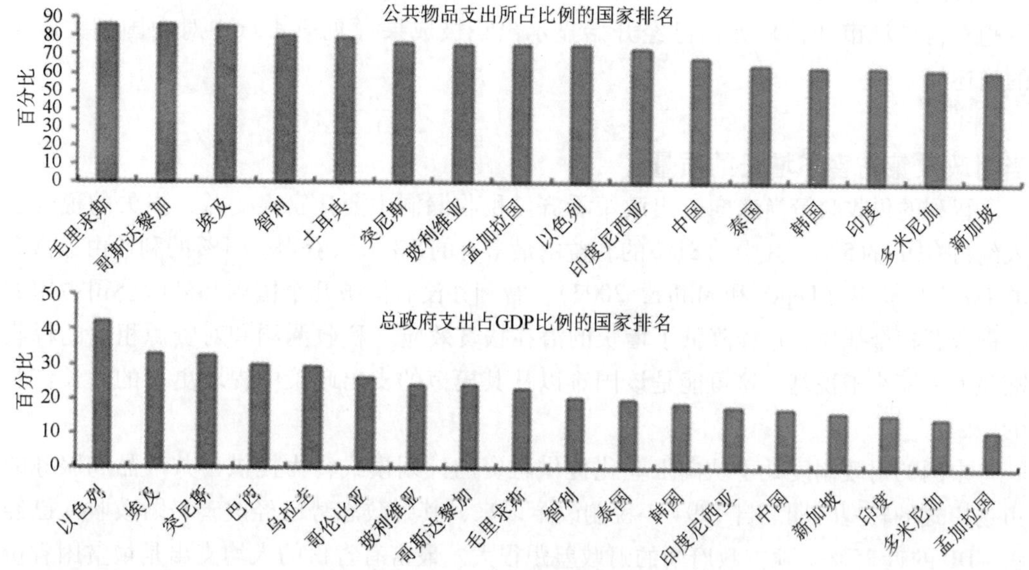


**图5.2　各类支出排名：公共物品支出与总支出，1990～2014年**

资料来源：数据来自国际货币基金组织“政府财政统计数据库”，是对1990年至2014年数据的平均。中国的数据基于《中国统计年鉴》，前两张图中使用的是2002～2014年的数据，最后一张图使用的是1990～2014年的数据。

在智利，政府在合理化支出方面做得很好，其公共物品支出比例从20世纪80年代早期的55%上升到21世纪初的80%以上，成为所研究国家中最高的国家之一。智利显示了在相对较短的时间内可以大幅重新分配的政府支出，尽管保护补贴的游说依然频繁（见表5.2和图5.1）。这种再分配可能是智利经济表现良好的原因之一（López和Miller，2007）。

在中国，政府成功地调动公共资源用于大规模投资——大型水坝、发电系统、高速公路和高速铁路系统。这有助于大幅减少交通和物流成本，提高竞争力。但中国在向农村和贫困地区提供基本社会服务方面取得的成就却没有这么大，直到最近两年情况才有所改变。中国的基础设施的公共支出在全世界一直名列前茅，这对经济增长和竞争力大有益处，但其在教育和卫生支出比例方面却是最低的。现在中国正在改革其转移支付和补贴制度，以促进更均衡的增长（Hofman和Kuijs，2007）。对国有企业的补贴已经逐渐减少，并在2008年在很大程度上消除了对外国投资者的税收优惠待遇。"退耕还林"工程或支付生态服务在重新造林和减少农村贫困人口（通过鼓励农村向城市迁移）方面已经开始显示出积极成果（见第4章中对中国相关政策的描述）。

## 当财政政策伤害了增长的质量

智利的税收政策尚未向支出政策看齐。税收漏洞主要让富人受益，损失的税收收入约占GDP的5%，其中约81%的利益由最富有的5%人口获得，61%的利益由最富有的1%人口获得（López和Miller，2007）。智利并没有向被几个国内和外国公司占用的巨额资源租金征税，这样降低了增长的潜在扶贫效应。[6] 税收漏洞和对资源租金的税收豁免大大缩小了税基。这可能是该国难以从其模范的支出政策中提取更高的增长红利的原因。

中国的财政制度处于从向工业化提供融资的计划模式转为提供公共产品和服务的市场模式的转型时期。自1994年税制改革以来，其财政态势已经改善，财政收入已经占GDP的近25%。地方政府间的财政差距很大。最富有省份的人均支出是最贫困省份的8倍以上，最富有县的人均支出则是最贫困县48倍以上。

然而，中国的财政政策极少用于重新分配收入。转移支付系统由退税和专项转移支付主导，这构成了全部转移支付的至少60%。一般性转移支付只构成对地方转移支付的10%，导致地方政府责任和资源之间的不匹配。相比于更富有地区，贫困地区的政府提供更少（且更低质量）的服务（Hofman和Kuijs，2007）。

一直以来，印度的财政政策在减少贫困或环境管理上并不奏效。20世纪70年代以来，印度就开始高财政赤字运行（平均为GDP的8%），造成庞大的国内公共债务和巨大的利息支付压力。印度将近5%的GDP用于补贴，包括粮食、化肥、石油产品和电力。这些政策很多旨在帮助贫困人口，但实际的好处更有可能归于富人。例如，电费补贴给邦政府预算带来巨大的财政负担，减少了投资，并导致效率低下的电力使用。相关性分析这项巨额补贴的效果微弱。卫生和教育支出的相关性分析也表明其可以大幅度改善公平问题（Ahmed，2007）。

## 财政政策、贫困和结构性不平等

经济增长转化为减贫的效率取决于初始收入的水平、收入不平等的初始程度以及不平等的变化是否伴随着经济增长。[7] 大量文献对经济增长与贫困的关联有着相对确定的结论。文献表明，经济增长可能会，也可能不会影响不平等，但是在考虑公共支出与不平等的关系时，则会有一个显著的差异。一份关于全球不平等的最近研究表明，国家内部的不平等在上升，但是其上升速度落后于国家之间的不平等。“高度全球化”的赢家是新兴亚洲国家中的中产阶级和全球的超级富豪。最大的输家则是发达国家的中产阶级（Milanovic，2016）。由于数据质量较差，只有少数研究直接检验了财政政策对贫困和不平等的影响。[8]

### 增长、贫困和不平等

我们的跨国评估明确了财政政策和GDP增长对不平等和贫困的影响（López和Torero，2007）。我们使用一个包括40个发展中国家的样本，并且在1980～2005年期间，每个国家至少进行过两次全国性的家庭调查。我们将来自这些调查的家庭收入分配数据与国民账户数据、其他政治和体制数据相结合。研究的实证方法从以下三个方面出发。首先，它直接评估了公共支出对不同收入群体的影响。其次，它着眼于公共支出的结构，而不仅仅是总量水平。再次，它研究了公共支出对不同收入群体的收入的增长速度（而不是收入水平）的影响。

这项研究证实，GDP增长对中等收入和低收入国家的贫困人口有益。这与之前Dollar和Kraay（2002）、Ravallion和Chen（2004）以及其他人的研究结果相一致。我们没有发现增长和不平等的权衡的证据。GDP的增长会带来中等收入国家收入分配状况的改善，但对低收入国家的效果并不显著。Ravallion的工作成果显示，没有证据表明经济增长和不平等之间存在权衡，这与其相一致。在那些经济增长迅速和减贫成就巨大的中国省份，不平等状况并没有恶化。[9] 因此，经济增长对贫困人口有益，或许对社会公平也有益，尤其在中等收入国家这个子样本中。

### A型物品支出和贫困

我们的分析也表明，在保持政府支出总额不变的情况下，将政府支出从B型干预措施重新分配至A型与减少贫困相关联。政府在社会物品上的支出对通过家庭调查测量的家庭平均收入有积极影响，但是似乎在调查所反映的家庭范围内具有分布中性。换句话说，政府支出对社会公共物品的重新分配能减少绝对贫困，而且也能提高根据国民账户计算的、家庭部门消费占总家庭最终消费支出的比例。

在低收入国家样本中，1980～2004年期间社会支出在接受调查的家庭部门中具有分布中性，这意味着政策的针对性不足。尽管有许多诸如有条件的现金转移项目之类的成功案例，一些扶贫项目并没有让预期的受益者获益。社会支出分布中性的事实也往往意味着贫困人口至少获得了社会项目的部分福利。但是，支出的效率低下经常构成障碍。例如，乌干达在20世纪90年代初期只有13%的公共教育补助到达最终使用者或学校。在当地报纸提供关于小学教育公共资金转移支付以及支出记录实施的信息后，乌干达的区一级公共资金被地方精英捕获的情况有了明显改善（Nallari，2007）。

对印度的研究也证实了这些实证结果。邦政府用于社会公共产品的支出，包括教育和卫生，对减贫和邦人均GDP有显著的正向关系，虽然通胀对其有负向关系。在样本期间，重新分配支出，增加社会公共产品的支出比例，可以显著减少贫困人口统计指数（Ahmed，2007）。

## 税收与不平等

我们的跨国分析表明有一些证据支持这一观点：税收并不是累进的，正如正在实施的那样。此外，税收趋于减少接受调查家庭部门的平均人均消费。税收倾向于恶化收入公平，有利于不在家庭调查中反映的最富有家庭。这些结果与Lopez和Serven（2007）的研究结果一致，他们认为不能过多指望通过税收进行再分配。主要原因似乎是对间接税过度依赖，让富人获益的税收漏洞以及逃税猖獗，这也主要有利于富人。通过国别研究这些基本的因素可以得到更好的解释，布鲁金斯学会、美洲开发银行、国际货币基金组织和世界银行的研究也提供了其他最新证据。

一般来说，在新兴国家和发展中国家，对间接税的依赖会重于对资源租金和收入及财产税。“在间接税中，增值税的广泛采用一直持续。今年，马来西亚和巴哈马都引入了增值税；中国正在扩大其增值税范围，使其覆盖目前尚未覆盖的行业，比如服务业；海湾国家则在推进增值税计划方面进展良好”（KPMG，2015）。印度计划在2016年6月在全国范围内引进商品和服务税，这是一项全国范围的增值税，一项综合性的针对制造、销售和消费商品和服务的间接税，目的在于取代目前由中央和各邦政府征收的税。这是印度间接税改革的重要一步。把几项中央和邦税合并成单一的税会减轻层叠或双重税收，促进形成一个统一的全国市场。从消费者的角度来看，最大的好处是将减少商品的整体税务负担。

表5.3展示了四个国家间接税在税收总收入中的比例，并将之与经济合作与发展组织（简称经合组织）国家的平均水平进行比较。结果显示，相比经合组织国家的平均水平，这四个国家过度依赖间接税。在经合组织国家，税收收入的较大比例来自于对收入和财富的征税，这些税是累进的。一些经济学家认为间接税是倒退，因为它们是对每个人都消费的商品和服务征收，贫困人口承担了更大的比重，因为他们将收入的更大比重用于消费而储蓄较少。其他人认为，相比于劳动和收入税，间接税较少扭曲。《2016年世界发展报告》提请注意“阻止间接税累退”的需要（World Bank，2006c）。

如果有几项关键的减免，增值税可以较少累退。Bird和Miller（1989）表明，在牙买加，免除增值税的五个特定项目可以让最贫困的40%人口的负担减半（World Bank，

**表 5.3　　间接税占总税收收入的百分比：2004 年和 2014 年**

| 国家 | 2004～2005 年 | 2013～2014 年 |
|---|---|---|
| 巴西[a] | 45.0 | 42.1 |
| 智利[a] | 51.7 | 55.5 |
| 中国[b] | 72.0 | 58.6 |
| 印度[c] | 67.7 | 61.6 |
| 经合组织的平均值[a] | 32.4 | 31.9 |

注：此表只是说明性的，因为数据是基于不同的政府统计的。

a. 资料来源：OECD，2016，Revenue Statistics in Latin America and the Caribbean 2016。

b. 中国的税收制度仍处于转型时期。有五种主要的间接税：增值税（税率 17%，但基本生活必需品、农产品和公用事业的税率为 13%，出口货物为零税率）；消费税（14 个类别的商品）；营业税；进口及关税；其他。目前，中国已经扩大增值税覆盖到服务行业。有关详细信息，见 KPMG（2007，2014）。作者的计算，基于《2014 中国统计年鉴》。

c. 印度经济统计手册（2012～2013），印度储备银行。

2006b，177）。国际货币基金组织的一份员工论文发现，“用综合性增值税替代销售税通常能使间接税累退更少”，这意味着低收入家庭很可能是收入中性改革的净输家。研究还表明，如果诸如基本食品等特定类别商品免征增值税，其累进性可以得到提高（Coady，2006）。直接税与间接税平衡（意味着 50∶50 的比率）的办法可能是一个值得考虑的可行方案，不过目前公共财政方面的文献并没有提供一个确定的答案，还有待进行进一步的具体国家分析。

中国的税收制度无助于解决收入不平等问题，因为对间接税太过依赖以及房地产税的缺位。中国目前正在扩大其增值税体系，以便覆盖服务业，并将营业税改为增值税。在亚洲，中国的增值税率最高，为 17%，这个世界上最大的贸易国家征收平均 9.8% 的关税。将近全部税收收入的 60% 来自于间接税，一些经济学家认为这是累退的或者说有益于富人的。对房地产和继承行为并不征税，尽管当局正在为设计这样一种税展开一些初步的工作。在税收总额中 10% 左右来自对收入和财富的征税（见表 5.3）。

来自巴西的一些证据显示，虽然它的直接税是累进的，间接税是累退税，这有利于富人。对家庭的税务总负担的净效应似乎是累退的。收入是最低工资两倍的家庭总税务负担是其家庭收入的 49%；更富裕家庭的总税务负担则是 26%（见专栏 5.3）。

**专栏 5.3　　巴西的税收和不平等**

在过去的 15 年中，巴西税收收入和支出增长快于 GDP 增长。税收收入的增长也高于政府支出，除了还本付息支出，而还本付息支出本身也在显著增长。此外，政府支出的分配方面有显著变化，社会支出有明显增长，而投资支出在下降。更高的税收和支出与支出分配的变化一起对巴西产生了重要影响。

从这一分析可见，一个国家经济增速相对较低，但是通过改善收入不平等，提高了民众的福祉，在收入、教育、卫生、区域和种族的差异等方面也有显著进步。

在增长、贫困和不平等的关系方面，巴西是一个特殊的例子，因为在缺乏收入增长的情况下，其收入分配的改善转化为贫困的减少。巴西的不平等程度急剧下降，正如基尼系数所显示的——从20世纪90年代末的0.59下降到2005年的0.56，乃至2011年的0.53。这种显著的下降在其他国家很难观察到。在平等方面的改善主要是因为地理条件不利地区的经济活动增加，以及具有更高和更好针对性的社会援助和分配更合理的教育。

税收对巴西收入分配的影响这一研究具有重要性，但是最近并没有相关的文献。尽管一些研究表明，因为间接税的重要性不断增加，过去10年其净税收的名义负担变得越来越具有累退性。专栏5.3表显示，虽然直接税具有累进性，间接税是累退的且累退性在增加。1996～2004年期间，对收入是最低工资两倍的家庭税收负担增加了20个百分点，而对收入是最低工资的30倍以上的富裕家庭只增加了8.4个百分点。

**表B5.3　家庭收入，1996年和2004年的直接、间接及总税收归宿**

| 每月以最低工资表示的家庭收入 | 占家庭收入的百分比 | | | | | | 1996～2004年税收负担变化（百分点） |
|---|---|---|---|---|---|---|---|
| | 直接税 | | 间接税 | | 税收总额 | | |
| | 1996年 | 2004年 | 1996年 | 2004年 | 1996年 | 2004年 | |
| 小于最低工资的2倍 | 1.7 | 3.1 | 26.5 | 45.8 | 28.2 | 48.8 | 20.6 |
| 最低工资的2～3倍 | 2.6 | 3.5 | 20.0 | 34.5 | 22.6 | 38.0 | 15.4 |
| 最低工资的3～5倍 | 3.1 | 3.7 | 16.3 | 30.2 | 19.4 | 33.9 | 14.5 |
| 最低工资的5～6倍 | 4.0 | 4.1 | 14.0 | 27.9 | 18.0 | 32.0 | 14.0 |
| 最低工资的6～8倍 | 4.2 | 5.2 | 13.8 | 26.5 | 18.0 | 31.7 | 13.7 |
| 最低工资的8～10倍 | 4.1 | 5.9 | 12.0 | 25.7 | 16.1 | 31.7 | 15.6 |
| 最低工资的10～15倍 | 4.6 | 6.8 | 10.5 | 23.7 | 15.1 | 30.5 | 15.4 |
| 最低工资的15～20倍 | 5.5 | 6.9 | 9.4 | 21.6 | 14.9 | 28.4 | 13.5 |
| 最低工资的20～30倍 | 5.7 | 8.6 | 9.1 | 20.1 | 14.8 | 28.7 | 13.9 |
| 高于最低工资的30倍 | 10.6 | 9.9 | 7.3 | 16.4 | 17.9 | 26.3 | 8.4 |

资料来源：原始数据来自于巴西国家地理和统计局（1995/1996，2002/2003）；巴西联邦税务局；Apud等，2007。

注：间接税来自巴西国家地理和统计局的消费支出调查，对消费应用名义利率计算：工业产品税、商品和服务的流转税，社会融合计划，直接税来自该调查，所得税、劳动相关税、机动车所有者税收，城市和领地的土地税、服务税以及作者的计算。

巴西税收制度已经增加税收征管政府的执行力度，减少偷税漏税，减少家庭收入免税，所有的一切都可能积极影响收入分配，因为这些不成比例地让富人获益，而不是贫困人口。1991～2005年，仅所得税收入就从国内生产总值的8%增加到16%，同一时期间接税收入比重从11%增加到18%。研究表明，巴西的所得税具有累进性；因此，它们很可能改善收入分配状况。一个渐进而稳定的家庭收入税收减免也已经开展，从1998年GDP的0.56%下降到2005年的GDP的0.44%。尽管变化不大，但其也可能对收入分配产生积极影响。所有这些事态发展的净效应尚未得到分析。

资料来源：基于Romano和Sakurai（2007）准备的背景研究论文。

智利是一个资源丰富的国家，其未能对资源租金进行课税，扭曲了激励而有利于资源产业的发展，从而加剧了创收对自然资源的依赖。税收法律存在漏洞，这主要有利于富人。如前文所述，根据智利国内税办公室的一份报告显示，税收漏洞高达该国GDP的近5%，其中61%让最富有的1%人口受益。税收漏洞对收入分配的影响并没有得到仔细的研究。同时，因为这些漏洞多具有自由裁量性质，可以形成这样一个推论，即这造成经济低效率，但是少有研究表明这种影响的程度。而减少利润的课税在一定条件下可促进投资，如果允许特殊的税收漏洞，而不是对利润税率进行一刀切式的下调，就不大可能造成这种影响。美国税务系统的一项研究将税收漏洞与正在加剧的不平等联系在一起（Furman、Summers和Bordoff，2007；Kaufmann（2016）有关合理避税的研究，对此请见第6章）。

## 财政政策与环境

通过暴露在物理、化学和生物等风险因素之下以及为了应对这些风险而引起的相关行为的变化，环境对人们的健康造成严重影响。世界卫生组织2016年的一项研究发现，2012年东南亚和西太平洋地区的低收入和中等收入国家承受着最大的环境相关疾病负担，共有730万人死亡，大部分是由于室内外空气污染所致（WHO，2016b）。低收入和中等收入国家承担着所有类型的疾病和伤害中最大的环境压力。然而，对于某些非传染性疾病，如心血管疾病和癌症，高收入国家的人均疾病负担也相对较高。

有关财政政策对环境的影响的研究很少，但这类研究的数量正在不断增长（IMF，2008、2015；World Bank，2008）。相关数据难以获得，即使获得了，其质量也不高。经合组织国家将其GDP的0.6%～1.8%、政府支出的2.0%～5.0%用于环境保护。但是，排放的成本及其对全球变暖的影响则远远高于这一比例（OECD，1999）。发展中国家的数据更加欠缺和不准确，但其用于环境保护的支出通常小于其GDP的1.0%和公共总支出的2.5%。在仅有的几份关于财政政策对环境影响研究中，有一份研究仅关注了政府总规模对二氧化硫浓度的影响（Bernauer和Koubi，2006）。

我们的研究采用计量经济学的方法，使用新的数据集，评估了政府支出的规模和结构对各种空气污染物的影响，涵盖1985年至2000年间31个发展中国家和发达国家的86个城市的大约300个观测点的年度数据（López和Islam，2007）。研究分析了五种主要空气污染物：二氧化硫（$SO_2$）、二氧化氮（$NO_2$）、铅、一氧化碳（CO）和空气微粒（PM10）。

其中一项主要发现是，政府总消费和公共物品支出在政府总支出中的比重往往与空气污染呈负相关。在保持家庭人均收入、GDP总体水平（按照国家领土面积标准化）、GDP增长率以及未观测点的固定效应不变的情况下，这两项财政政策指标与空气污染物浓度呈负相关。唯一明显的例外是公共物品支出比例对PM10（正向并显著）和一氧化碳（统计上不显著）的影响。这意味着，如果以一些最重要的空气污染物（包括二氧化硫、二氧化氮和铅）来衡量，当政府规模扩大以及政府支出结构转向公共物品时，环境质量将得到显著改善（图5.3）。

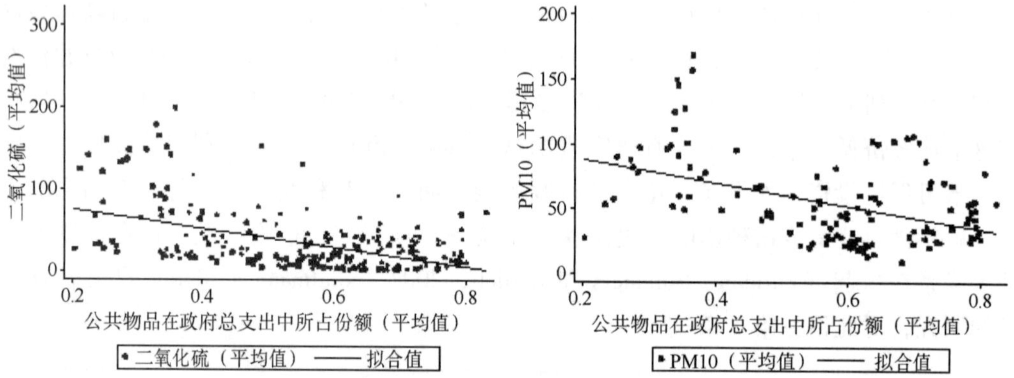


**图5.3　公共物品支出在政府总支出中的占比、$SO_2$和PM10：1986～1999年**

资料来源：López和Islam（2007）的背景资料3，基于最新的GEMS数据库。

注：PM＝颗粒物；$SO_2$＝二氧化硫。

López、Islam和Galinato（2008）提出的模型显示，从A型政府支出转向B型政府支出很可能有利于改善环境条件。这项研究还使用一个更大的国家样本扩展了这些结论，并且在空气污染之外还研究了几种水污染物。总计12种空气和水污染物纳入该研究中：A型政府支出的比重减少了其中8项污染物，而对其余4项污染物无影响。这为将政府支出转向公共物品有利于环境改善这一论断提供了强有力的证据。

公共物品支出和环境破坏之间的负相关性可能由两个因素导致：第一，增加公共物品在政府支出中的比重可能会促使政府加强环境保护和污染监管。第二，因为相当大一部分对私人物品（能源、重工业）的补贴是不利于环境保护的，将补贴转用于公共物品可以降低污染环境的动机。在合理的假设下，在一个固定的政府支出水平下增加公共物品支出比重似乎能同时对减少污染产生结构效应和技术效应。这就意味着，产出结构转向更加清洁的产出，而不再是更依赖资源的、污染更重的重工业，如采矿、钢铁和石化。反过来，技术效应也会使重污染产业逐渐减少。

此外，来自15个拉丁美洲国家的农村研究表明，增加农村公共物品支出占比有利于使农业增长更少依赖土地扩张，而更加重视集约化经营（López和Galinato，2007）。

这表明，政府增加公共物品支出比重而不是为私人物品提供补贴，可能减小农业土地扩张的压力。农业和畜牧业的扩张是许多国家森林砍伐的一个主要原因，特别是在拥有大片天然森林的热带国家。实证研究表明，将政府支出由补贴转向公共物品支出是降低砍伐森林压力的一项有力工具。[10]在农业和森林争夺土地的地区，过分强调补贴政策很可能加剧农业扩展和森林砍伐的压力。

## 对政策制定者的启示

只有少数政策工具能同时影响经济增长的数量和质量，而财政政策便是其中之一。财政政策包括政府支出、税收和补贴，它也许是经济政策中最具争议的领域，受到一个国家政治社会因素的深刻影响。我们将着重于公共支出结构和税收，并将它们与贫困、收入分配、环境以及经济的长期增长联系起来。

尽管本项研究的范围较窄，但是在众多限制性条件下做了一个初步尝试，为各国考虑提高经济增长的速度和质量提供了一个综合性的政策框架。

- *重构政府支出*。这项研究证实，加大对公共物品的边际支出有助于促进经济增长、减少贫困、改善空气和水的质量。这样做需要重新分配政府支出，提供更多的公共物品，而不是向私人物品提供补贴（正是这种补贴为资源浪费提供了激励），即使政府支出总规模保持不变。

- *改革税收制度*。堵住税收漏洞、减少逃税、对自然资源租金平等征税，可以使税制更有效率，并减少对间接税的依赖。只要公共支出与经济增长的目标、社会公平和环境更为一致，税基也将得到扩大。为建立为自然和环境资本正确定价的机制，新的税制和可交易配额成为必要，这不仅能够带来更多的政府收入，也为减少温室气体排放提供合理的激励。可以优先考虑对自然资源开始足额征税。

- *提供公共物品*。在收入增加的基础上，各国可以开始采取第二轮措施，在确保财政持续性的同时提供更多的公共物品，而不是对政府支出进行再分配。这包括增加更多的投入，以完善机制和保护产权，减少不完善市场在非效率和不公平方面造成的影响。此外，还包括提高政府支出的效率，这反过来将有利于提高教育、医疗卫生、社会保障、犯罪预防和基础设施服务的质量，其他公共物品包括资源管理、污染防控和低排放技术的运用。

由于经济增长和环境保护之间存在明显的负相关关系，本章的研究指出了经济增长和环境退化这一尤其困难的权衡关系。然而，我们的结论表明，正确的财政政策可以帮助——扩大对公共物品支出——缓解这一权衡。随着技术进步和包括《斯特恩报告》（基于市场的定价和税收政策，如碳贸易、融资和碳税等）提到的措施在内的合理的政策，经济增长的牺牲和福利可能不会那么大。国际金融机构可以帮助设计能被普遍接受的税收制度和定价政策。

## 注释

1. 本章由 Vinod Thomas 和王燕根据“The Quality of Growth：Fiscal Policies for Better Results”（2008 年 6 月工作文件，世界银行，独立评估小组，华盛顿特区）进行更新。在此，作者感谢 Ramón E. López（框架和智利部分）、Sadiq Ahmed（印度部分）、Bert Hofman 和 Louis Kuijis（中国部分）、Raj Nallari（撒哈拉以南非洲部分）、Claudia Romano（巴西部分）以及 Ann Elizabeth Flanagan（项目分析部分）等人贡献的背景文件。本文中的观点完全属于以上诸位作者，并不代表世界银行及其董事局或他们所代表政府的意见。

2. 我们对结构性不平等进行了区分，对于大部分社会而言，很多结构性不平等产生于因市场和政府失败导致的机会缺失，其他形式的不平等产生于个体生产力的差异，尽管这种差异对促进经济效率来说是必需的。因此，缩小市场不完善和政府失灵的范围有可能减少结构性不平等。

3. 例如，Bourguignon，2005；Hoff 和 Stiglitz，2000；Ravallion，2004；Dasgupta，1996；World Bank，2005a、2005b、2006a（关于平等），2007b；Coady，2006；Schwartz 和 Ter – Minassian，2000；Serven，2007；Lopez 和 Serven，2007；Gray、Lane 和 Varoudakis，2007；Loayza 和 Raddatz，2006；以及 Perotti，2007（关于环境），Bernauer 和 Koubi，2006；Lecocq 和 Shalizi，2007；Webb，2004；Stern Review，2006；最近的世界银行独立评估小组关于可持续发展（例如，World Bank，2008）及环境方面的出版物。

4. 财政赤字的宏观经济影响不是本文研究的重点，因为它是众多关于经济增长的跨国研究的主题。例如，Perotti，2007；Serven，2007；Easterly、Irwin 和 Serven，2007；Fischer，1993；Levine 和 Renelt，1992；以及其他。

5. 公共物品一词经常用来指代需要政府提供或至少鼓励的商品，因为私人部门趋于对此类物品供给不足。这是因为没有市场或市场存在严重缺陷，使得私人公司难以得到足够报酬，因而无法激励他们提供社会需要的公共物品。

6. 在 2008 年左右，智利开征铜矿开采税。但是税率很低并且可以进行所得税抵扣，这意味着它的效果是微不足道的。

7. 这已被文献证明。例如，Lopez 和 Serven，2006；Deininger 和 Squire，1996；Ravallion，1998、2004；World Bank，2006。

8. 见 Piketty 和 Saez（2006、2003）最近的研究；Piketty，2014；Saez 和 Veall，2005。

9. 使用 70 个发展中国家在 20 世纪 90 年代的数据，Ravallion（2005）发现没有证据表明存在绝对贫困发生率和相对不平等的权衡。最主要的原因是，经济增长小与相对不平等几乎没有相关性。但对于绝对不平等的权衡有证据表明，如果想要降低富人和贫困人口之间的绝对差距，那么会出现贫困人口的绝对生活水平的下降。

10. 当然，农业集约化可能恶化水污染，因为当农业生产集约化，有机副产品的排放将增加，化肥也会更多地被使用。

# 第 6 章

# 治理结构与反腐败[1]

“正如无法不让人尝尝他人舌尖的蜜糖或毒药一样，我们也无法不让与政府钱财打交道的人沾染国王的钱财，哪怕只是一点点。”

——考底利耶，《政事论》

写于两千多年前的古印度著作《政事论》（Arthashastra）详细阐述了一个将社会经济、制度和政治变量集于一体的社会。在诸如 Hirschmann、Myrdal、Coase、Stiglitz、North、Olson 和 Williamson 等著名人物的当代发展学著作中，也对制度及传统经济变量的相互作用进行了广泛的论述。近年来，自 Rose - Ackerman 和 Klitgaard 开始，腐败问题受到了越来越多的关注。其中的部分原因是人们逐渐认识到腐败对发展所造成的严重后果。在学术圈之外，人们也越来越重视腐败问题，各国正单独或者通过国际合作等方式正面应对腐败问题。例如，在 2016 年由英国时任首相戴维·卡梅伦主持的伦敦反腐败峰会上，英国、美国等参会国家均作出了打击腐败的相关承诺。然而，大多数当代发展经济学著作都低估了广义的治理结构对增长和发展极其重要的意义。经常被人们忽略的是，在公民自由和良好的治理结构框架中运作的一个有效、透明的政府对持续的福利增长和减贫是至关重要的。同时，人们还缺乏对治理结构和腐败的一个综合性认识。实际上，腐败应该被视为国家基本制度脆弱的表现，而不只是社会弊病所导致的某些基本的或单一的因素决定的。

本章虽未就治理结构与腐败提出万能的方法，然而，我们对治理结构、腐败和国家控制等概念进行了分解，考察了与增长和国家的发展相关的因素，以获得改善治理结构的策略。很多问题都没有确切的答案，我们正在努力总结成功和失败的实证教训。尽管如此，2000 年《增长的质量》第一版出版之后，在对这些问题的概念、经验和实际的理解方面已经取得了进展。这些进展中的某些方面与如何深化并“分类”治理结构和腐败的概念及衡量有关。这种分类有助于更好地理解不良治理结构的原因和后果，并提供更好的政策建议。

## 治理结构影响增长的质量

虽然治理结构和发展的关系因其所处层面及国家发展的阶段而有所不同，但越来越多的证据表明，政府的有效性、法治、监管质量和对腐败的控制可帮助实现经济、社会和环境多方面的成果。良好的治理结构对减贫、人类发展、性别平等、基础设施质量和水安全等方面均会产生积极的影响。总之，治理结构会影响增长质量（ADB，2014b）。一个国家若能有高效、诚实和注重绩效的政府机构，有合理、明晰的管制政策，并且法治得到公正贯彻，政策和法律框架未被精英既得利益集团控制，公民社会和媒体在提高其政府问责方面有着独立发言权，那么该国的民众将有更高的收入、投资、增长和更长的预期寿命。国际经验和历史经验也告诉我们，有效的、廉洁的政府并非只有在国家完全现代化和变得富裕之后才能存在。

前面的章节中强调了政策、法规和公共资源对促进以市场为导向的发展的重要性，以及它们对减轻外部性和市场失灵的负面影响的作用。以贫困和收入分配为重点，考察了那些会对人力资本和环境产生不利影响的因素。国家的一个重要作用就是提供至关重要的公共服务和物品，以实现持续增长，从而减少贫困。此外，政府还需要确立有效的决策机制，有利于市场的政策及高效、合理的管制框架，并消除对企业不必要的管制，如价格控制、贸易限制、企业注册和官僚干扰等。

然而，政府常常没有对有关童工、劳动保障、基础设施垄断、金融部门监管和环境的管制投入足够的关注。此外，在许多情况下，公共支出和投资在规模、构成和提供方面都偏向精英利益集团，频繁导致人力资本投资的不足，从而带来对贫困人口有害的结果。这种精英利益往往导致法律、管制和政策方面反竞争的现象。理解这些结果，对治理结构和制度建设不足的研究是非常重要的。

政治程序决定着公共政策以及公共福利与支出的分配。其成功取决于负责任的政府、社区的参与以及大众与有竞争力的企业的强有力的发言权。政策的有效采纳和支出的有效使用有赖于一个良好的治理结构。企业需要在一个法律和合同框架下运作，这一框架要能保护产权，加速交易，遏制精英企业控制国家的企图，使竞争性市场力量决定价格和工资水平，让企业能够自由进入和退出市场。通过为它们提供信息和机制，并根除不良治理结构和腐败，公共部门可以在降低农业和商业企业的交易成本方面发挥很大的作用。

### 腐败和治理结构的定义和分类

腐败通常被定义为滥用公共职权，并以之谋取私利。尽管有许多关于某些行为是否能被视为腐败及对腐败进行分类的讨论，新闻媒体和生活中的日常谈论对腐败的构成有着明确的限定。然而，治理结构是一个比腐败广泛得多的概念。我们将治理结构定义为通过正式或非正式的传统和制度对公共物品行使权威。治理结构包含了选择、监督和政府更替的过程。它还包括形成和实施正确政策的能力，以及公民和国家对调节经济和社会以及它们之间的相互作用的制度的尊重。

从这一概念出发，我们可以围绕以下四个大类，将治理结构分为六个组成部分。这四个大类是：（1）发言权和问责，包括公民自由和出版自由，以及政治稳定；（2）政府有效性，包括决策和提供公共服务的质量；（3）监管质量，包括私人部门发展的环境；（4）法治，包括对财产权的保护和司法独立，以及对腐败的控制（Kaufmann、Kraay 和 Zoido - Lobatón，1999a、1999b；Kaufmann、Kraay 和 Mastruzzi，2009）。

因此，在对治理结构进行分类时，我们假定腐败是六个紧密相关的治理结构组成要素之一。治理结构通过一些复杂的直接和间接的渠道影响人们的福利和生活质量，对于这些渠道我们还不能完全了解。一个治理结构组成要素（如公民自由）得到改善，即使其他社会经济因素保持不变，也能直接提高一国民众的生活质量。所以，治理结构可以成为影响人们福利的直接因素。

但是，也存在着重要的间接影响。例如，不良治理结构会损害收入和人力资本的增长速度，并会加快自然资源的消耗——这往往是政客和精英等既得利益集团操纵的结果。此外，治理结构不良的国家更倾向于执行一系列扭曲的经济和制度政策，这不利于要素生产率和经济的增长以及贫困的减少。因此，通过一系列直接和间接机制，在实施和维持正确的经济和制度政策、促进人力资本的发展和减少贫困方面，有效、廉洁的政府有着至关重要的作用。

## 治理结构的实证指标

从20世纪最后10年以来，大量的研究显示了制度和治理结构对经济发展的重要性。Banerjee 和 Iyer（2005）建议，良好的制度和良好的治理结构对于创造启动经济增长所需要的人力和实物资本是必不可少的。Gani（2011）采用实证的方法证明了政治稳定和政府效率对于经济增长有着显著的正相关性。

上一节提出的定义已经足够从广义上暗示大量的跨国比较指标可能帮助说明治理结构的不同方面。基于这个广义的定义，Kaufmann、Kraay 和 Zoido - Lobatón 将成百上千的跨国比较指标作为治理结构的不同方面的替代指标进行了分析。这些指标来自许许多多的组织，包括商业风险评级机构、多边组织、智囊集团和其他非政府组织。它们以对专家、公民和企业的调查为基础，涵盖了一系列范围广泛的主题：对政治稳定和商业氛围的看法，对公共服务提供的有效性的观点，对法治的尊重程度的看法，以及对关于腐败的出现频率的报告。[2]

人们对治理结构的数据的有效性和意义很自然会产生怀疑。这些数据能否反映问题？华尔街的商业分析家怎么能知道阿塞拜疆、喀麦隆、摩尔多瓦、缅甸或尼日尔的腐败状况？这些数据是否前后一致？各企业在它们的分级评估报告中反映出来的来自公务员的压力或等待通关时间的困难，是否能反映政府的总体有效性，或者它们只是衡量了完全不同的指标？这些数据是否可比？转型国家中得到3分的（总分为4分）是否可与亚洲国家中得到7分（总分为10分）的进行有效的比较？除满足这些标准以外，这些数据在对腐败进行严格的经济计量分析或期待达到政策建议的目的时，是否有用？

这些问题促使在衡量治理结构时形成一套实证性策略：让相关数据与治理结构的六个组成部分相对应，并以相同的单位表示。这些数据能够在可测量范围内提供信息，但由于其估计的不精确性，在表述及应用于政策建议时仍需要仔细考虑。这六个各不相同的总量治理结构指标随即得到深化，使可获得的变量有了某种结构，并提高了所测量的治理结构构成的可靠性，这大大超过了任何单一的治理结构指标的准确性。

为了进一步说明，我们首先考虑治理结构的六个组成部分之一的法治的量度问题。在图 6.1 中，垂直条表示的是各国对治理结构水平估计量（“点估计”）的置信区间。置信区间（垂直线）能反映出（由不同的外部组织提供的各原始数据中）对法治实施评估的不一致或者误差界限。

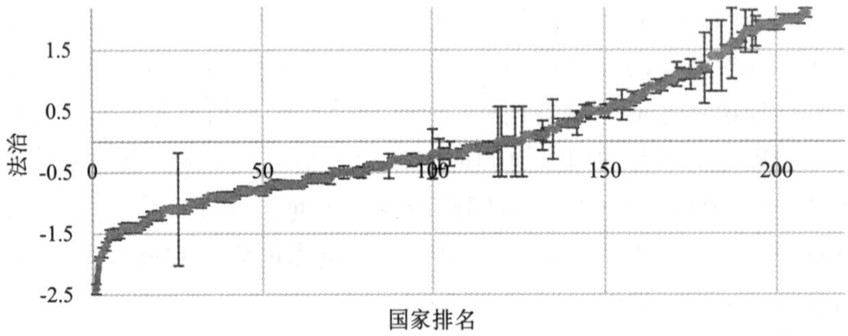


**图 6.1　法治的质量指标**

资料来源：世界银行，《2014 年全球治理指标》。

注：本图展示了基于 210 个国家的 2014 年数据的法治实施质量的估计值。垂直条显示出每个国家治理结构指标的可能范围，这些垂直条的中间点显示的是最可能的数值。范围的大小随各国可获得数据量的不同而变化。

在法治和其他五个指标方面，210 多个国家的差别很大。按照其（非精确的）排名先后，将各国在横轴上依次排序，而纵轴表示的是各国对治理结构的估计值。各国的评估误差幅度以细的垂直线表示，这种误差可能很大。图 6.2 显示了以 210 个国家为样本，对另外一个治理结构的组成部分，即腐败的控制指标进行衡量的结果（同样基于 2014 年的数据）。

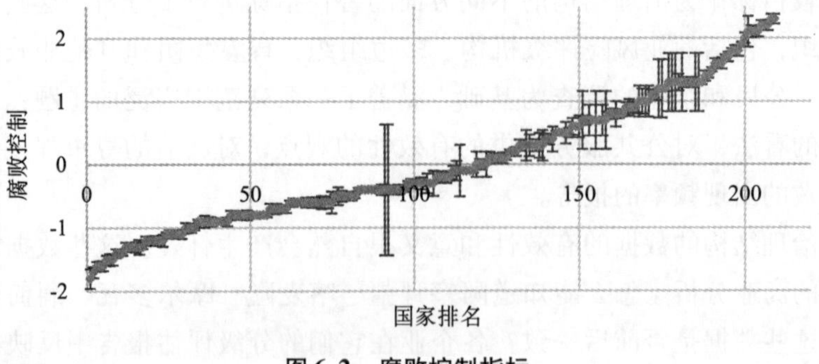


**图 6.2　腐败控制指标**

资料来源：世界银行，《2014 年全球治理指标》。

注：本图展示了基于 210 个国家的 2014 年数据的腐败的控制情况的估计值。垂直条显示出每个国家治理结构指标的可能范围，这些垂直条的中间点显示的是最可能的数值。范围的大小随各国可获得数据量的不同而变化。

## 治理结构的影响

跨国比较数据表明治理结构与社会经济成果之间存在简单而又重要的相关性。为考察治理结构对社会经济变量的影响，我们用历年指标数据作为工具［按照 Hall 和 Jones（1999）的方法］，加上二阶最小二乘法回归方程，来估算某一社会经济变量（如人均收入）对一个常量及对治理结构的影响。通过这样一种方法，我们能同时考虑到评估的误差和省略的变量（详见 Kaufmann、Kraay 和 Zoido - Lobatón，1999b）。相关的回归预测结果对只有富裕国家才能负担得起良好的治理结构这一观点带来挑战，同时，这些证据也启示人们，好的治理结构对更好的发展成果有着巨大而直接的影响。图 6.3 显示了发展成果与治理结构的四个衡量指标之间的关系。

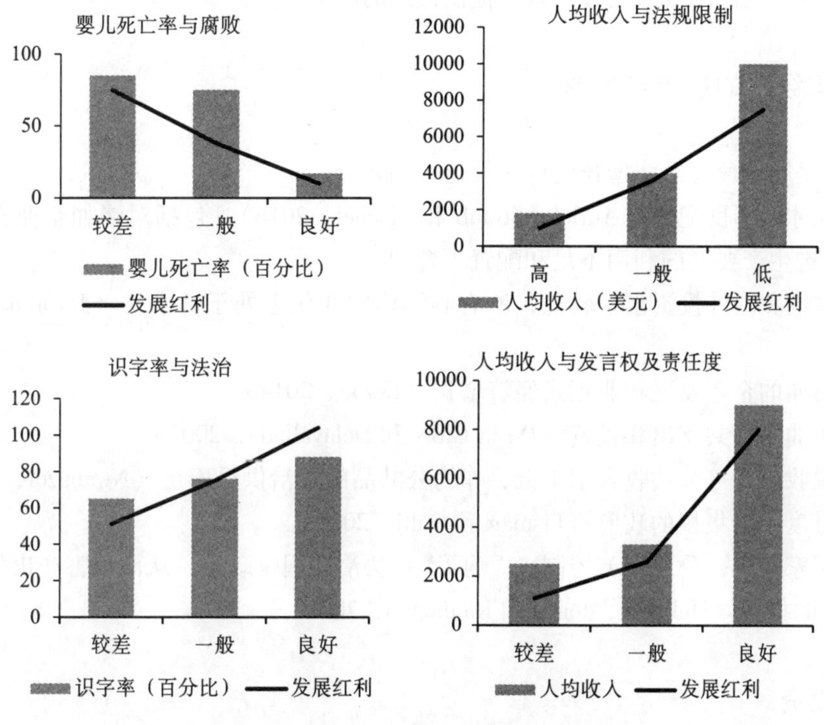


**图 6.3　良好治理带来的发展红利**

资料来源：Kaufmann、Kraay 和 Mastruzzi，2006。

注：垂直条的高度表示，有着较差、一般、良好三种不同的治理结构的国家在平均发展成果方面的差别。实线则表示治理结构和发展成果之间的回归预测影响。

垂直条的高度表示，有着较差、一般、较好三种不同的治理结构的国家在平均发展成果方面的差别，它恰当地证明了好的发展成果与好的治理结构之间存在的紧密正相关。实线表示治理结构对发展成果的影响预期，即改进治理结构带来的“发展红利”，它考虑了逆因果关系和其他非治理结构因素对发展的影响。[3]

以多样化的外部数据为基础的综合性治理结构指标正在加强人们对治理结构问题

的注意力，同时也促进了对不良治理结构的原因和结果进行跨国研究。例如，这一庞大的数据库暴露了大国更为腐败这一观念的谬误（这只是一个由来自对少数的国家进行的测试得出的统计结论）。但是，这些新的治理结构指标只能为各国在治理结构问题上进行相互比较的过程中提出一个初步的、大概的基准，为有目的的治理结构改善行动提供一个初步的工具。要使一国国内的综合性指标更具体、更有用，人们需要大大提高对不良治理结构的认知，并意识到数据如何在政策和制度失灵中反映不良治理结构。总结来说，我们还需要更完善的、对一国治理结构诊断的工具来提供有意义的数据和信息，以进行治理结构改革。在这一背景下，本章余下的部分将分别讨论下面几个问题：腐败和不良治理结构如何损害发展？导致腐败的根本原因是什么？将腐败分解成各自不同的组成部分能得到什么样的深刻见解？何种诊断工具和战略方法能为各国建设良好、廉洁的政府的政治意图提供最好的服务？

## 腐败危害经济的增长与发展

以下是腐败危害经济增长的许多渠道中的几个：

- 人才的不良配置（Auriol、Straub 和 Flochel，2016），包括对诸如企业家和投入资源等关键生产要素的利用不足和配置不合理。
- 国内和国外投资水平较低，所有制结构的变化也处于低水平（Javorcik 和 Wei，2009）。
- 扭曲的企业发展和非正式经济增长（Lagon，2014）
- 扭曲的公共支出和投资（De la Croix 和 Delavallade，2009）
- 税收收入等公共收入水平低，作为公共品的法治供给不足（Nwabuzor，2005）
- 过度中央集权的政府（Fisman 和 Gatti，2000）
- 国家控制，公司精英控制（“购买”）法治和国家政策，从而损害产出的增长和企业部门的投资（Hellman、Jones 和 Kaufmann，2003）

### 较低的投资

来自许多国家的大量的跨部门的数据表明，腐败会大大减少国内和国外投资。通过对 20 世纪 90 年代东欧和前苏联外国直接投资的企业层面的数据进行考察，Wei（2009）发现当腐败水平从（低的）爱沙尼亚增长到（高的）阿塞拜疆，外国投资的可能性减少了 15%。Delgado、McCloud 和 Kumbhakar（2014）通过有力的经验证据表明，腐败在外国直接投资和经济增长关系的不均匀性中有着特殊的、非线性的作用，同时认为腐败明显降低了 70% 的非经合组织国家外国直接投资对于经济增长的有效性。对于这些非经合组织国家，腐败水平每上升 1 个百分点将导致外国直接投资的下降幅度达到 0. 07 至 5. 91 个百分点。

## 公共支出的不良配置

某些关于腐败的经济学研究方面的先驱已经强调了腐败对公共财政支出的影响（Rose－Ackerman，1989）。Dzhumashev（2013）指出，腐败会通过两种方式影响经济，其一是改变监管的负担，其二是改变生产性公共投入的效率。治理结构在塑造腐败与经济成就之间的关系中起着多方面的作用，它不仅推动了腐败的发生，还同时推动了公共部门活动的效率。尤其是，当政府的规模超过了最优水平时，腐败可能有益于经济增长，因为腐败的增多会减小政府的规模并使之靠近最优水平。Haque 和 Kneller（2015）得出了一个结论，他们认为腐败会降低公共投资的回报，从而会降低公共投资给提升经济增长带来的积极影响。他们还发现，腐败对经济增长有着更多的间接负面影响，即通过降低私人投资来影响经济增长。同样，Ajaz 和 Ahmad（2010）在他们的研究中指出，腐败对税收征管有明显的负面影响，而良好的治理结构则有助于税收征管达到更好的成效。

## 对贫困人口的影响

腐败盛行的地方，经济增长受到阻碍，这对贫穷问题有着极大的影响。而且，贫困人口获得的社会服务（如卫生保健和教育）也相对较少。腐败更倾向于投资基础设施，而不愿投向救助贫困人口的项目，这损害了希望运用小规模创业手段来脱贫的商业模式。更糟的是，腐败的机制决定了他们更愿意投资国防合同而不是乡村诊所和学校，这一政策偏向会使收入分配状况恶化，并使资源从农村流向城市。

Gupta、Davoodi 和 Alonso－Terme（2002）的研究表明，通过干涉政府的传统核心功能，如维持财政稳定、资源战略配置和收入的再分配等，腐败会使收入的不平等和贫困问题恶化。一个国家在腐败指数上恶化 1 个标准偏差，将会使这个国家的基尼系数增加 11%。相较于现今 39% 的平均基尼指数数值，这是相当显著的影响。如图 6.3 所示，Kaufmann、Kraay 和 Mastruzzi（2006）发现，腐败会增加婴儿死亡率，降低预期寿命和识字率。此外，通过分析联合国发展计划署的人类贫穷指数，我们发现即使控制了人均 GDP，各项治理结构指数与腐败之间仍然存在负相关性。值得提出的是，治理结构影响贫困的机制是多样而复杂的，还没有被完全了解清楚。表 6.1 中的矩阵展示了腐败通过多种渠道对贫困的复杂影响。

**表 6.1　　腐败与贫困综合矩阵**

| 导致贫困的“直接”原因 | 腐败对导致贫困的“直接”原因有何影响 |
| --- | --- |
| 较低的投资和增长 | 由于既得利益集团的影响，经济/制度政策不健全<br>公共支出/投资的配置扭曲<br>较低的人力资本积累<br>受精英集团利益影响的法律和扭曲的决策<br>缺乏法治和财产权<br>阻碍私人部门发展的治理结构 |

续表

| 导致贫困的“直接”原因 | 腐败对导致贫困的“直接”原因有何影响 |
|---|---|
| 贫困人口在增长中所占的份额较小 | 精英对政府政策和资源分配的控制<br>小公司和贫困人口面临的累退性的贿赂“税”<br>公共支出和投资的累退性<br>收入分配的不平等 |
| 获得公共服务的机会受阻 | 贿赂带来累退税，损害获得卫生保健、教育和公正等基本服务的机会和质量<br>精英对获得某些特定服务的政治上的控制 |
| 缺乏卫生保健和教育机会 | 较低的人力资本积累<br>较低的教育和卫生保健水平 |

资料来源：作者。

腐败控制指数与世界银行全球治理结构中其他四个指标之间的关系可从一个方面证实腐败与公共服务的可获得性之间的关系（图 6.4）。

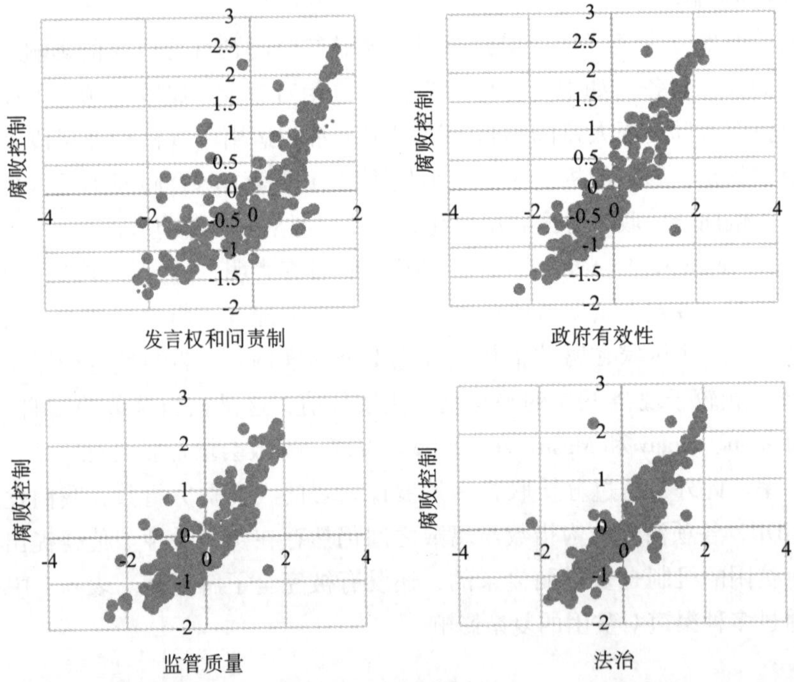


**图 6.4　腐败控制及其与发言权和问责制、政府有效性、监管质量和法治的关系**

资料来源：世界银行，《2014 年全球治理指标》。

注：每一个描绘出的观察数据（点）代表 195 个国家之一的一个组合指标，为 2005 年到 2014 年的平均数据。在所有的图中，纵坐标代表腐败的控制，而横坐标分别代表发言权和问责制、政府有效性、监管质量和法治。

## 腐败对商业的影响及公司对国家治理结构的影响

关于腐败的相关文献中有一个普遍的观点，即绕过不良政府控制的贿赂行为，会像非官方的放松管制一样，产生促进企业发展之类的正面影响（Méon 和 Weill，2009；Mendoza、Lim 和 Lopez，2015）。利用 69 个发达和发展中国家的面板数据，Méon 和 Weill（2009）发现，在机构效率低下的国家，腐败是不利于效率的。此外，一个让腐败横行的国家，最终会发现自己陷入了不良治理结构和低效率的陷阱中。由欧洲复兴开发银行主导的一项调查得到了一组独特的来自 262 个公司的企业层面的数据，依赖这些数据，Javorcik 和 Wei（2009）发现腐败会使地方官僚职能不那么透明，从而增加营商成本。

因此，实证数据表明，一家公司并不能从小额或者行政性贿赂（如为获得执照或手续的贿赂行为）中获益。甚至更普遍地来说，商业团体或社团也未必能够获益。研究获得的证据表明，腐败给总体商业发展带来的成本在上升。例如，Fisman 和 Svensson（1999）发现，在乌干达，行政腐败降低了公司的投资和增长意愿。Hellman、Jones 和 Kaufmann（2000）发现，在那些“大型”腐败比较盛行的转型经济体中，企业部门的增长和投资效率都很低，财产权的安全性也受到了侵害。

腐败妨碍了企业富有活力地发展，尤其是影响了小型公司和新公司的发展。对转型经济体的 3000 家企业进行分析可得，较新的和较小的公司一般会承受贿赂“税”的大头（Hellman、Jones 和 Kaufmann，2003）。因此，小公司要想减少贿赂，就得支付比它们规模大的竞争对手还要高得多的税。

对转型经济体的这一研究还为政治影响、大型腐败（更具体地说，指国家控制），以及企业绩效之间的关系提供了更深入的认识。一项调查显示，在前苏联的许多国家，“购买”议会立法、总统行政令和在中央银行的影响力的公司（包括许多有外国直接投资的公司）在短期内确实可以获利（从收入和公司自身投资来看）。但正如我们前面说过的，它们的行为给企业部门中的其他企业的发展带来了巨大的间接成本。这些发现表明，尽管进行国家控制的单个企业有可能获利，然而这一大型腐败的模式给整个企业发展带来了一种特别有害的社会成本。

## 腐败的成因

对腐败的成因进行实证研究还是相当新的课题。然而，越来越多的证据表明某些因素是很重要的。已有的研究结果支持这样一种认识，即腐败是社会制度深层次羸弱的表现。

### 政治权利和公民自由的缺失

政治权利包括民主选举、立法机构和反对党的存在，而公民自由包括获得自由、独立的媒体的权利以及集会自由、言论自由，这两者均与腐败负相关。由于公民自由和出版自由被视为四大指标中发言权和负责度的一个要素，图 6.5 通过展示腐败控制与发言权和负责度之间的高度正相关性，间接证明了我们之前提及的负相关。此外，转型经济体的企业调查数据表明，公司利益集团对国家政策和法律的控制是与完全公民自由的缺失相关联的（Hellman、Jones 和 Kaufmann，2000）。世界范围内的经验数据也显示，妇女的参与，不管是以议会代表形式还是以社会权利来衡量，确实能通过政治权利提升来实现腐败控制。放松集权，如财政的非集权化（Collier，1999；Fisman 和 Gatti，2000），在适当的情况下，也可以有助于控制腐败。另外，还有证据也表明腐败与法治之间存在着重要的相关性。

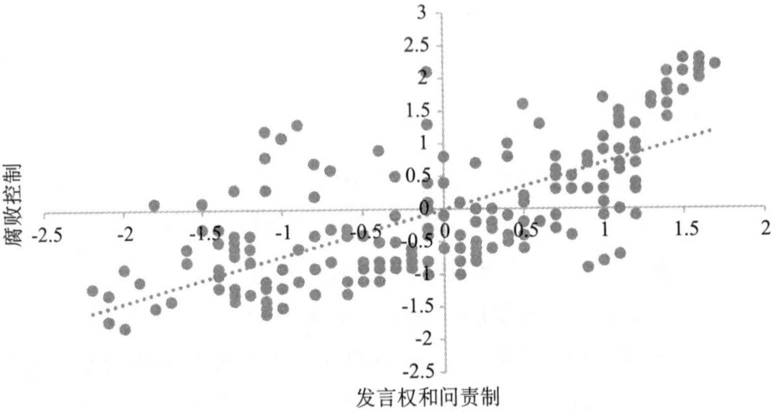


**图 6.5　腐败控制与发言权和问责制**

资料来源：世界银行，《2014 年全球治理指标》。

注：每一个描绘出的观察数据（点）代表 195 个国家之一的一个组合指标，为 2005 年到 2014 年的平均数据。在所有的图中，纵坐标代表腐败的控制，而横坐标分别代表发言权和问责制、政府有效性、监管质量和法治。

## 公共财政与监管

如果一个国家经济中的国有化比例较高，商业管制和税收过重，实施规章时主观随意，并且限制贸易，那么这样的国家的腐败程度也较高。垄断化的经济也趋向于出现更多的腐败。

## 公务员

公务员的职业化，包括培训、雇用和提升制度，也与较少的腐败相关。与传统看法相反，公务员薪金变化所起作用通常是模糊不清的。政府公职部门较高的薪金本身并不能令腐败大幅度减少。在许多情况下，个别较高级别的政客或政府官员往往带来危害最大的腐败。某些国家将部分主要公务人员的薪金提高，这也许是正当的，但如果没有辅助性措施，也不大可能产生效果。在辅助性措施中，最有利于减少政府职能机构腐败的是将精英人才引入机构内的雇佣、提升和解雇中。考虑政府和监管有效性是公务员素质的两个重要因素，图 6.6 描绘了这两个因素与腐败控制之间的关系，显示了更少的腐败能够使公务员更职业化。

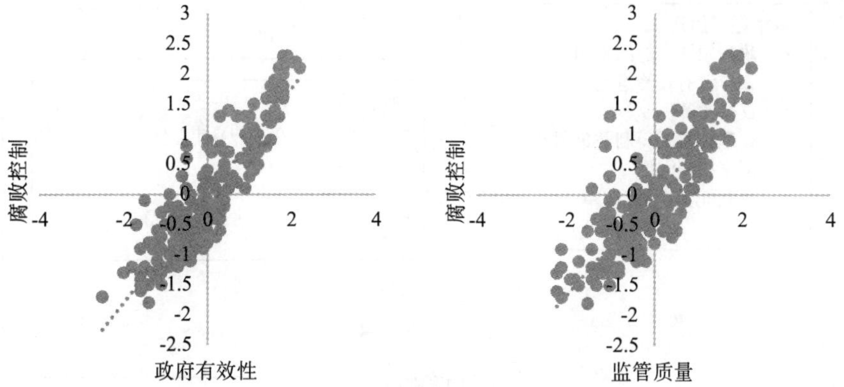


**图 6.6　腐败控制与公务员**

资料来源：世界银行，《2014 年全球治理指标》。

注：每一个描绘出的观察数据（点）代表 195 个国家之一的一个组合指标，为 2005 年到 2014 年的平均数据。在所有的图中，纵坐标代表腐败的控制，而横坐标分别代表发言权与负责度、政府有效性、监管质量和法治。

## 多层面的反腐败战略

既然已经知道了良好的治理结构与腐败的主要决定因素，那么什么样的治理方案会起作用呢?[4]治理结构的改善需要社会中有一套制衡体系，它能限制任意行为以及政客和官僚对腐败控制的干扰，强化人们的发言权和参与权，削弱公司精英进行控制干预的动力，从而促进法治的实现。此外，正在进行的对国家控制的研究重点强调了可通过促进竞争性市场经济和积极的公民社会来对“精英”公司部门加以制衡。建立一个由骨干人才领导的、以服务为导向的公共政府是这一战略的另一个显著特点。

## 关键性改革

图 6.7 综合说明了改善治理结构、打击腐败的关键改革战略。然而，正如怎样针对每一个国家的具体实际情况来详细安排和调整战略是很艰难的一样，如何对这些改革加以综合实施并对先后次序做出准确安排，以使其能够有效地打击腐败，也是一项极大的挑战。例如，一个受到公司精英控制影响的国家与一个主要由于政治结构或者官僚体制而导致治理结构不良的国家，两者需要有不同的战略。因此，与治理结构改革有关的具体问题将集中于在何种政治条件下进行何种改变是可行的，以及如何确定在每一个国家的政治、公民社会和公司的实际情况下改革的优先顺序。

*竞争和准入*。在某些转型和发展中国家，大型腐败的来源之一是经济权利过于集中在垄断者之手，而这些垄断者又利用其对政府的政治影响力来谋取私利。这一问题在自然资源丰富的国家尤其明显，如那些石油、天然气和铝的垄断者运用其巨大的经济和政治权力，形成了不同种类的腐败：逃税，不透明的海外账户，购买许可证和执照，收买选票和政令来限制进入和竞争。通过取消垄断化、放松管制、便捷的进入和

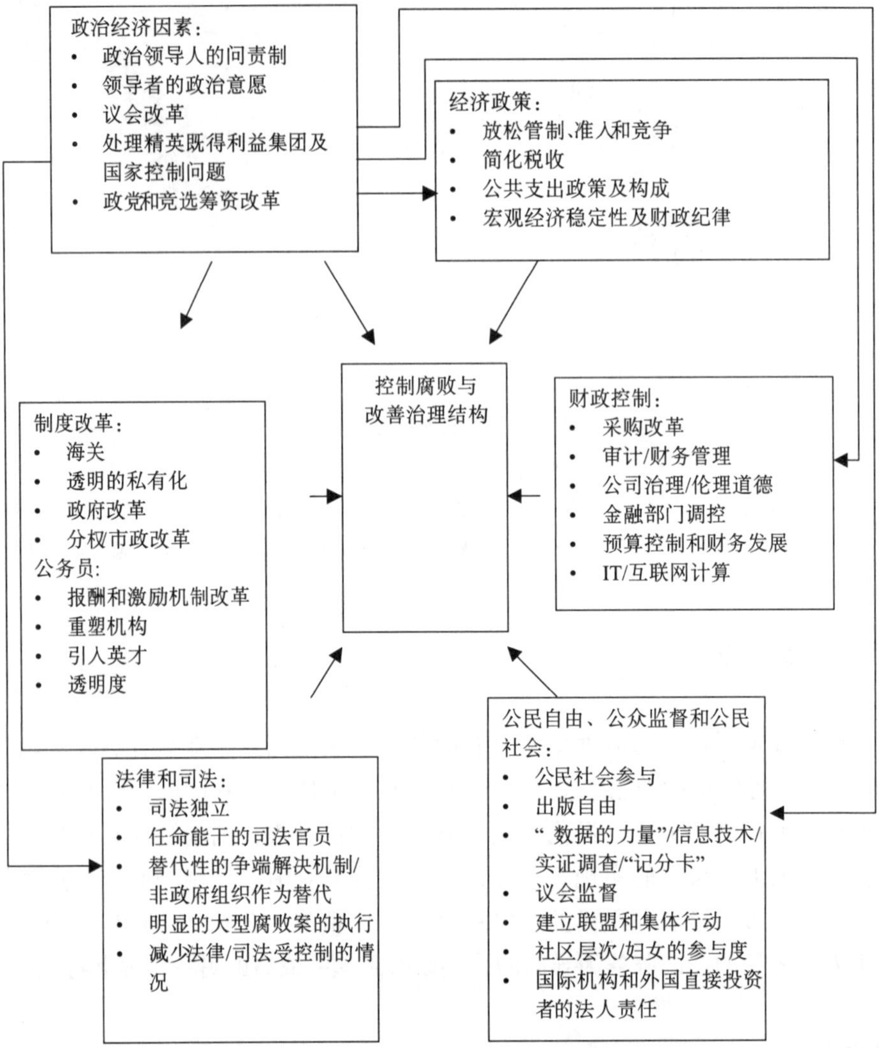


**图 6.7　遏制腐败与改善治理结构的战略：认识政治经济因素**

退出（通过资产清算和有效的破产程序）以促进竞争是至关重要的。

政治领导的问责制。许多国家都采取了措施，通过让政治领导及高级官员公开披露信息，使自己的行为、财务状况、收入和资产透明化，从而达到对他们的制衡，促使其致力于良好的治理结构及打击腐败。几个治理有效的国家采取了以下几项措施：

- 议会投票情况公开
- 废除无条件的议员豁免权
- 公开披露政党资金来源和数目
- 公开披露高级公共官员及其主要亲属的收入和资产
- 公共官员间利益冲突时的管理措施
- 对揭露滥用公共职权者的公共官员的人身和就业安全进行保护（告发者条例）

由精英领导的、以服务为导向的公共政府。在招募及晋升时，以成绩而不是以政治庇护或意识形态归属为依据，因为成绩与政府效率和控制腐败都是正相关的。在这一领域进行的改革包括建立独立的、职业化的、有着制衡机制的机构（如公务员招募委员会），并引入全方位的业绩管理制度，将收入和晋升与业绩相联系。在马来西亚和泰国，这些措施使其招募并留下了更多的职业化管理人才，提高了行政服务的有效性。此外，津贴和非现金收入往往需要简单化、货币化和透明化。要注意避免将大规模提高工资当作万能药。

公共支出管理的透明度和问责。[5]确保公共支出的分配和使用的问责的基本体系是良好的治理结构的根本支柱。公共支出管理的问责需要以下几个因素：(1) 全面的预算及磋商性的预算制定程序；(2) 公共支出使用方面的透明度；(3) 竞争性公共采购；(4) 独立的外部审计。

第一，预算必须全面涵盖政府的各项活动。许多国家面临预算透明的问题，其预算的主要部分未通过财政体系，导致出现了大量的预算外资金，并且没有有效的支出控制体系。几个转型国家，如匈牙利、拉脱维亚，通过全面的财政改革计划，已经在这些问题的处理上取得了进展。

第二，公开披露非常重要。许多工业大国（如澳大利亚和英国）会出版公共支出战略性框架文件，这既是阐明战略选择的主要工具，又是增强年度预算的政策和产出目标透明度的一个手段。最近，博茨瓦纳致力于引进中期支出框架，作为说明战略选择、建立对公共支出负责的目标。

第三，透明和竞争性的公共采购对建立廉洁政府至关重要。要减少腐败，就要在主要的合同招标方面严守纪律，坚持透明度和竞争性，最大限度地接受公众监督和审查。信息技术革命正是这一过程的催化剂。实际上，为使政府采购程序更有效率，并防止腐败，近期三个拉丁美洲国家（阿根廷、智利和墨西哥）采用了电子政府采购系统。所有的采购通知及其结果都放在公众可登录的网站上。与积极的外部监督相关的其他重要创新也在进行中。在推进大规模采购项目的公众发言权（如布宜诺斯艾利斯的地铁系统）及制定透明的招标过程本身（如透明国际之类的非政府组织所创新的）等方面，非政府组织正对这些游戏规则的制定起着越来越大的作用。世界银行也一贯致力于追踪曾参与不良项目采购的公司。例如，公众能在世界银行的网站上获得因曾参与腐败性采购而被禁止参加世界银行资助项目招标的公司名单。

第四，建立独立的外部审计制度很重要。几个转型和新兴经济体，如捷克和波兰，已经建立了最高级的审计机构，它是真正独立的，并对公共财政管理体系有建设性影响。在捷克，在最高级审计机构和相关的机构负责人的共同管理下，审计报告需经过公开公布、提交议会、内阁讨论，同时还应该提出恰当的修正措施的行动计划建议这几个过程。

促进法治。按照《新帕尔格雷夫经济学和法学词典》的解释，法治是相对于社会中强权角色的统治来定义的。这可以帮我们概括许多国家面临的挑战，即强权政客、领导人、精英利益集团或者寡头常影响着议会、司法和诸如警察之类的执法机构的实际运作。这些国家通常有着足够的法律条例，但却不能有效地贯彻和执行。在某些国家，这些法律是被精英利益集团所牢牢控制的。世界范围内的大量数据（图 6.1 中所综合的）表明，在前苏联和非洲及拉丁美洲一些国家，存在法治危机。图 6.8 显示了法治指标存在着巨大的区域差别，这些差别与不同区域的发展水平相关联。

司法和法律机构中的不良治理问题并不仅仅来自于公共部门。在一些国家，精英公司利益集团也会施加压力，导致腐败，这与最近经济转型国家的企业调查数据相吻合。

因此，即使法律机关完全由经过培训的法官和法务人员组成，它们还是可能受政客或腐败的公司集团利益的影响。在这一背景下，公共部门法律机构是治理结构问题的一个内在组成部分，而不能成为解决这个问题的方法的一部分。这就降低了传统建议的价值。传统建议主张通过在公共部门创建机构（如道德办公室和反腐败部门）、制定反腐败法、以科技或其他硬件的形式提供技术援助，或派遣在任法官参加培训或进行“游学”来改善治理结构。要改善治理结构，往往需要创新性的机制，这包括让非政府组织更系统化地参与其中的替代性的争端解决机制和其他替代性的机制安排，如通过媒体来传播的战略，更充分、更透明地利用公共部门内外的数据和信息等。同样重要的是，处理多数国家的立法受控制问题，往往也需要进行议会和政治改革，如公开所有议会投票结果，限制议会成员的豁免权，以及政治性资助的改革等。

## 2005～2014 年全球视角下的治理结构状态

图 6.8 比较了 2005 年和 2014 年前后十年时间的世界银行全球治理结构指标的各区域排名情况。这种比较表明，总体而言，治理结构的质量保持着相对稳定：没有显著改善，也没有急剧恶化，在区域排名上也没有极大的变化。综合考虑治理结构改革过程缓慢的本质，这种对比结果毫不奇怪。这个宏观观察结果的唯一例外是中东和非洲的政治稳定指标有着明显的下降。然而，这也是在情理之中的，因为这个区域的大部分地方都因为恐怖主义和武装冲突而处于越来越不稳定的状态。

## 国内治理结构评估的调查诊断工具

针对具体国家的有关腐败方面数据的收集、分析和传播，正在改变有关腐败和通过集体行动来赋予公民社会权利的政策对话。但严峻的挑战仍然存在，其中包括如何不断完善将调查结果转换为优先改革建议的方法，以及如何让深入观察的分组方法与深入的实证判断调查相辅相成——在国内关键性的治理结构挑战中，将利益相关者都包含入其中。重要的挑战之一包括制定一个有效的战略性实施改革议程。调查数据及其分析完成后，具有政治意愿的国家必须根据本国的实际情况开始难度更高的指标择优的工作，紧接着进行改革，以根除腐败根源。

对于反腐败和改善治理结构的议程来说，另外一个挑战就是使所有政府部门、公

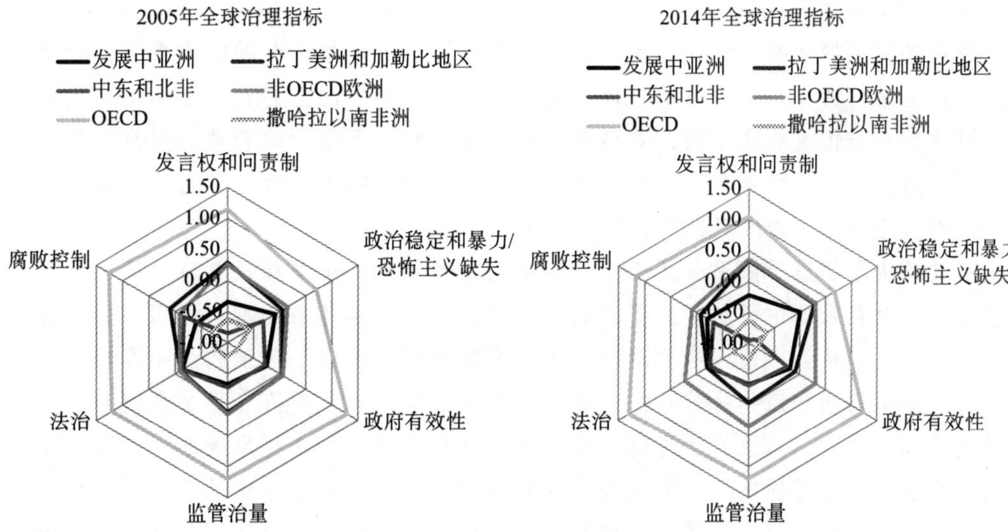


**图 6.8 2005 年和 2014 年全球治理指标**

资料来源：世界银行，《全球治理指标》数据库。

注：以 0 到 90 为衡量度的六维雷达图显示了一个区域在世界所有国家中的百分等级。0 表示最低等级，100 表示最高等级。

民社会和商业界皆广泛参与的改革努力持续下去（专栏 6.1）。在私人部门和非政府组织的相互作用下，通过允许在某些服务方面的私人服务与公共服务相互竞争，政府能达到使改革发挥更大的作用。例如，采用私人形式的替代性争端解决机制来与司法解决方式竞争，或在城市层面让私人部门提供碎片机制收集服务。深入的政策治理和反腐败调查诊断（及其相伴随的数据分析）需要机制化，以便对具体机构的腐败数据统计能够得到监测，并可依此定期采取措施。通过诊断性调查和对治理结构及控制的研究得到大量统计数据并广泛传播，使利益相关者进一步获得加强和支持机制变革的能力。

专栏 6.1 展示了对公共官员进行的一项针对具体机构的深入的诊断调查，该调查的设计和实施形成了一种创新，为致力于效能建设和制度变化项目的国家提供了有形的方法。新的调查工具甚至可以收集到运转最不灵的政府机构行为和具体服务供应情况的详细信息。例如，在考虑运输和其他特殊成本的情况下，对不同医院购买的生理盐水的价格进行比较，可以显示出公立医院是否存在腐败。与其他实证手段一起使用时，这样的诊断性调查可以使政治对话集中于要改革的具体领域，并使公民社会团结地支持改革。

**专栏 6.1　　治理结构和调查诊断工具：实证方法的作用**

对公共官员、公司和公民第一次治理结构和腐败诊断性深度调查是 1998 年在阿尔巴尼亚、格鲁吉亚和拉脱维亚进行的。最近又在其他一些国家进行了这些经过完善和扩展的诊断性调查，新版的诊断调查更广泛地关注各国国内重要机构复杂的治理结构情况，并对当地导致不良治理结构和腐败的主要制度上的决定因素进行评估。与传统看法不同，对公共官员、企业和公民进行的新调查发现，被调查者愿意提供他们所观察到或经历过的不良治理结构的详细情况（而不只是表达他们对如全国范围内的腐败的含糊的看法）。

被调查者揭露了挪用公共资金、盗窃国家财产、行贿以缩短办事时间和获得垄断权以及在采购中行贿等主要活动。例如，1998 年在格鲁吉亚，挪用公共资金和司法腐败被认为严重问题。而那时盗窃国家财产被认为是阿尔巴尼亚要特别注意的问题。采购和海关的贿赂在诊断性调查所设定的大多数情况下是各国面临的共同挑战。例如，司法的软弱被认为是阿尔巴尼亚腐败的主要原因之一，而管制失败在该国的重要性就远不如格鲁吉亚和拉脱维亚。在这些诊断性调查中，他们对以下这些问题都收集了详细的统计数据：企业向不同机构的管制支付贿赂的频率和成本；公共服务提供的缺陷以及其他业绩和有效性指标。诊断工具的其中之一是治理结构层面的多样性，它能有效反映对精英领导、便宜行事权、预算透明度和减少贫困的关注点及影响等要素的深入分析。而对这些统计数据的分析又可成为决定用治理结构改善改革计划时确定优先顺序的重要参考因素。

给官员行政贿赂的很大部分是为了逃避税收、关税和对国家的其他义务。某些贿赂的代价尤其高昂，如给公共官员、立法和司法裁定或公共采购的回扣。调查结果显示，谋取被公共官员认为特别腐败的机构和活动的职位所需成本最高，这表明获得这些公共职位被认为是具有极高个人回报的私人投资。

当这些数据被提交到研讨班，交给企业界成员、主要的市民社会组织及行政和立法机构成员时，有关政策对辩论突然从模糊的、无根据的、个人化的职责转为一个集中关注实证证据和系统性弱点的问题。紧接着，行动计划将被制订出来，制度改革也能开始实施。

资料来源：Kaufinann、Pradhan 和 Ryterman（1998）。有关治理结构和反腐败诊断实施指南的详细情况，见 http：//www. worldbank. org/wbi/govemance。

许多国内的利益相关者可以使用这样的国家自我诊断数据，并可以通过参与性的研讨班进行传播，这将动员起更广泛的支持，建立共识和机制改革的共同行动。

在其他国家，城市一级也进行着类似的改善治理结构方面的努力。例如，在进行诊断性调查后，乌克兰的许多城市采取了具体的措施以改进公共服务的提供，从而提高当地政府的有效性。如今众所周知的公民“记分卡”用户调查由 20 世纪 90 年代初首先在印度的班加罗尔试用，这种调查让公民对当地政府的服务质量进行评估（见专栏 6.2）。在委内瑞拉的坎普艾利亚斯，在一位果敢的女市长的带领下，腐败的发生率下降了一半，正因为她相信治理结构数据的作用而动员人们采取行动（Gonzalez de Asis，2000）。

在动员人们支持改革方面，数据是很有说服力的，但由既得利益集团造成的国家控制和大型腐败的障碍，对这种改革的抵抗也很强。因此，政治领导人、公民社会、私人部门投资者和捐赠者需要推动由诊断带来的认识和变革动力，在推进公民自由和媒体参与的同时，利用并推广统计数据，从而实现更高的负责度和反腐败的实际行动。

## 通过发言权和参与度实现透明公开

有知识和全方位了解情况的公民能抑制腐败。实际上，促使有着更准确、更可靠信息的公民团体获得权利是改革的重要支柱。透明度是公共赋权和发言权的重要组成部分。决策和大型公共计划的执行应该以在制订过程中融入利益相关者的发言权和参与度为基础（有关透明度和治理结构的讨论见专栏6.2）。世界银行的研究表明，在项目设计和实施过程中，受益者参与的程度越高，项目和服务的成效就越大。

**专栏6.2　　提高透明度和问责的机制："发言权"**

包括公民反馈信息在内的对当事人和公民的调查，帮助许多国家改善了公共部门的运作。Sam Paul在印度的班加罗尔率先尝试的记分卡法正是这种方法的体现。它让公民定期对当地市政府进行评估，并报告公共服务、贿赂和敲诈勒索的情况。有证据表明，班加罗尔的公共服务机构采取了相应的具体措施来改善服务。

在阿根廷的门多萨，公民参与并制定了有关公共采购透明化的规章。世界上许多地方的政府也采用了类似的公民参与性做法。作为开创性的由公民参与的预算计划的一部分，巴西阿雷格里港举行了全体市民大会来讨论教育、健康、交通发展、税收、城市组织和发展等支出的优先顺序。大会选择出参加全市性的预算委员会的成员，该委员会有权决定该市的投资计划。最初的预算支出情况表明，他们铺设了更多的道路，在小学和中学就读的学生人数也增加了一倍。

发言权和提高透明度的改革越来越多地通过互联网革命得到进一步推进，涉及领域也不仅限于前面提到的政府采购。去年，智利通过互联网报税的人在纳税人口中所占的比例从5%上升到30%。此外，最新的统计、计算和互联网技术的结合，也促进了政治选举中可靠性的提高。最近在阿根廷、智利和墨西哥进行的极为高效、准确和迅速的选举计票方法，与其他许多国家的选举形成了鲜明的对比。

## 公民自由非常重要

在本章前面各节中，我们指出了政治问责（公民自由和出版自由）和腐败控制、国家控制之间的密切关系（图6.4和图6.5）。但是，公民自由和政治自由的至高无上的重要性并不仅限于其减少腐败的价值，或只是发展成果中的一种"投入"：它自身就是一种提高福利的基本品。与此同时，作为一种投入，评估公民自由对发展和金融成功的重要性也是与援助团体内部提高受托责任以使援助有效的讨论相关的。

来自世界银行资助的1500多个项目的证据表明，公民自由和公民参与度对发展成果有很重要的影响。研究者主要评估了参与度变量和公民自由变量对项目业绩的影响，发现公民自由对项目的回报率有一致的、统计上显著的、实证上的很大的影响。如果一国能将其公民自由度从最差提高到最好，项目的经济回报率会增加22.5个百分点（表6.2），当然这也取决于使用什么样的公民自由度指标。由于这些公民自由度指标使用的衡量方式各不相同，更标准的比较方法是，计算如果每一组指标提高一个标准偏差，经济回报率会相应增加多少。在表6.2的最后一栏，我们可以看到，这样的结果是统计显著的，这反映出公民的发言权对政府绩效的影响。此外，《援助评估》报告（*Assessing Aid*，World Bank，1998）发现，尽管公民自由和民主选举对政府绩效都有益处，但影响的主要渠道似乎还在于能否获得公民自由。

**表6.2　公民自由对项目的社会经济回报率的影响**

| 公民自由度变量 | 对因变量的说明 | | | | 公民自由度增加一个标准偏差对经济回报率的影响 |
|---|---|---|---|---|---|
| | 仅包括外生控制变量 | 仅包括区域虚拟变量 | 仅包括政策变量 | 包括区域虚拟变量和政策变量 | |
| 自由之家公民自由度指标（1978～1987年）（N=649） | 1.81<br>(0.0005) | 1.16<br>(0.079) | 1.71<br>(0.002) | 1.07<br>(0.114) | 1.57 |
| Humana公民自由度指标（1982～1985年）（N=236） | 0.290<br>(0.003) | 0.299<br>(0.007) | 0.296<br>(0.002) | 0.289<br>(0.013) | 5.19 |
| 媒体多元主义（1983～1987年）（N=448） | 4.61<br>(0.0001) | 4.45<br>(0.002) | 3.66<br>(0.001) | 3.43<br>(0.026) | 3.12 |
| 自由组织权（1983～1987年）（N=448） | 3.17<br>(0.0001) | 1.81<br>(0.184) | 2.41<br>(0.006) | -0.26<br>(0.854) | 2.70 |

资料来源：Isham、Kaufmannm和Pritchett（1997）。

注：括号中是标准差。项目的平均经济回报率在12%～16%之间。N=观察值数量。

在印度的拉贾斯坦，一个名为MKSS（Mazdoor Kisan Shakti Sanghathan）的民间组织举行了一场公开听证会，揭露了地方政府滥用本应拨给当地工人的发展资金，促使村民要求对地方政府进行更深入的调查。由于受到公众和媒体监督，地方政府被迫屈服，腐败因此减少。拉贾斯坦的政府最终承认了人们获得官方文件的权利，并制定了里程碑式的立法（Bhatia和Dreze，1998）（见专栏6.3）。

**专栏6.3　数百万“审计官”正在提高预算账户及其他方面的透明度，改善治理结构**

透明意味着使千千万万的公民成为社会中的审计官，使其能对自由的媒体发表意见。这将使有关私人投资者对贷款的使用、借款者的信用程度、政府服务提供情况、货币、财政政策和国际机构的活动等可靠的经济、社会和政治信息及时传播。相比之下，透明度的缺失意味着诸如政府机构的部长或公共机构、公司或银行之类的个别人或私人机构可以蓄意阻止信息的获取或歪曲事实。

总体而言，受限于透明度的缺乏，管理者与被管理者之间的信息不对称，增加了腐败的程度。腐败影响公共管理的几乎所有主要领域：作为筹措公共资金手段的税收征管及作为提供公共产品手段的收入分配。公共管制作为减少市场，尤其是资本市场信息失效的手段也将大大受限。最近对金融危机案例的实证研究显示，当透明度缺乏时，发生这类危机的可能性将大得多。前面所讨论的对一国国内公共机构治理结构的深入调查也表明，信息流动较为透明的机构，腐败较少发生，治理结构和总体绩效较好。

政府和公民团体可以通过调查和数据收集，用更系统化的方式来获得公民的意见。针对当事人调查可以反映公民在获得政府服务方面的经历，更直接地获得改善绩效的建议。后续调查可用于确保问责及保证改变是朝人们希望的方向进行的。

提供并广泛传播数据是动员公民社会和对政治结构施压的强有力的工具。例如，简要说明有关腐败发现的对照性图表，有助于动员原本沉默、分散的市民群体，并使他们获得发言权。

## 建立社会契约以促进公民社会的监督和参与

公民社会对公共部门的决策和运作进行监督和参与是打击腐败和改善治理结构的重要工具和制约手段。这包括使国家保持对公众的透明度，保证公民发挥积极的作用。有几个经合组织国家是透明度改革方面的先驱，然而对更多转型和新兴经济体的公共部门文化的决定还是相对私密的。议会的投票结果往往不公开，不能确保公众能及时获得政府信息，司法裁定也通常都不让公众知晓。此外，尽管其公民社会在发展，政府一般不允许非政府组织参与并监督其决策过程或运作。媒体的所有权集中化以及最近对自由报道的限制，更削弱了通过媒体监督政府对公众负责程度的这一渠道。

因此，要使治理理念向透明的方向发展，就要在公共部门的决策方式上进行根本性的改革。已在国际上被证明为有效的透明度改革手段有以下几种：

- 确保公众获得政府信息的权利（信息自由）
- 某些类型的政府会议需要向公众公开
- 对法律草案、法令、规章和法律进行公开听证和公民表决

- 公示司法和立法决定并进行登记
- 禁止新闻审查，阻止官员用诽谤和诬蔑作为手段来恐吓记者，鼓励媒体所有权的多元化，确保出版自由
- 让公民社会在诸如反腐败和大规模公共采购招标等领域对政府的运作进行监督
- 利用新型互联网网络工具来促进透明度、信息披露、公众参与和信息传播

由此可见，公民社会的作用在不断扩大。由于它在建立联盟和集体行动方面的潜力，这也为那些想确立国家信用的政治领导人创造了一个机会。例如，在许多国家由世界银行援助的新的活动项目中都包括这样一部分内容，即支持公民社会、媒体、专家、私人部门以及行政和立法机构中的改革者在制定治理结构和反腐败改革计划上相互协作。让公民社会中重要的利益相关者参与这一过程能激发参与改革、使改革持续的动力，并能建立社会信任，就像东欧、非洲和拉丁美洲某些国家正在发生的情况一样。

## 结论

对治理结构的理解需要结合更广泛的背景，而不是只关注腐败问题。腐败是更为根本的制度羸弱的重要表现。对治理结构和腐败要进行严格分解，解析性地、实证性地加以理解。不良的治理结构会扭曲决策和生产要素的分配，从而使收入和福利的增长变慢，并增加贫困。过去许多失败的效能建设方法都未对以下几点给予足够的重视：培养良好的治理结构，控制腐败，改善官僚和行政机构的服务，促进公民自由和参与性的方法，理解国家控制的原因和后果，或加深有关制度建设的政治经济学知识。

2005 年以来，治理结构全景（由世界银行的全球治理结构指标衡量）始终保持相对稳定。排名相对较低的亚洲发展中国家和撒哈拉以南非洲国家需要继续将治理结构的中心战场放在效能建设和提出有效的制度改革战略上。大众需要加强对公司部门（既包括国内，也包括外国直接投资）这样的不同影响力集团利益的理解，要认识到体制内刺激、预防和长期变迁等挑战对治理结构的根本影响，这至少应与传统的执法层面一样受到同等重要的关注。

改善治理结构对经济增长的质量有着重要的影响，尤其是在政府应对不均衡发展和环境退化的能力方面。改善治理结构应被视为整合三个主要部分的过程：（1）知识，有严密的数据和实证分析，包括国内治理结构诊断和透明的传播，以及对最新信息技术工具的使用；（2）在政治、公民社会和国际领域的领导地位；（3）通过系统化的参与和培养社会中主要利益相关者共识的方法来采取集体行动（技术革命在这方面也能提供帮助）。集体责任也意味着跨国公司、国内私人部门和国际机构需要与有意愿改善治理结构的中央政府领导者进行合作。

有证据表明，需要更综合、更全面的方法来提供成功发展所需的环境。预算和公共投资项目等经济机构和政策措施是很重要的，与之相互作用的公民自由和参与度也

是很重要的。这更证明了需要有一种将经济、制度、法律和参与性变量联系在一起的更全面的发展方法。

参与度和发言权对提高透明度至关重要，它们提供了必要的制衡，并能降低精英利益集团对国家的控制。但将基本经济政策写在纸上是远远不够的，人们还必须认识到现存的政治经济力量的作用。这些力量因不同国家而异。在某些国家，改善治理结构和控制腐败必须通过进行法律、制度和采购方面的改革。而在其他一些受公司精英控制、改革政治意愿很弱的国家，公民社会的监督、企业的竞争以及致力于改善财产权的保护可能更加重要。

为加强对减少贫困的关注，建议采取以下的协作方法，即对一国国内面临的治理结构挑战进行严谨的实证性整合，鼓励所有关键的利益相关者积极参与，使其符合该国自身的实际发展情况，并得到该国领导人的支持。这样一种协作的方法可能会取得成效。

## 注释

1. 本章是由 Daniel Kaufmann 写于 2000 年，由亚洲开发银行的 Hans van Rijn 在 2016 年进行更新并修改，并得到了乔治·华盛顿大学的张骊菲（Lifei Zhang）的协助。亚洲开发银行的 Josephine Jacinto - Aquino 准备了图 6. 8。

2. 衡量治理结构的不同侧面的各项指标都是序数性的，即它们都有定性的或主观的成分。但这些数据仍然是有意义的。首先，对治理结构的某些方面来说，只有这种数据是能获得的（现在已经能将“噪音”和“信号”分开）。基本上是由于定义的原因，直到现在，基本不可能系统地获得硬数据（数量式—基数式的数据）。治理结构的很少几个方面具有这类基数数据，同时存在着大量的误差以及/或方法上的问题。其次，对治理结构的许多方面来说，调查的结果（即使其中包含着主观认识的因素）与官方数据至少是一样重要的。例如，如果一国的商业部门将司法系统视为政府的一部分，并避免求助于法庭，那么它们就会在投资决定方面犹豫不决。

3. 经济学方法论及其实证性应用表明，治理结构变量确实因果式地影响着诸如婴儿死亡率、识字率和人均收入等不同的社会经济变量。但是，在确定治理结构变量相互合作并对社会经济结果产生重大影响的前提下，做到区别每一个治理结构分指标对发展变量单独的因果联系也很重要。例如，由于治理结构的不同分指标的多重共线性，投票权对婴儿死亡率的可观测的影响就可能因其他替代指标的变化（如腐败或法治等）而上升。

4. 这一节的很大一部分得益于与 Sanjay Pradhan、Randi Ryterman 和公共部门研究小组（Public Sector Group）的合作研究。另见于 World Bank（2000b）。

5. 这一节中有关公共支出管理的部分，我们从 Allistair Moon、Sanjay Pradhan 和 Gary Reid 的研究中受益颇多。

# 第7章

# 抓住变革的机遇

“我们必须创造性地利用时间，并且永远认识到：做正确的事，时机总是成熟的。”

——纳尔逊·曼德拉，《希望之上：纳尔逊·曼德拉官方传记》

自从2000年《增长的质量》第一版问世以来，全球经济和发展发生了巨大的变化。世界从2008年金融危机和衰退中缓慢复苏，好光景似乎还未出现。对于全球经济来说，避免“长期停滞”依然是一个焦点议题（Summers，2014）。

新兴市场和发展中经济体依然在主导全球增长。亚洲开发银行预计，2016年和2017年亚洲的发展中经济体平均增长5.7%（ADB，2016）。这当然远远低于金融危机之前近30年两位数的强劲增长，但这种增长是以环境退化为高昂代价的，这也充分说明了为何增长的数量和质量同样重要。

进入新世纪以来，发展领域也发生了变化。对环境可持续和包容性增长的需求，现在成为一个优先的发展目标，并出现在许多政府的国家计划之中。因此，这个大幅更新的全新版本的中心主题——增长的数量和质量同样重要，且相互依赖，共同维持稳定、持久和环境可持续的增长——与当今迅速变化的经济和发展环境更为相关。

我们将增长的质量定义为经济扩张的一种类型，这种经济扩张尤其注重减少极端贫困，缩小结构性不平等，保护环境，并维持增长本身。正如国际货币基金组织在2016年年初警告的，持续低增长可能会对许多国家的政治和社会结构造成破坏性的影响（IMF，2016）。

自《增长的质量》第一版出版以来，越来越多的文献对扭曲的收入分配的后果、原因和对社会凝聚力的影响进行了更深入的研究。尤其是近期的两部著作——托马斯·皮凯蒂（Thomas Piketty）的《21世纪资本论》和布兰科·米拉诺维奇（Branko Milanovic）2010年出版的《富与贫：全球贫富差距简史》，其影响已远远超出了学术研究圈。不仅发展中国家的收入差距在扩大，发达国家同样不能幸免，如美国和英国。

创造经济增长仍然是减少贫困和改善人民经济福利的主要途径。通过将注意力集中于增长的数量来实现这些目标，特别是减贫目标，在眼下这个不确定的时刻可能是诱人的。然而，我们认为这将是错误的经济学：数量驱动的增长将对环境造成灾难性的影响，并可能进一步扩大收入差距。无论如何，要实现可持续发展目标所要求的发展成果，特别是在消除极端贫困方面，所需要的不仅是增长本身。2000年世界银行关于贫困与增长的一项重要研究（World Bank，2000）发表后，这一问题引发了一场激烈辩论，这也是写作本书的动机。

该研究认为，增长的数量和质量对于确保稳定、持久增长和发展进步同样重要。《经济学人》（2000a）批判性地指出，增长最快的发展中国家在减少贫困方面做得最好，而对质量的关注反而会干扰对数量的追求。作为回应（Economist，2000b），研究团队的领导，同时也是本书作者之一的Vinod Thomas强调数量与质量之间的双向联系，并以各国的经验表明，福利的改善不仅取决于更多的增长，而且取决于更好的增长。这仍然是本书第二版的关键信息。

在本书中，我们重温了近几十年的发展经验。我们观察到，随着繁荣的扩大和许多社会成员生活质量的提高，对另外一些人而言，贫困依然顽固地持续存在，甚至有所恶化。事实上，尽管自20世纪80年代以来，减贫方面收效显著，但根据2012年的估计，全球依然有近9亿人生活在极端贫困中，这个数字仍然是极高的（World Bank，2016）。

人口压力加大，受教育机会少以及自然资源的退化，使贫困人口越来越容易受到增长波动的影响。在2000年到2010年间，发展中经济体（包括转型经济体）的人口预计从50亿增长到了60亿。按照惯例，发展中国家（不包括中国）生活在贫困线以下的人口可能增加约1.3亿。本书讨论了改善未来情况的方法。

## 数量与质量的政治经济学

各经济体的不同经验表明，强调质量是至关重要的，原因有三。首先，通过对教育和医疗更平等的分配以及环境的改善，质量方面的改善能直接促进福利。增长和质量具有双向联系，需要同时关注。

其次，对质量加以重视，增长的速度就会较少波动，并更可持续。在增长率随时间推移大幅度波动的情况下，贫困人口尤其会遭受到不利影响。再次，专注于质量的经济体能较好地处理棘手的局面。为了促进增长，经济体往往面临补贴实物资本或过度使用自然资本的诱惑，这是本书所提及的一种权衡取舍。在这种以及类似的情况下，关注于增长的质量方面有助于权衡利弊。

许多主流政策强调首先稳定宏观经济和实现自由化。同时，质量方面的行动被推迟，如教育的分配和自然资本的可持续利用。这里提出的证据表明了这种方法的根本局限性和采取联合行动的好处。

改革者有时候会发现，当既得利益集团和对自由化的反对沉寂下来时，必须利用自由化的机会。质量方面是否也得到优先考虑还取决于其他条件，包括民主制度的扩大。在日益成熟和参与性提高的环境下，一个国家不会想把增长质量方面的重要问题推迟到要付出几倍代价的时候再解决。

有时候，即使在质量方面的重要性明确的情况下，政治上的困难也会阻碍其进展。利益集团会在政策设计与实施之间插上一手。政治家和精英可能沆瀣一气，扭曲公共资源的配置，以回报实物资本的所有者。例如免税期、对基础设施的隐性担保、垄断权及对自然资源的轻易获取，这些通常有利于富人，而有害于贫困人口。

对改革的政治经济学的探索不如增长的其他方面多，是一个难以评价的领域。不过有些新举措看来无疑是有价值的。促进受益人的参与、鼓励国家掌握改革计划、扩大贫困人口的政治代表权就是一个良好的开端。

## 框架与主题

人力资本、自然资本和实物资本资产是一国经济增长和福利改善的主要资源。这些资产的分配、增长和生产率在很大程度上决定了人们的收入和福利。除了实物资本外，贫困人口还依赖于人力资本和自然资本，因此这些资产的积累和生产率对于贫困有着强烈的影响。调查表明，“贫困人口很少提到收入，他们更看重对实物、人力、社会和环境资产的管理，以应对其脆弱处境”（Narayan 等，2000）。

建立在相对未扭曲的（或平衡的）积累上的增长才可能较少波动，并在长期内可持续。第 2 章中各国的证据证明了这个论点。首先，一系列实证研究表明，结构性改革有助于加速增长；然而，这种增长（在许多情况下）是建立在实物资本积累急剧增加，而人力和自然资本投资滞后的基础上的。

其次，有证据表明，在特定的人力资本和自然资本水平下，随着实物资本存量的增加，经济增长率下降；而人力资本的积累，通过普及教育和医疗保健，可以阻止这种下降。再次，对于 70 个发展中国家的计量经济学分析证实了此前关于资本积累的研究结果。分析表明，当自然资本也被视为生产要素时，人力资本可以在某种程度上替代自然资本，并减少对作为增长源泉的自然资本的依赖。

本书第二版的一项重要增订是通过构建 1994 ~ 1998 年和 2010 ~ 2014 年两个时期的人类发展和环境可持续性指标，从增长的质量方面对发展进程进行评估。与我们 2000 年的一项类似研究的结果一致，我们发现，经济增长与福祉的多种属性正相关，但一些增长模式相较于其他模式能够更有效地减少贫困。而有的增长模式会导致自然资源的过度开发和环境退化。

## 改善机会的分配

为了使增长有效地减轻贫困，就需要增加贫困人口的资产，其中人力资本是主要的一项。然而，受教育的不平等是惊人的。如果能力在整个人口中正态分布，不论他们是穷是富，那么接受基本教育和工作的不平等将是社会最大的福利损失之一。当教育质量低下，受教育机会严重不平等时，贫困人口受到教育不足的伤害最大。对贫困人口的人力资本投资不足可以归因于财富差距、性别差距、市场失灵和政策扭曲。

另外，许多国家没有充分关注对基础教育的公共投资。为了提高公共开支的效率，资源再分配需要向基础教育倾斜。包括高等教育在内的各级教育都需要受益于私人投资及政府和社会资本合作。分散决策权和由社区管理的学校为改善教育结果带来了极大希望。然而，为使贫困人口从教育中获取更大的生产力，他们需要在开放和竞争性的市场中得到土地、股权资本、培训和工作机会。

### 维持自然资本

不管是在低增长还是高增长经济体，除了在获得洁净水和卫生设施方面取得引人瞩目的进步外，自然资本质量的几个指标都趋于恶化。基于占该区域人口40%的20个国家的样本，对于发展中国家来说，自然资本（森林、能源和矿产）的消耗和二氧化碳排放造成的危害估计占到一国国内生产总值的3%～10%（World Bank 和 IMF, 2014）。自然资本的这种退化带来了当前的高额成本，并使未来增长的前景黯淡。更快的增长可能将更多的资源用来投资自然资本积累，但是需要采取行动以确保增长进程的质量。因此，先增长后治理的方法需要让位于与增长政策相结合的环境政策。

本书列举了兼顾刺激增长和保护自然资本的一些成功举措。这些措施通常涉及选择性的国家干预，其重心是与当地社区和私人部门的合作。通过国际合作，包括建立为全球外部性提供补偿的转移支付机制，全球和国家层面的问题可以同时解决。因此，高质量的增长不会造成大气、森林、河流或自然资本的其他任何方面的普遍退化，对这种增长的追求是可能的，也是可取的。

### 有质量的增长的财政政策

越来越多的证据支持这一观点，即政府支出的构成以及制度和治理结构的设置，对增长的质量方面十分重要。财政政策是能够同时影响增长的数量和质量的少数工具之一，但它也是一个具有争议的经济政策领域，深受植根于一国社会政治环境的各种因素的影响。

在本书第二版新增加的新材料中，我们经实证研究，结合增长质量的三个重要方面——贫困、分配和环境——与其强有力的政策决定因素之一：公共支出和税收的组成，综合得出了结论。

资源约束的全球趋势越来越强调与这些质量层面相伴随的增长。我们的研究结果证实，政府在公共物品上的支出与更高及更好的增长有着广泛的联系。增加公共物品的边际支出通常与加速增长、减少贫困和改善空气质量相关。但要想这样做，而不提高整体政府支出并引发宏观经济的不稳定，对公共物品的额外支出就需要通过重新分配政府支出来满足，这就需要削减那些刺激过度资源消耗的对私人物品的补贴。

财政政策与环境绩效的相关研究是稀缺的，但其数量正在增加。我们的研究指向了一个特别棘手、需要各种权衡的领域，它涉及增长和环境退化的速度，这种权衡源自增长速度和环境质量之间明显的负相关。然而，我们的研究结果表明，正确的财政政策——更多的公共物品支出——可以帮助缓解这种权衡带来的苦恼。

## 改善治理与反腐败

公共产品对于实现平衡、持续的增长以及减少贫困至关重要，而政府在提供公共产品方面具有关键的作用。但是，政府还需要有效、精简的监管制度，以解决外部性和市场失灵。

治理不当和腐败扭曲了政策制定和关键生产要素的配置，后果是收入和福利增长缓慢、贫困加剧。由于没有充分关注促进良好的治理和公民自由、制约腐败、改进官僚机构、建构制度能力，许多发展项目和投资都失败了。

相关各方的参与，关注民众和有竞争力企业的呼声，政府的问责制和透明度，这些对于制约腐败、改善治理都是生死攸关的。联盟建设的新方法，最新的治理和腐败调查方法与分析传播新技术的结合，这些在有些国家正在产生鼓舞人心的结果。由这样一个参与性的共识建立过程所产生的集体行动，伴随着信息披露、透明度和知识的力量以及能力构建，可以培养政治意愿与技术能力，以解决治理不善，使制度建设得以持续。

## 确保质量的行动

刚刚讨论的新主题有助于明确决定增长过程质量的四个方面：机会的分配、环境的可持续性、全球风险的管理以及治理结构（专栏 7.1）。这些因素直接影响发展，并与增长有双向关系：通过增加增长对福利的影响，它们有助于使增长更可持续，并能解决增长与可持续性之间可能的冲突。

**专栏 7.1　　为提高质量而采取行动**

确保增长质量的政策含义是什么？本书提出了几个方面，可以将其归纳为三项原则。

### 有利于实物、人力和自然资本非扭曲增长的政策

- 避免对资本直接或间接的补贴，如税收减免、分配垄断权力和补贴、滋生腐败的特权以及对收益率的隐性担保。
- 有效地进行人力资本投资，并通过激励和对教育公共投资的配置，确保贫困人口从中获益。
- 通过明确产权，避免不切实际的低水平自然资源使用费，征收环境税，维

护自然资本。

**关注增长的稳定性与分配**

- 确保贫困人口能够在开放市场中获得教育、技术和卫生服务以及土地、信贷、技能培训和工作机会。
- 确保与金融市场开放度和私有化程度相适应的有效监管框架和反腐败措施。
- 改革并调整机制，以减轻危机的代价，这些代价往往不成比例地由贫困人口承担。

**建构有利于发展的治理框架**

- 使所有利益相关方——私人部门（包括跨国公司和国内私人部门）、非政府组织、公民社会和政府——执行共同的发展议程。
- 通过保证发言权、参与权以及更大的公民和政治自由，赋予人民权利。
- 通过促进制度发展和改善治理结构，支持经济自由化。

一系列不同地区与来源的证据表明，仅关注数量本身并不能确保质量；换句话说，公共开支水平本身并不足以表明增长带来的影响。

本书还揭示了市场失灵的影响，包括对贫困人口构建人力资本能力的影响，对自然资本的低估和随后的过度开发的影响，对金融市场不合理的不稳定性的影响。对增长质量的关注凸显了监管政策和公共支出在应对这些市场失灵方面的作用。

答案并不一定是增加经济的管制负担或者增加公共支出。相反，答案在于按照新的优先领域重新配置公共支出，改变监管的性质——取消那些适得其反的监管，完善那些解决市场失灵的机制。

新的公共支出优先领域应该是什么呢？是在促进人力资本积累，尤其是贫困人口的人力资本积累方面采取更多行动，是进行更多投资，以防止自然资本的进一步退化，减少有利于实物资本的累退性补贴，是把监管的目标指向金融市场和环境资源市场的失灵。

## 继往开来

各国如何将增长的质量置于更优先的位置？它们如何在实践中资助、支持这些目标？本书讨论得出的几点结论可以指导这方面的努力：

- 对确保透明度、减少腐败和寻租行为的明确关注不仅会增加国家的储蓄和投资，促进持续增长，而且有助于更公平地分配增长的果实。
- 有些质量维度依赖于全额收费或者征税，这两者都会产生公共资源。

- 其他确保质量的措施需要重新配置公共支出——减少某些领域的补贴和扭曲，增加其他领域的公共投资。
- 注重质量并不一定意味着更多的政府干预，但这可能意味着私人部门、非政府组织和公民社会在完成共同目标过程中的更多参与。
- 更广泛的民间宣传可以培育公民自由和参与进程，有助于维持政策变革。
- 所有这些反过来又要求更加注重技能、技术开发、能力构建以及这样做的有效性。

本书中的证据为关注增长的质量提供了强有力的支撑。与增长的传统方面一样，增长的质量标志着人们营造其生活的能力，如人类发展机会的平等、环境的可持续性、全球风险的管理以及治理的方式。政府没有必要，也不应该承担将增长质量置于优先地位的全部负担。

本书并非要求更多的政府干预，相反，书中的证据要求私人部门、非政府组织和公民社会得到更大的发言权、更多的参与。各方面更广泛的参与可以使发展的重点超越国内生产总值增长的计算，扩大到社会和环境进步、更多的赋权与更大的发言权以及更好的治理。这种对优先事项的重新分配将改善增长进程的质量，将注意力放在发展的真实含义上。

我们以一个充满希望的结尾来结束这本书的讨论。可持续发展目标的广泛采用和2015 年召开的第 21 次气候协议缔约方大会传递出一个强烈的讯息：国际社会最终开始直面可持续发展带来的挑战。越来越多的人认识到，为实现这一目标，经济增长的模式——它以越来越严峻的环境恶化和不平等的扩大为标志——需要改变。

# 参考文献


(ADB) Asian Development Bank. 2014a. *Economics of Fisheries and Aquaculture in the Coral Triangle.* Manila: ADB. http://hdl.handle.net/11540/769.

———. 2014b. *ADB Support for Enhancing Support to Governance in Its Public Sector Operations.* Manila: ADB.

———. 2016. *Asian Development Outlook.* Manila: ADB.

(ADBI) Asian Development Bank Institute. 2013. *Low-Carbon Green Growth in Asia: Policies and Practices.* Hong Kong, China: ADBI.

Adelman, Irma, and Cynthia Taft-Morris. 1967. *Society, Politics and Economic Development: A Quantitative Approach.* Baltimore, MD: Johns Hopkins University Press.

———. 1975. "Growth, Income Distribution and Equity-Oriented Development Strategies." *World Development* 3: (2 and 3): 67-76.

Adhikari, B., S. Di Falco, and J. C. Lovett. 2004. "Household Characteristics and Forest Dependency: Evidence from Common Property Forest Management in Nepal." *Ecological Economics* 48 (2): 245-57.

Afridi, Farzana, Xin Li, and Yufei Ren. 2015. "Social Identity and Inequality: The Impact of China's *Hukou* System." *Journal of Public Economics* 123: 17-29.

Agénor, Pierre Richard, and Kyriakos C. Neanidis. 2006. "The Allocation of Public Expenditure and Economic Growth." Centre for Growth and Business Cycle Research Discussion Paper Series 69, University of Manchester, Manchester.

Aghion, Philippe, Eve Caroli, and Cecilia García-Peñalosa. 1999. "Inequality and Economic Growth: The Perspective of the New Growth Theories." *Journal of Economic Literature* 37 (4).

Ahluwalia, Montrek S. 1976. "Income Distribution and Development: Some Stylized Facts." *American Economic Review* 66 (2): 128-35.

Ahmed, Sadiq. 2007. "More and Better Growth in India: Role of Fiscal Policy." Background paper for the "More and Better Growth" Project.

Aidt, Toke, Jayasri Dutta, and Vania Sena. 2007. "Governance Regimes, Corruption and

Growth: Theory and Evidence." *Journal of Comparative Economics* 36 (2): 195 –220.

Ajaz, Tahseen, and Eatzaz Ahmad. 2010. "The Effect of Corruption and Governance on Tax Revenues." *Pakistan Development Review* 49 (4): 405 –17.

Akerlof, G., 2014. "A Second Inconvenient Truth." Finance and Development, September, International Monetary Fund, Washington, DC.

Alesina, Alberto, and Dani Rodrik. 1994. "Distributive Politics and Economic Growth." *Quarterly Journal of Economics* 108: 465 –90.

Ananta, A., A. Bauer, and M. Thant, eds. 2013. *The Environments of the Poor in Southeast Asia, East Asia and the Pacific.* Institute of Southeast Asian Studies and Asian Development Bank.

Angrist, Joshua, Eric Bettinger, Erik Bloom, Elizabeth King, and Michael Kremer. 2002. "Vouchers for Private Schooling in Colombia: Evidence from a Randomized Natural Experiment." *American Economic Review* 92 (5): 1535 –58.

———. 2006. "Long-Term Educational Consequences of Secondary School Vouchers: Evidence from Administrative Records in Colombia." *American Economic Review* 96 (3): 847 –62.

Aon. 2015. *Annual Global Climate and Catastrophe Report.* London: Aon.

Arneson, Richard. 1989. "Equity and Equality of Opportunity for Welfare." *Philosophical Study* 56: 77 –93.

Auriol, Emmanuelle, Stephane Straub, and Thomas Flochel. 2016. "Public Procurement and Rent –Seeking: The Case of Paraguay." *World Development* 77.

Baig, Taimur, Amine Mati, David Coady, and Joseph Ntamatungiro. 2007. "Domestic Petroleum Product Prices and Subsidies: Recent Developments and Reform Strategies." Working Paper 07/71, International Monetary Fund, Washington, DC.

Baird, Sarah, Craig McIntosh, and Berk Özler. 2011. "Cash or Condition? Evidence from a Cash Transfer Experiment." *Quarterly Journal of Economics* 126 (4): 1709 –53.

Banejee, Abhijit. 1999. "Land Reforms: Prospects and Strategies." Paper presented at the Annual Bank Conference on Development Economics, World Bank, Washington, DC, April 29 –30.

Banerjee, Abhijit, and Lakshmi Iyer. 2005. "History, Institutions, and Economic Performance: The Legacy of Colonial Land Tenure Systems in India." *American Economic Review* 95 (4).

Banerjee, Abhijit, Paul Gertler, and Maitresh Ghatak. 2002. "Empowerment and Efficiency: Tenancy Reform in West Bengal." *Journal of Political Economy* 110 (2): 239 –80.

Banerjee, Abhijit V., Shawn Cole, Esther Duflo, and Leigh Linden. 2007. "Remedying Education: Evidence from Two Randomized Experiments in India." *Quarterly Journal of Economics* 122 (3), 1235 –64.

Banerjee, Abhijit V., Esther Duflo, Rachel Glennerster, and Cynthia Kinnan. 2013. "The Miracle of Microfinance? Evidence from a Randomized Evaluation." Working Paper 18950, National Bureau of Economic Research, Cambridge, MA.

Barbier, E. B., 2010. "Poverty, Development, and Environment." *Environment and Development Economics* 15 (06): 635 –60.

———. 2012. "Natural Capital, Ecological Scarcity and Rural Poverty." Policy Research Working Paper 6232, World Bank, Washington, DC.

Bardhan, Pranab, and Dilip Mookherjee. 2010. "Determinants of Redistributive Politics: An Empirical Analysis of Land Reforms in West Bengal, India." *American Economic Review* 100 (4): 1572 –1600.

Barrera-Osorio, Felipe, Marianne Bertrand, Leigh L. Linden, and Francisco Perez-Calle. 2011. "Improving the Design of Conditional Transfer Programs: Evidence from a Randomized Education Experiment in Colombia." *American Economic Journal: Applied Economics* 3 (2): 167 –95.

Barro, Robert J., and Jong – Wha Lee. 2001a. "Schooling Quality in a Cross – Section of Countries." *Econometrica* 68: 465 –88.

———. 2001b. "International Data on Educational Attainment: Updates and Implications." *Oxford Economic Papers* 53 (3): 541 –63.

Barro, Robert, and X. Sala – i – Martin. 1995. *Economic Growth*. New York: McGraw – Hill.

———. 1996. "*Convergence*", *Economic Growth: Theory and Evidence*, vol. 1. International Library of Critical Writings in Economics 68. Cheltenham: Elgar Reference Collection.

Baster, Nancy, ed. 1972. "Measuring Development: The Role and Adequacy of Development Indicators." *Journal of Development Studies* 8 (3).

Behrman, Jere, and Nancy Birdsall. 1983. "The Quality of Schooling, Quantity Alone Is Misleading." *American Economic Review* 73 (5): 928 –46.

Behrman, Jere, and James C. Knowles. 1999. "Household Income and Chikl Schooling in Vietnam." *World Bank Economic Review* 13 (2): 211 –56.

Bennagen, M. E., A. Indab, A. Amponin, R. Cruz, R. Folledo, P. J. H van Beukering, L. Brander et al. 2006. "Designing Payments for Watershed Protection Services of Philippine Upland Dwellers." http://www.prem – online.org/archive/5/doc/PWS%20Philippines%20final%20report.pdf

Bernauer, Thomas, and Vally Koubi. 2006. "States as Providers of Public Goods: How Does Government Size Affect Environmental Quality?" Social Science Research Network. http://ssrn.com/abstract=900487.

Besley, Timothy. 1995. "Property Rights and Investment Incentives: Theory and Evidence from Ghana." *Journal of Political Economy* 103 (5): 903 –37.

Bhagwati, J. N. 1982. "Directly Unproductive, Profit –Seeking (DUP) Activities." *Journal of Political Economy* 90 (5): 988 –1002.

Bhatia, Bela, and Jean Dreze. 1998. "For Development and Democracy." *Frontline.* March 6.

Bhatia, Bela, and Jean Dreze. 1998. "Freedom of Information is Key to Anti-Corruption Campaign in Rural India." Frontline. Berlin, Sep. 19, 1998.

Bierbaum, R., M. Stocking, H. Bouwman, A. Cowie, S. Diaz, J. Granit, A. Patwardhan et al. 2014. *Delivering Global Environmental Benefits for Sustainable Development.* Report of the Scientific and Technical Advisory Panel to the 5th Global Environment Facility Assembly, Mexico.

Bils, Mark, and Peter J. Klenow. 2000. "Does Schooling Cause Growth?" *American Economic Review* 90 (5): 1160 –83.

Binswanger, Hans P. 1991. "Brazilian Policies That Encourage Deforestation in the Amazon." *World Development* 19 (7): 821 –29.

Binswanger, Hans P., and Klaus Deininger. 1997. "Explaining Agricultural and Agrarian Policies in Developing Countries." *Journal of Economic Literature* XXXV (December): 1958 –2005.

Binswanger, Hans P., Klaus Deininger, and Gershon Feder. 1995. "Power, Distortions, Revolt, and Reform in Agricultural Land Relations." In *Handbook of Development Economics*, vol. IIIb, edited by Jere Behrman and T. N. Srinivasan. Amsterdam: Elsevier Science.

Bird, Richard M., and Barbara Diane Miller. 1989. "The Incidence of Indirect Taxes on Low –Income Households in Jamaica." *Economic Development and Cultural Change* 37 (2): 393 –409.

Birdsall, Nancy, and Juan Luis Londoño. 1997. "Asset Inequality Matters: An Assessment of the World Bank's Approach to Poverty Reduction." *American Economic Review* 87 (2): 32 –7.

———. 1998. "No Tradeoff: Efficient Growth via More Equal Human Capital Accumulation." In *Beyond Tradeoffs: Market Reform and Equitable Growth in Latin America*, edited by Carol Graham, Nancy Birdsall, and Richard Sabot. Washington, DC: Brookings Institution Press in association with the Inter –American Development Bank.

Bourguignon, François. 1999. "Crime, Violence, and Inequitable Development." Paper presented at the Annual Bank Conference on Development Economics, World Bank, Washington, DC, April 28 –30.

———. Bourguignon, Francois. 2005. "The Dynamics of Institutions, Development and

Elites." *Beyond Transition* 16 (4): 19 -21.

Burgess, Robin. 2000. "Land Distribution and Welfare in Rural China." Paper presented at the Annual Bank Conference on Development Economics, World Bank, Washington, DC. April 20.

Burke, M., J. Dykema, D. B. Lobell, E. Miguel, and S. Satyanath. 2015. "Incorporating Climate Uncertainty into Estimates of Climate Change Impacts." *Review of Economics and Statistics* 97 (2): 461 -71.

Card, David, and Alan B. Krueger. 1992. "School Quality and Black - White Relative Earnings: A Direct Assessment." *Quarterly Journal of Economics* 107 (1): 151 -200.

Castro, R., F. Tattenbach, L. Gamez, and N. Olson. 2000. "The Costa Rican Experience with Market Instruments to Mitigate Climate Change and Conserve Biodiversity." *Environmental Monitoring and Assessment* 61 (1): 75 -92.

Cevik, S., and C. Correa -Caro. 2015. "Growing (Un) equal: Fiscal Policy and Income Inequality in China and BRIC +." Working Paper 15/68, International Monetary Fund, Washington.

Chancel, L., and T. Piketty. 2015. "Carbon and Inequality: From Kyoto to Paris. Trends in The Global Inequality of Carbon Emissions (1998 -2013) and Prospects for an Equitable Adaptation Fund." Paris School of Economics.

Chen, Shaohua, and Martin Ravallion. 2009. "The Development World Is Poorer than We Thought, but Not Less Successful in the Fight against Poverty." Policy Research Working Paper 4703, World Bank, Washington DC.

Chenery, Hollis, Montred S. Ahluwalia, Clive Bell, John H. Duloy, and Richard Jolly. 1974. *Redistribution with Growth.* New York: Oxford University Press.

Cherng, Hua -Yu S., and Emily Hannum. 2013. "Community Poverty, Industrialization, and Educational Gender Gaps in Rural China." *Social Forces* 92 (2): 659 -90.

Chomitz, K. M., and D. A. Gray. 1996. "Roads, Land Use, and Deforestation: A Spatial Model Applied to Belize." *World Bank Economic Review* 10 (3): 487 -512.

Clements, Benedict, David Coady, Stefania Fabrizio, Sanjeev Gupta, Trevor Serge Coleridge Alleyne, Carlo A. Sdralevich, eds. 2013. *Energy Subsidy Reform: Lessons and Implications.* Washington, DC: International Monetary Fund.

Coady, David. 2006. "Indirect Tax and Public Pricing Reform." In *Analyzing the Distributional Impacts of Reform*, edited by Aline Coudouel and Stefano Peternostro. Washington, DC: World Bank.

Coady, David, I. Parry, L. Sears, and B. Shang. 2015. "How Large Are Global Energy Subsidies?" Working Paper 15/105, International Monetary Fund, Washington, DC.

Coady, David, Moataz El Said, Robert Gillingham, Kangni Kpoda, Paulo Medas, and David

Newhouse. 2006. "The Magnitude and Distribution of Fuel Subsidies: Evidence from Bolivia, Ghana, Jordan, Mali, and Sri Lanka." Working Paper 06/247, International Monetary Fund, Washington, DC.

Cohen, G. A. 1989. "On the Currency of Egalitarian Justice." *Ethics* 99: 906 -44.

Collier, Paul. 1999. "On the Economic Consequences of Civil War." *Oxford Economic Papers* 51 (January): 168 -83.

Collier, Paul, and Anke Hoeffler. 1998. "On the Economic Causes of Civil Wars." *Oxford Economic Papers* 50 (October): 563 -73.

Corak, M. 2012. "Inequality from Generation to Generation: The United States in Comparison." In *The Economics of Inequality, Poverty, and Discrimination in the 21st Century*, edited by R. Rycroft. Santa Barbara: ABC - CLIO.

Cropper, M., C. W. Griffiths, and M. Mani. 1997. "Roads, Population Pressures, and Deforestation in Thailand, 1976 - 89." World Bank Policy Research Working Paper, 1726, World Bank, Washington, DC.

Currey, D., F. Doherty, S. Lawson, L. Newman, and A. Ruwindrijarto. 2001. *Timber Trafficking. Illegal Logging in Indonesia, South East Asia and International Consumption of Illegally Sourced Timber.* Washington DC: Environmental Investigation Agency and Telapak Indonesia.

Das, Jishnu, Priyanka Pandey, and Tristan Zajonc. 2006. "Learning Levels and Gaps in Pakistan." Policy Research Working Papers 4067, World Bank, Washington, DC.

Dasgupta, Partha. 1990. "Well - Being and the Extent of Its Realization in Developing Countries." *Economic Journal* 100 (4): 1 - 32.

———. 1993. *An Inquiry into Well - Being and Destitution.* New York: Oxford University Press.

———. 1996. "The Economics of the Environment." *Environment and Development Economics* 1 (4): 387 - 428.

———. 2013. "The Nature of Economic Development and the Economic Development of Nature." *Economic and Political Weekly* XLVIII (51): 38 - 51.

Dasgupta, P. S., and K. Mäler. 1994. "Poverty, Institutions, and the Environmental Resource Base." Environment Paper 9, World Bank, Washington, DC.

Dasgupta, S., C. M. Meisner, D. Wheeler, N. T. Lam, and K. Xuyen. 2005. "Pesticide Poisoning of Farm Workers: Implications of Blood Test Results from Vietnam. Policy Research Working Paper 3624. World Bank, Washington, DC.

Datt, Gaurav, Martin Ravallion, and Rinku Murga. 2016. "Growth, Urbanization and Poverty Reduction in India." Working Paper 21983, National Bureau of Economic Research, Cambridge, MA.

De Janvry, Alain, Frederico Finan, Elisabeth Sadoulet, and Renos Vakis. 2006. "Can Conditional Cash Transfer Programs Serve as Safety Nets in Keeping Children at School and from Working When Exposed to Shocks?" *Journal of Development Economics* 79 (2): 349 – 73.

De la Croix, David, and Clara Delavallade. 2009. "Growth, Public Investment and Corruption with Failing Institutions." *Economics of Governance* 10 (3).

de Moor, André, P. G., and Peter Calamai. 1997. *Subsidizing Unsustainable Development: Undermining the Earth with Public Funds.* San Jóse, Costa Rica: Institute for Research on Public Expenditure and the Earth Council.

Deininger, Klaus, and P. Olinto. 1999. "Asset Distribution Inequality and Growth." Development Research Group, World Bank, Washington, DC.

Deininger, Klaus, and Lyn Squire. 1998. "New Ways of Looking at Old Issues: Inequality and Growth." *Journal of Development Economics* 57 (2): 259 – 87.

Delgado, Michael S., Nadine McCloud, and Subal C. Kumbhakar. 2014. "A Generalized Empirical Model of Corruption, Foreign Direct Investment, and Growth." *Journal of Macroeconomics* 42: 298 – 316.

Diewert, Walter Erwin. 1986. *The Measurement of the Economic Benefits of Infrastructure Services.* Berlin and New York: Springer.

DiPrete, Thomas A., and Claudia Buchmann. 2013. *The Rise of Women: The Growing Gender Gap in Education and What It Means for American Schools.* New York: Russell Sage Foundation.

Dollar, David. 2008. "Poverty, Inequality and Social Disparities during China's Economic Reform." Policy Research Working Paper 4253, World Bank, Washington DC.

Dollar, David, and Aart Kraay. 2002. "Growth is Good for Poor." *Journal of Economic Growth* 7 (3): 195 – 225.

Drewnowski, Jan F., and Wolf Scott. 1966. "The Level of Living Index." Report 4, United Nations Research Institute for Social Development, Geneva.

Dróze, Jean, and Amartya Sen. 1995. *Hunger and Public Action.* WIDER Studies in Development Economics. Oxford: Clarendon Press.

Duflo, Esther, Pascaline Dupas, and Michael Kremer. 2011. "Peer Effects, Teacher Incentives, and the Impact of Tracking: Evidence from a Randomized Evaluation in Kenya." *American Economic Review* 101 (5): 1739 – 74.

Duflo, Esther, Rema Hanna, and Stephen P. Ryan. 2012. "Incentives Work: Getting Teachers to Come to School." *American Economic Review* 102 (4): 1241 – 78.

Dworkin, Ronald. 1981. "What Is Equity: Part 2. Equality of Resources." *Philosophy & Public Affairs* 10: 283 – 345.

Dzhumashev, Ratbek. 2014. “Corruption and Growth: The Role of Governance, Public Spending, and Economic Development.” *Economic Modelling* 37: 202 – 15.

Easterly, William. 1999. “The Ghost of Financing Gap: Testing the Growth Model Used in the International Financial Institutions.” *Journal of Development Economics* 60 (2): 423 – 38.

Easterly, William, and Ross Levine. 2000. “It's Not Factor Accumulation: Stylized Facts and Growth Models.” Working Paper. World Bank, Washington, DC.

Easterly, William, Timothy Irwin, and Luis Serven. 2007. “Walking Up the Down Escalator: Public Investment and Fiscal Stability,” Policy Research Working Paper Series 4158, World Bank, Washington, DC.

Easterly, William, Roumeen Islam, and Joseph E. Stiglitz. 1999. “Shaken and Stirred: Volatility and Macroeconomic Paradigms for Rich and Poor Countries.” Michael Bruno Memorial Lecture, 12th World Congress of the International Economics Association, Buenos Aires, August 27.

*Economist.* 2000a. “Quantity and Quality.” September 28.

———. 2000b. “Why Quality Matters.” October 5.

Edelman, Peter, and Harry Holzer. 2013. “Connecting the Disconnected: Improving Education and Employment Outcomes among Disadvantaged Youth.” In *What Works for Workers: Public Policies and Innovative Strategies for Low – Wage Workers.* New York: Russell Sage Foundation.

Ekbom, A., and J. Bojo. 1999. “Poverty and Environment: Evidence of Links and Integration into the Country Assistance Strategy Process.” Discussion Paper 4, World Bank, Washington, DC.

ELD Initiative. 2015. “The Value of Land: Prosperous Lands and Positive Rewards through Sustainable Land Management.” www. eld – initiative. org.

Fay, M., 2012. *Inclusive Green Growth: The Pathway to Sustainable Development.* Washington, DC: World Bank.

FAO (Food and Agriculture Organization). 2010. “Global Forest Resources Assessment 2010.” Forestry Paper 163, FAO, Rome.

Feder, Gershon. 1987. “Land Ownership Security and Farm Productivity: Evidence from Rural Thailand.” *Journal of Development Studies* 24 (1): 16 – 30.

———. 1993. “The Economics of Land and Titling in Thailand.” In *The Economics of Rural Organizations: Theory, Practice, and Policy*, Karla Hoff, Avishay Braverman, and Joseph Stiglitz, edited by Karla Hoff, Avishay Braverman, and Joseph Stiglitz. New York: Oxford University Press.

Ferreira, F. H. G., and M. Ravallion. 2009. “Poverty and Inequality: The Global Context.” In *Oxford Handbook of Economic Inequality*, edited by B. Nolan, W.

Salverda, and T. Smeeding. Oxford: Oxford University Press.

Filmer, Deon, and Lant Pritchett. 1999. "Educational Enrollment and Attainment in India: Household Wealth, Gender, Village, and State Effects." Journal of Educational Planning and Administration 13 (2): 135 – 63.

Filmer, Deon, Jeffrey S. Hammer, and Lant H. Pritchett. 2002. "Weak Links in the Chain II: A Prescription for Health Policy in Poor Countries." *World Bank Research Observer* 17 (1): 47 – 66.

Filmer, Deon, Amer Hasan, Lant H. Pritchett. 2006, "A Millennium Learning Goal: Measuring Real Progress in Education." Working Paper, Center for Global Development.

Fischer, Stanley. 1993. "The Role of Macroeconomic Factors in Growth." *Journal of Monetary Economics* 32 (3): 485 – 512.

Fisman, Raymond, and Roberta Gatti. 2000. "Decentralization and Corruption: Evidence across Countries." Policy Research Working Paper 2290. World Bank, Washington, DC.

Fisman, Raymond, and Jakob Svensson. 1999. "The Effects of Corruption and Taxation on Growth: Firm – Level Evidence."

Flanagan, Ann Elizabeth. 2007 "Project Analysis." Background Note 4 for the "More and Better Growth" Project.

Forest Trends. 2010. "Timber Markets and Trade between Laos and Vietnam: A Commodity Chain Analysis of Vietnamese – Driven Timber Flows." Washington, DC: Forest Trends.

Foster, Andrew, and Mark R. Rosenzweig. 1995. "Learning by Doing and Learning from Others: Human Capital and Technical Change in Agriculture." *Journal of Political Economy* 103: 1176 – 1209.

Friedman, Willa, Michael Kremer, Edward Miguel, and Rebecca Thornton. 2011. "Education as Liberation?" Working Paper 16939, National Bureau of Economic Research, Cambridge, MA.

Furman, Jason, Lawrence H. Summers, and Jason Bordoff. 2007. "Achieving Progressive Tax Reform in an Increasingly Global Economy." Hamilton Project, Brookings Institution, Washington, DC.

G7 (Group of Seven). 2015. Leaders' Declaration G7 Summit Germany. http://www.international.gc.ca/g8/g7_germany_declaration – g7_allemagne_declaration.aspx?lang = eng.

Galor, Oded, Omer Moav, and Dietrich Vollrath. 2009. "Inequality in Landownership, the Emergence of Human-Capital Promoting Institutions, and the Great Divergence."

*Review of Economic Studies* 76 (1): 143 – 79.

Gani, Azmat. 2011. "Governance and Growth in Developing Countries." *Journal of Economic Issues* 45 (1).

Gilson, Stuart. 1995. "UAL Corporation." Case Study 9 – 295 – 130. Harvard University Business School, Cambridge, MA.

Glewwe, Paul, and Ana Lucia Kassouf. 2012. "The Impact of the Bolsa Escola/Familia Conditional Cash Transfer Program on Enrollment, Dropout Rates and Grade Promotion in Brazil." *Journal of Development Economics* 97 (2).

Glewwe, Paul, Michael Kremer, and Sylvie Moulin. 2009. "Many Children Left Behind? Textbooks and Test Scores in Kenya." *American Economic Journal: Applied Economics* 1 (1): 112 – 35.

Gonzalez de Asis, Maria. 2000. "Reducing Corruption: Lessons from Venezuela." PREM Note 39. World Bank, Washington, DC.

Gore, T. 2015. "Extreme Carbon Inequality: Why the Paris Climate Deal Must Put the Poorest, Lowest Emitting and Most Vulnerable People First." Oxfam Media Briefings, Oxfam International.

Grant, C. 2007. "Estimating Credit Constraints among US Households." *Oxford Economics Papers* 59: 583 – 605.

Gray, Cheryl, Tracey M. Lane, and Aristomene Varoudakis. 2007. *Fiscal Policy and Economic Growth: Lessons for Eastern Europe and Central Asia.* Washington, DC: World Bank.

Greaney, Vincent, and Thomas Kellaghan. 1996. "Monitoring the Learning Outcomes of Education Systems." Directions in Development Papers. Washington, DC: World Bank.

Green, David A., and Christopher Worswick. 2012. "Immigrant Earnings Profiles in the Presence of Human Capital Investment: Measuring Cohort and Macro Effects." *Labor Economics* 19 (2): 241 – 59.

Griliches, Zvi. 1971. *Price Indexes and Quality Changes: Studies in New Methods of Measurement.* Cambridge, MA: Harvard University Press.

Grunewald, N., S. Klasen, I. Martínez – Zarzoso, and C. Muris. 2011. "Income Inequality and Carbon Emissions." Working Paper, Courant Research Centre, Göttingen.

Gu, X., and S. Tang. 1995. "Reform of the Chinese Health Care Financing System." *Health Policy* 32: 181 – 91.

Gupta, Sanjeev, Hamid Davoodi, and Rosa Alonso – Terme. 2002. "Does Corruption Affect Income Inequality and Poverty?" *Economics of Governance* 3 (1): 23 – 45.

Halkos, G., and E. Paizanos. 2015. "Environmental Macroeconomics: A Critical Literature Review and Future Empirical Research Directions." Working Paper 67432, Munich

Personal RePEc Archive, Munich.

Hall, Ruth, 2004. "A Political Economy of Land Reform in South Africa." *Review of African Political Economy* 31: 213 – 27.

Hallegatte, S., M. Bangalore, L. Bonzanigo, M. Fay, T. Tamaro Kane, U. Narloch, J. Rozenberg, et al. 2016. *Shock Waves: Managing the Impacts of Climate Change on Poverty*. Climate Change and Development Series. Washington, DC: World Bank.

Hammer, J. S., and S. Shetty. 1995. *East Asia's Environment*. Washington, DC: World Bank.

Haque, M. Emranul, and Richard Kneller. 2015. "Why does Public Investment Fail to raise Economic Growth? The Role of Corruption." *Manchester School*, 83 (6): 623 – 51.

Heal, G., 2012. "Reflections: Defining and Measuring Sustainability." *Review of Environmental Economics and Policy* 6 (1): 147 – 63.

Heil, M. T., and T. M. Selden. 2001. "Carbon Emissions and Economic Development: Future Trajectories Based on Historical Experience." *Environment and Development Economics* 6: 63 – 83.

Hellman, Joel, Geraint Jones, and Daniel Kaufmann. 2000. "Seize the State, Seize the Day: An Empirical Analysis of State Capture and Corruption in Transition Economics." Paper presented at the Annual Bank Conference on Development Economics, April 18 – 20, Washington, DC.

———. 2003. "Seize the State, Seize the Day: State Capture and Influence in Transition Economics." *Journal of Comparative Economics*, 31 (4): 751 – 73.

Herrera, Alejandra. 1992. "The Privatization of the Argentine Telephone System." *CEPAL Review* 47: 149 – 61.

Hettige, H., M. Mani, and D. Wheeler. 1998. *Industrial Pollution in Economic Development: Kuznets Revisited*. Washington, DC: World Bank.

Hicks, Norman, and Paul Streeten. 1979. "Indicators of Development: The Search for a Basic Needs Yardstick." *World Development* 7 (6): 567 – 80.

Hirschman, Albert O. 1958. *The Strategy of Economic Development*. New Haven, Connecticut: Yale University Press.

Hoff, K., and J. Stiglitz. 2000. "Modern Economic Theory and Development." In *Frontiers of Development Economics*. New York: Oxford University Press and World Bank.

Hofman, Bert, and Louis Kuijs. 2007. "Rebalancing China's Growth." Background paper for "More and Better Growth" Project.

Howes, S., and P. Wyrwoll. 2012. "Asia's Wicked Environmental Problems." Working Paper 348, Asian Development Bank Institute, Tokyo.

IDB (Inter – American Development Bank). 1998. *Facing Up to Inequality in Latin America*.

*Economic and Social Progress in Latin America. 1998 – 1999 Report.* Baltimore, Maryland: The Johns Hopkins University Press.

IEA (International Energy Agency). 2014. *World Energy Outlook.* Paris: International Energy Agency.

———. 2015. *Energy and Climate Change. World Energy Outlook Special Report.* Paris: IEA and Organisation for Economic Co – operation and Development.

IMF (International Monetary Fund). 2008. "The Fiscal Implications of Climate Change." Fiscal Affairs Department, IMF, Washington, DC.

———. 2013. *Energy Subsidy Reform: Lessons and Implications.* Washington, DC: IMF.

———. 2015a. "Lagarde: Prevent "New Mediocre" From Becoming "New Reality." *IMF Survey Magazine* April 9.

———. 2015b. *Counting the Cost of Energy Subsidies.* Washington, DC: IMF. http://www.imf.org/external/pubs/ft/survey/so/2015/NEW070215A.htm.

IPCC (Intergovernmental Panel on Climate Change). 2007. *Climate Change 2007: Synthesis Report. Contribution of Working Groups I, II and III to the Fourth Assessment Report of the Intergovernmental Panel on Climate Change.* Geneva: IPCC.

———. 2014. *Climate Change 2014: Synthesis Report. Contribution of Working Groups I, II, and III to the Fifth Assessment Report of the Intergovernmental Panel on Climate Change.* Geneva: IPCC.

Isham, Jonathan, Daniel Kaufmann, and Lant H. Pritchett. 1997. "Civil Liberties, Democracy, and the Performance of Government Projects." *World Bank Economic Review* 11 (2): 219 – 42.

Islam, Asif, and Ramón López. 2015. "Government Spending and Air Pollution in the US," *International Review of Environmental and Resource Economics* 8 (2): 139 – 189.

James, Estelle, Elizabeth King, and Ace Suryadi. 1996. "Finance, Management, and Cost of Public and Private Schools in Indonesia." *Economics of Education Review* 15 (4): 384 – 98.

Javorcik, Beata S., and Shang – Jin Wei. 2009. "Corruption and Cross – Border Investment in Emerging Markets: Firm – Level Evidence." *Journal of International Money and Finance* 28 (4).

Jones, Charles. 1995. "Time Series Tests of Endogenous Growth Models." *Quarterly Journal of Economics* 110 (2): 495 – 525.

Kabubo – Mariara, J. 2007. "Land Conservation and Tenure Security in Kenya: Boserup's Hypothesis Revisited." *Ecological Economics* 64 (1): 25 – 35.

Kanbur, Ravi. 2000. "Income Distribution and Development." In *Handbook of Income Distribution*, edited by A. Atkinson and F. Bourguignon. Amsterdam: North – Holland.

Kato, K., 1996. "Grow Now, Clean Up Later? The Case of Japan." Environmentally Sustainable Development Proceedings Series 10. Proceedings of the Third Annual Conference on Environmentally Sustainable Development, World Bank, Washington, DC.

Kaufmann, Daniel. 1998. "Challenges in the Next Stage of Anticorruption." *In New Perspectives on Combating Corruption.* Washington, DC: Transparency International and World Bank Institute.

———. 2016. "Might U.K., U.S. Exhibit Leadership in Addressing State Capture and Legal (as Well as Illegal) Corruption?" *Huffpost Business.* April 26.

Kaufmann, Daniel, Aart Kraay, and Massimo Mastruzzi. 2006. "Governance Matters: Aggregate and Individual Governance Indicators: 1996 – 2005." Policy Research Working Paper, World Bank, Washington DC.

———. 2009. "Governance Matters VIII: Aggregate and Individual Governance Indicators: 1996 – 2008." Policy Research Working Paper, World Bank, Washington, DC.

Kaufmann, Daniel, Aart Kraay, and Pablo Zoido – Lobaton. 1999a. "Aggregating Governance Indicators." Policy Research Working Paper 2195. World Bank, Washington, DC.

———. 1999b. "Governance Matters." Policy Research Working Paper 2196. World Bank, Washington, DC.

Kaufmann, D., S. Pradhan, and R. Ryterman. 1998. "New Frontiers in Anti – Corruption Empirical Diagnostics: From In – Depth Survey Analysis to Action Programs in Transition Economies." Poverty Reduction and Economic Management 7, World Bank, Washington, DC.

Keenan, R. J., G. A. Reams, F. Achard, J. V. de Freitas, A. Grainger, and E. Lindquist. 2015. Dynamics of Global Forest Area: Results from the FAO Global Forest Resources Assessment 2015." *Forest Ecology and Management* 352: 9 – 20.

Keller, Wolfgang. 1995. "International R&D Spillovers and Intersectoral Trade Flows: Do They Match?" Yale University, New Haven, CT.

King, Robert G., and Sergio Rebelo. 1993. "Transitional Dynamics and Economic Growth in the Neoclassical Model." *American Economic Review* 83 (4): 908 – 31.

Kishor, N., and G. Lescuyer. 2012. "Controlling Illegal Logging in Domestic and International Markets by Harnessing Multi – Level Governance Opportunities." *International Journal of the Commons* 6 (2): 255 – 70.

Kishor, N., D. Miller, J. Virdin, and C. Wahlén. 2016. "The Contribution of Tenure Reform in World Bank Projects to Sustainable Management of Forests and Fisheries." Unpublished, World Bank.

Klasen, Stephan. 2002. "Low Schooling for Girls, Slower Growth for All? Cross – Country

Evidence on the Effect of Gender Inequality in Education on Economic Development." *World Bank Economic Review* 16 (3): 345 – 73.

Klenow, Peter and Andres Rodriguez – Clare. 1997. "Economic Growth: A Review Essay." *Journal of Monetary Economics* (40): 597 – 618.

Knight, J. B., and R. H. Sabot. 1983. "Educational Expansion and the Kuznets Effect." *American Economic Review* 73 (5): 1132 – 36.

KPMG. 2007. *Corporate and Indirect Tax Rate Survey 2007*. Amstelveen: KPMG.

———. 2014. *Corporate and Indirect Tax Rate Survey 2007*. Amstelveen: KPMG.

———. 2015. *Global Tax Rate Survey 2015*. Amstelveen: KPMG.

Krueger, A. O. 1974. "The Political Economy of the Rent – Seeking Society." *American Economic Review* 64 (3): 291 – 303.

Lagon, Mark. 2014. "Inclusive Growth, Institutions, and the Underground Economy." In *Human Dignity and the Future of Global Institutions*. Georgetown University Press.

Lam, David, and Deborah Levison. 1991. "Declining Inequality in Schooling in Brazil and its Effects on Inequality in Earnings." *Journal of Developmental Economics* 37 (1 – 2): 199 – 235.

Lanjouw, Peter, and Nicholas Stern, 1989. "Agricultural Change and Inequality in Palanpur 1957 – 84." Discussion Paper, London School of Economics and Political Science, Development Economics Research Programme, London.

———. 1998. *Economic Development in Palanpur over Five Decades*. New York: Oxford University Press.

Lecocq, Franck, and Zmarak Shalizi. 2007. "How Might Climate Change Affect Economic Growth in Developing Countries: A Review of the Growth Literature with a Climate Lens." Policy Research Working Paper 4315, World Bank, Washington, DC.

Leipziger, D. M., David Dollar, A. F. Shorrocks, and S. Y. Song. 1992. *The Distribution of Income and Wealth in Korea*. Washington, DC: World Bank Institute.

Levine, Ross, and David Renelt. 1992. "A Sensitivity Analysis of Cross – Country Growth Regression." *American Economic Review* 82 (4): 942 – 63.

Lewis, W. Arthur. 1955. *The Theory of Economic Growth*. New York: Harper Torchbooks.

Li, Hongyi, Lyn Squire, and Heng – Fu Zou. 1998. "Explaining International and Intertemporal Variations in Income Inequality." *Economic Journal* 108: 26 – 43.

Li, S., and S. Yang. 2009. "Effect of China's Urban Minimum Living Security System on Income Distribution and Poverty." *China Population Science* 5: 19 – 27.

Li, S., G. Wan, and J. Zhuang. 2014. "Income Inequality and Redistributive Policy in the People's Republic of China." In *Inequality in Asia and the Pacific: Trends, Drivers and Policy Implications*, edited by R. Kanbur, C. Rhee, and J. Zhuang. London:

Routledge.

Lin, Justin Yifu. 1992. "Rural Reforms and Agricultural Growth in China." *American Economic Review* 82 (1): 34 – 51.

Lipman, Pauline, 2004, *High Stakes Education: Inequality, Globalization, and Urban School Reform.* London: Psychology Press.

Loayza, Norman V, and Claudio Raddatz. 2006. "The Composition of Growth Matters for Poverty Alleviation." Policy Research Working Paper 4077, World Bank, Washington, DC.

Lockheed, E. Marlaine, and Adriaan M. Verspoor. 1991. *Improving Primary Education in Developing Countries.* New York: Oxford University Press.

Londoño, Juan Luis. 1990. "Kuznetsian Tales with Attention to Human Capital." Paper presented at the Third Inter – American Seminar in Economics, Rio de Janeiro.

Lopez, Humberto, and Luis Serven. 2006. "A Normal Relationship? Poverty, Growth, and Inequality." Policy Research Working Paper 3814, World Bank, Washington, DC.

López, R., 1997. "Protecting the 'Green' Environment in a Context of Fast Economic Growth: The Case for Demand – Based Incentives." University of Maryland, College Park, Maryland.

López, Ramón, and Asif Islam. 2007. Fiscal Policy and the Environment. Background Note 3 for "More and Better Growth" Project.

———. 2008. "Government Spending and Economic Growth in a Context of Market Imperfection." Unpublished. University of Maryland.

———. 2011. "Fiscal Spending for Economic Growth in the Presence of Imperfect Markets." Discussion Papers 8709, Center for Economic Policy Research, Washington, DC.

López, Ramón, and Gregmar I. Galinato. 2007. "Should Governments Stop Subsidies to Private Goods? Evidence from Rural Latin America." *Journal of Public Economics* 91: 1071 – 94.

López, Ramón E., and Sebastian Miller. 2007. "The Structure of Public Expenditure: A Robust Predictor of Economic Development?" Background Paper 1 for the "More and Better Growth" Project.

López, Ramón, and Amparo Palacios. 2014. "Why Has Europe Become Environmentally Cleaner? Decomposing the Roles of Fiscal, Trade and Environmental Policies". *Environmental and Resource Economics* 58 (1): 91 – 108. http://link.springer.com/article/10.1007/s10640 – 013 – 9692 – 5

López, Ramón E., and Máximo Torero. 2007. "How Growth and Fiscal Policies Affect Income Distribution in Developing Countries." Background Paper 2 for the "More and Better Growth" Project.

López, Ramón, Gregmar I. Galinato, and Asif Islam. 2008. "Pollution and the State: The Role of the Structure of Government." Unpublished. University of Maryland.

———. 2011. "Fiscal Spending and the Environment: Theory and Empirics." *Journal of Environmental Economics and Management* 62: 180 – 198.

López, R., T. Thomas, and V. Thomas. 1998. "Economic Growth and the Sustainability of Natural Resources." University of Maryland, Department of Agricultural and Resource Economics, Maryland.

López, Ramón, Vinod Thomas, and Yan Wang. 1998. "Addressing the Education Puzzle: The Distribution of Education and Economic Reform." Policy Research Working Paper 2031. World Bank, Washington, DC.

———. 2008. "The Quality of Growth: Fiscal Policies for Better Results." Independent Evaluation Group Working Paper, World Bank, Washington, DC.

Loury, Glenn C. 1999. "Social Exclusion and Ethnic Groups: The Challenge to Economics." Paper presented at the Annual Bank Conference on Development Economics, World Bank, Washington DC, April 28 – 30.

Lovenheim, Michael F. 2011. "The Effect of Liquid Housing Wealth on College Enrollment." *Journal of Labor Economics* 29 (4): 741 – 71.

Lucus, Robert E. 1993. "Making a Miracle." *Econometrica* 61 (2): 251 – 72.

Lui, Y., K. Rao, and J. Fei. 1998. "Economic Transition and Health Transition: Comparing China and Russia." *Health Policy* 44: 103 – 22.

Lundberg, Mattias, and Lyn Squire. 1999. "Growth and Inequality: Extracting the Lessons for Policymakers." World Bank, Washington, DC.

Luo, Renfu, Linxiu Zhang, Jikun Huang, and Scott Rozelle. 2007. "Elections, Fiscal Reform and Public Goods Provision in Rural China." *Journal of Comparative Economics* 35 (3): 583 – 611.

Maas, Jacob van Lutsenburg, and Geert Criel. 1982. "Distribution of Primary School Enrollments in Eastern Africa." Working Paper 511. World Bank, Washington, DC.

Macours, Karen, Norbert Schady, and Renos Vakis. 2012. "Cash Transfers, Behavioral Changes, and Cognitive Development in Early Childhood: Evidence from a Randomized Experiment." *American Economic Journal: Applied Economics* 4 (2): 247 – 73.

Magnuson, Katherine A., Marcia K. Meyers, Christopher J. Ruhm, and Jane Waldfogel. 2004. "Inequality in Preschool Education and School Readiness." *American Educational Research Journal* 41 (1): 115 – 57.

Mankiw, Gregory N., David Romer, and David N. Weil. 1992. "A Contribution to the Empirics of Economic Growth." *Quarterly Journal of Economics* 105 (2): 407 – 37.

Markandya, A. 2001. "Poverty, Environment and Development." In *Frontier of Environmental*

*Economics*, edited by H. Folmer, H. L. Gabel, S. Gerking, and A Rose. Cheltenham, UK: Edward Elgar.

Mattoo, A., and A. Subramanian. 2013. Greenprint: *A New Approach to Cooperation On Climate Change*. Washington, DC: Center for Global Development.

McGranahan, Donald. 1972. *Contents and Measurement of Socioeconomic Development*. New York: Praeger.

McKinley, Terry. 1996. *The Distribution of Wealth in Rural China*. New York: M. E. Sharpe.

McKinsey and Company. 2011. *Resource Revolution: Meeting the World's Energy, Materials, Food, and Water Needs*. McKinsey Global Institute.

Mendoza, Ronald U., Ricardo A. Lim, and Anne Ong Lopez. 2015. "Grease or Sand in the Wheels of Commerce? Firm Level Evidence on Corruption and SMEs." *Journal of International Development* 27 (4): 415 – 39.

Méon, Pierre – Guillaume, and Laurent Weill. 2009. "Is Corruption an Efficient Grease?" *World Development* 38 (3): 244 – 59.

Milanovic, Branko. 2016. *Global Inequality: A New Approach for the Age of Globalization*. Cambridge, MA: Harvard University Press.

Mingat, Alain, and Jee – Peng Tan. 1998. "The Mechanics of Progress in Education, Evidence from Cross – Country Data." Polky Research Working Paper 2015. World Bank, Washington, DC.

Moretti, E., 2004a "Workers' Education, Spillovers and Productivity: Evidence from Plant – Level Production Functions." *American Economic Review* 94: 656 – 90.

———. 2004b. "Estimating the Social Return to Higher Education: Evidence from Longitudinal and Repeated Cross – Sectional Data." *Journal of Econometrics* 121: 175 – 212.

Morris, M. D. 1979. *Measuring the Condition of the World's Poor: The Physical Quality of Life Index*. New York: Pergamon Press.

Morrisson, Christian, and Fabrice Murtin. 2013. "The Kuznets Curve of Human Capital Inequality: 1870 – 2010." *Journal of Economic Inequality* 11 (3): 283 – 301.

Munasinghe, M. 2004. *Environmental Macroeconomics: Basic Principles*. Colombo: Munasinghe Institute for Development.

Murphy, Kevin M., Andrei Shleifer, and Robert W. Vishny. 1989. "Industrialization and the Big Push." *Journal of Political* Economy 97 (5): 1003 – 1026.

*New Steel*. 1998. Editorial comment 14 (8).

Nallari, Raj. 2007. "More and Better Growth in Twelve Fast – Growing African Countries." Background Paper for the "More and Better Growth" Project.

Narayan, Deepa, Raj Patel, Kai Schafft, Anne Rademacher, and Sarah Koch – Schulte.

2000. *Voices of the Poor: Can Anyone Hear Us?* New York: World Bank and Oxford University Press.

Nordhaus, William D., and James Tobin. 1972. *Is Economic Growth Obsolete?* New York: Columbia University Press.

Nurkse, Ragnar. 1953. *Problems of Capital Formation in Underdeveloped Countries.* New York: Oxford University Press.

Nwabuzor, Augustine. 2005. "Corruption and Development: New Initiatives in Economic Openness and Strengthened Rule of Law." *Journal of Business Ethics* 59 (1).

OECD. (Organisation for Economic Co-operation and Development). 2016. *Revenue Statistics in Latin America and the Caribbean* 2016. Paris: OECD. http://www.oecd.org/ctp/revenue-statistics-in-latin-america-and-the-caribbean-24104736.htm

Opschoor, H. 2008. "Environment and Poverty: Perspectives, Propositions and Policies." In *The Troubled Triangle: Unravelling the Linkages Between Inequality, Pluralism and Environment*, edited by W. G. Pansters. Amsterdam: Rozenberg Publishers.

Perotti, Roberto. 2007. "Fiscal Policy in Developing Countries: A Framework and Some Questions." Policy Research Working Paper 4365, World Bank, Washington, DC.

Parry, Ian, Dirk Heine, Eliza Lis, and Shanjun Li. 2014. *Getting Energy Prices Right: From Principle to Practice.* Washington, DC: International Monetary Fund.

Perry, Guillermo, J. Humberto Lopez, William F. Maloney, Omar Arias, and Luis Serven. 2006. *Poverty Reduction and Growth: Virtuous and Vicious Circles.* Washington, DC: World Bank.

Persson, Torsten, and Guido Tabellini, eds. 1994. "Growth, Distribution, and Politics." In *Monetary and Fiscal Policy*, vol. 2, *Politics.* Cambridge, MA: MIT Press.

Petri, P., and V. Thomas. 2013. Development Imperatives for the Asian Century. Economics Working Paper Series 360, Asian Development Bank, Manila.

Piketty, Thomas. 2014. *Capital in the Twenty-First Century.* Cambridge, MA: Harvard University Press.

Piketty, Thomas, and N. Qian. 2009. "Income Inequality and Progressive Income Taxation in China and India, 1986-2015." *American Economic Journal: Applied Economics* 1 (2): 53-63.

Piketty, Thomas, and Emmanuel Saez. 2003. "Income Inequality in the United States, 1913-1998." *Quarterly Journal of Economics* 118 (1): 1-39.

———. 2006. "The Evolution of Top Incomes: A Historical and International Perspective." *American Economic Review* 96 (2): 200-05.

Porras, I., D. N. Barton, M. Miranda, and A. Chacón-Cascante. 2013. *Learning from 20*

*Years of Payments for Ecosystem Services in Costa Rica*. London: International Institute for Environment and Development.

Porras, I., and R. Goodrich. 2015. "Growing Green Wealth: Accounting for Forests in the National Economy." WAVES. http://www.wavespartnership.org/en/knowledge-center/accounting-forests-national-economy.

Prüss-Üstün, A., J. Wolf, C. Corvalán, R. Bos, and M. Neira. 2016. "Preventing Disease through Healthy Environments: Towards an Estimate of the Environmental Burden of Disease." World Health Organization, Geneva.

Pulhin, J. M., J. T. Dizon, R. V. O. Cruz, D. T. Gevana, and G. R. Dahal. 2008. "Tenure Reform on Philippine Forest Lands: Assessment of Socio-Economic and Environmental Impacts." University of the Philippines, Los Banos.

Ram, Rati. 1982a. "Composite Indices of Physical Quality of Life, Basic Needs Fulfillment, and Income: A 'Principal Component' Representation." *Journal of Development Economics* 11 (October): 227-47.

———. 1982b. "International Inequality in the Basic Needs Indicators." *Journal of Development Economics* 10 (1): 113-17.

———. 1990. "Educational Expansion and Schooling Inequality: International Evidence and Some Implications." *Review of Economics and Statistics* 72 (2): 266-74.

Raudenbush, Stephen W. 2004. "Schooling, Statistics, and Poverty: Can We Measure School Improvement?" Paper presented at Educational Testing Service, Princeton.

Ravallion, Martin. 1998. "Does the Aggregation Hide the Harmful Effects of Inequality on Growth?" *Economics Letters* 61 (1998): 73-7.

———. 2004. "Pro-Poor Growth: A Primer." Policy Research Working Paper 3242, World Bank, Washington, DC.

———. 2005. "A Poverty-Inequality Trade-off?" *Journal of Economic Inequality* 3 (2) (August): 169-81.

Ravallion, Martin, and Shaohua Chen. 2004. "China's (Uneven) Progress Against Poverty." Policy Research Working Paper 3408, World Bank, Washington, DC.

Ravallion, Martin, and Gaurav Datt. 1999. "When Is Growth Pro-Poor? Evidence from the Diverse Experiences of India's States." Policy Research Working Paper 2263. World Bank, Development Research Group, Washington, DC.

Ravallion, Martin, and Binayak Sen. 1994. "Impacts on Rural Poverty of Land-Based Targeting: Further Results for Bangladesh." *World Development* 22 (6): 823-38.

Romano, Claudia, and Sergio Sakurai. 2007. "Quality of Growth, Government Expenditures and Tax Revenues in Brazil: 1990-2005" Background Paper for the "More and Better Growth" Project.

Rockoff, Jonah E. 2004. "The Impact of Individual Teachers on Student Achievement: Evidence from Panel Data." *American Economic Review* 94 (2): 247 – 52.

Rodriguez, Andres Gerardo. 1993. "The Division of Labor, Agglomeration Economics, and Economic Development." Ph. diss., Stanford University, Palo Alto.

Rodríguez – Labajos, B., and J. Martínez – Alier. 2012. "Issues in the Economics of Ecosystems and Biodiversity." Recent Instances for Debate Report 5, Environmental Justice Organizations, Liabilities and Trade.

Rodrik, Dani. 1998. "Where Did All the Growth Go? External Shocks, Social Conflict, the Growth Collapses." Discussion Paper Series 1789, Center for Economic Policy Research, Washington, DC.

———. 1999. *The New Global Economy and Developing Countries: Making Openness Work.* Washington, DC: Overseas Development Council.

Roemer, John E. 1993. "A Pragmatic Theory of Responsibility for the Egalitarian Planner." *Philosophy and Public Affairs* 22: 146 – 66.

Romer, Paul. 1986. "Increasing Returns and Long Run Growth." *Journal of Political Economy* 90 (6): 1002 – 37.

———. 1993. "Two Strategies for Economic Development: Using Ideas and Producing Ideas." In *Proceedings of the Annual World Bank Conference on Development Economics 1992 Supplement.* Washington, DC: World Bank.

Rose – Ackerman, Susan. 1989. "Corruption and the Private Sector." In *Political Corruption: A Handbook*, edited by Arnold J. Heidenheimer, Michael Johnston, and Victor T. Levine, New Brunswick, New Jersey; and Oxford, UK: Transaction Books.

———. 1999. *Corruption and Government: Causes, Consequences, and Reform.* Cambridge: Cambridge University Press.

Rousseau, Denise M., and Zipi Shperling. 2003. "Pieces of the Action: Ownership and the Changing Employment Relationship." *Academy of Management Review* 28 (4): 553 – 70.

Rozenberg, J., S. J. Davis, U. Narloch, and S. Hallegatte. 2015. "Climate Constraints on the Carbon Intensity of Economic Growth." *Environmental Research Letters*, 10 (9) 95006 – 95014.

Saez, Emmanuel and Michael R. Veall. 2005. "The Evolution of High Incomes in Northern America: Lessons from Canadian Evidence." *American Economic Review* 95 (3): 831 – 49.

Satcher, David, George E. Fryer Jr., Jessica McCann, Adewale Troutman, Steven H. Woolf, and George Rust. 2005. "What if We Were Equal? A Comparison of the Black – White Mortality Gap in 1960 and 2000." *Health Affairs* 24 (2): 459 – 64.

Schaffer, Mark E. 1995. "Government Subsidies to Enterprises in Central and Eastern Europe: Budgetary Subsidies and Tax Arrears." In David M. B. Newberry, ed., *Tax and Benefit Reform in Central and Eastern Europe.* London: Centre for Economic Policy Research.

Schultz, T. Paul. 1998. "Inequality in the Distribution of Personal Income in the World: How It Is Changing and Why." *Journal of Population Economics* 11 (3): 307 – 344.

Schwatz, Gerd, and Teresa Ter – Minassian. 2000. "The Distributional Effects of Public Expenditure." *Journal of Economic Surveys* 14 (3): 337 – 58.

Scott, Stephen, Martin Knapp, Juliet Henderson, and Barbara Maughan. 2001. "Financial Cost of Social Exclusion: Follow Up Study of Antisocial Children into Adulthood." *British Medical Journal* 323: 191 – 94.

Sembene, Daouda. 2015. "Poverty, Growth, and Inequality in Sub – Saharan Africa: Did the Walk Match the Talk under the PRSP Approach?" Working Paper WP/15/122. International Monetary Fund, Washington, DC.

Sen, Amartya K. 1980. "Equality of What?" In *Tanner Lectures on Human Values*, vol I, edited by S. McMurrin. Cambridge, Cambridge University Press.

———. 1988. "The Concept of Development." In *Handbook of Development Economics*, vol 1, edited by H. Chenery and T. N. Srinivasan. New York: Elsevier Science Publishers.

Sender, John, and Deborah Johnston. 2004. "Searching for a Weapon of Mass Production in Rural Africa: Unconvincing Arguments for Land Reform." *Journal of Agrarian Change* 4 (1 – 2): 142 – 64.

Sengupta, Jati K., and Karl A. Fox. 1969. *Economic Analysis and Operations Research: Optimization Techniques in Quantitative Economic Models.* Amsterdam: North – Holland.

Serven, Luis. 2007. "Fiscal Rules, Public Investment, and Growth". Policy Research Working Paper 4382, World Bank, Washington, DC.

Shively, G. E. 2004. Poverty and Forest Degradation: Introduction to the Special Issue. *Environment and Development Economics* 9 (2) 131 – 34.

Sikor, Thomas, and Daniel Müller. 2009. "The Limits of State – Led Land Reform: An Introduction." *World Development* 37 (8): 1307 – 16.

Slottje, Daniel J. 1991. "Measuring the Quality of Life across Countries." *Review of Economics and Statistics* 73 (4): 684 – 93.

Soares, Fabio Veras, Rafael Perez Ribas, and Rafael Guerreiro Osorio. 2010. "Evaluating the Impact of Brazil's Bolsa Familia Cash Transfer Programs in Comparative Perspective." *Latin American Research Review* 45 (2).

Social Exclusion Unit. 2001. *Preventing Social Exclusion.* London: Cabinet Office.

Stern, D. I., M. S. Common, and E. B. Barbier. 1996. "Economic Growth and Environmental Degradation: The Environmental Kuznets Curve and Sustainable Development." *World Development* 24 (7): 1151 – 60.

Stern, Nicholas H. 2006. *The Economics of Climate Change: The Stern Review*. London: United Kingdom Treasury/Cabinet Office.

Stiglitz, Joseph E. 1975. "The Theory of 'Screening', Education, and the Distribution of Income." *American Economic Review* 65 (3): 283 – 300.

Summers, L. 2014. "U. S. Economic Prospects: Secular Stagnation, Hysteresis, and the Zero Lower Bound." *Business Economics* 49 (2): 65 – 73.

Tang, Y. – Y., Q. Lu, X. Geng, E. A. Stein, Y. Yang, and M. I. Posner. 2010. "Short – Term Meditation Induces White Matter Changes in the Anterior Cingulate." *Proceedings of the National Academy of Sciences of the United States of America* 107 (35).

Tanner, T., T. Mitchell, E. Polack, and B. Guenther. 2009. "Urban Governance for Adaptation: Assessing Climate Change Resilience in Ten Asian Cities." Working Papers 315, Institute of Development Studies, London.

Tanzi, Vito, and Howell H. Zee. 1997. "Fiscal Policy and Long – run Growth." *IMF Staff Papers* 44 (June): 179 – 209.

Thomas, V. Forthcoming. *Climate Change and Natural Disasters: Transforming Economies and Policies for a Sustainable Future*. New Jersey: Transaction Publishers.

Thomas, Vinod, Yan Wang, and Xibo Fan. 1997. "Education, Trade, and Investment Returns." Working Paper. World Bank Institute, Washington, DC.

———. 2000. "Measuring Education Inequality: Gini Coefficients of Education." Working Paper. World Bank Institute, Washington, DC.

———. 2001. "Measuring Education Inequality: Gini Coefficients of Education." Policy Research Working Paper 2525, World Bank, Washington, DC.

———. 2002. "Measuring Education Inequality: Gini Coefficients of Education for 140 Countries, 1960 – 2000." Unpublished. World Bank, Washington, DC. https://www.researchgate.net/publication/252435375_A_New_Dataset_on_Inequality_in_Education_Gini_and_Theil_Indices_of_Schooling_for_140_Countries_1960 – 2000.

Thomas, Vinod, Mansoor Dailami, Ashok Dhareshwar, Ramon E. López, Daniel Kaufmann, Nalin Kishor, and Yan Wang. 2000. *The Quality of Growth*. New York: Oxford University Press.

Todd, Petra E., and Kenneth I. Wolpin. 2006. "Assessing the Impact of a School Subsidy Program in Mexico: Using a Social Experiment to Validate a Dynamic Behavioral Model of Child Schooling and Fertility." *American Economic Review* 96 (5): 1384 – 1417.

UNEP (United Nations Environment Programme) . 2015. *The Economics of Land Degradation in Africa.* Bonn: ELD Initiative.

UNFCCC (UN Framework Convention on Climate Change) . 2015. "Unprecedented Global Breadth of Climate Action Plans Ahead of Paris." UN Climate Change News Room. 2 October. http: //newsroom. unfccc. int/unfccc - newsroom/indcsunprecedented - global - breadth - of - climate - action - plans - ahead - of - paris/

UNRISD (United Nations Research Institute for Social Development) . 1970. "Studies in the Methodology of Social Planning," UNRISD, Geneva.

Wang, X. , W. Limin, and Y. Wang. 2014. *The Quality of Growth and Poverty Reduction in China.* New York: Social Science Academic Press; Heidelberg: Springer.

Webb, Steven B. 2004. "Bargaining for a New Fiscal Pact in Mexico." Policy Research Working Paper 3284, World Bank, Washington, DC.

World Bank. 1991. *World Development Report: The Challenge of Development.* Washington, DC: World Bank.

———. 1998. *Assessing Aid: What Works, What Doesn't, and Why?* World Bank Policy Research Report. Oxford University Press: New York.

———. 1999. *Transition toward a Healthier Environment: Environmental Issues and Challenges in the Newly Independent States.* Washington, DC: World Bank.

———. 2000a. *World Development Indicators.* Washington, DC.

———. 2000b. *Anticorruption in Transition: Confronting the Challenge of State Capture.* Washington, DC.

———. 2005a. *Pro - poor Growth in the 1990s: Lessons and Insights from 14 Countries.* Operationalizing Pro - Poor Growth Research Program. Washington, DC: World Bank.

———. 2005b. *Economic Growth in the 1990s: Learning from a Decade of Reform.* Washington, DC: World Bank.

———. 2006a. *Equity and Development.* World Development Report. New York: Oxford University Press.

———. 2006b. *The Challenges of African Growth.* Washington, DC: World Bank.

———. 2006c. *World Development Report 2006.* Washington, DC: World Bank.

———. 2007. *Development Results in Middle - Income Countries.* Report 39962, Independent Evaluation Group. Washington, DC: World Bank.

———. 2008. *Environmental Sustainability: An Evaluation of World Bank Group Support.* Independent Evaluation Group. Washington DC, World Bank.

———. 2013a. *World Development Report: Jobs.* Washington, DC: World Bank.

———. 2013b. *China 2030*: Washington DC: World Bank.

———. 2015a. *Global Monitoring Report 2014/2015*: *Ending Poverty and Sharing Prosperity*. Washington, DC: World Bank.

———. 2015b. *Indonesia Economic Quarterly*: *Reforming Amid Uncertainty*. December. http://www.indonesia-investments.com/upload/documents/World-BankIndonesia-Economic-Quarterly-December-2015-Indonesia-Investments.pdf

———. 2016. *World Development Report 2016*: *Digital Dividends*. Washington, DC: World Bank.

World Bank and DRC (Development Research Center of the State Council of the People's Republic of China). 2013. *China 2030*: *Building a Modern*, *Harmonious*, *and Creative Society*. Washington, DC: World Bank.

World Bank and International Monetary Fund. 2014. *Global Monitoring Report 2014/2015*: *Ending Poverty and Sharing Prosperity*. Washington, DC: World Bank.

(WHO) World Health Organization. 2014. "Seven Million Premature Deaths Annually Linked to Air Pollution." http://www.who.int/mediacentre/news/releases/2014/air-pollution/en/

———. 2016a. "Air Pollution Levels Rising in Many of the World's Poorest Cities." http://www.who.int/mediacentre/news/releases/2016/air-pollution-rising/en/

———. 2016b *Preventing Disease through Healthy Environments*: *A Global Assessment of the Burden of Disease from Environmental Risks*. Geneva: WHO.

Yang, Du, Cai Fang, and Meiyan Wang. 2009. *Migration and Labor Mobility in China*. Human Development Research Paper, United Nations Development Programme, New York.

Young, Alwyn. 1991. "Learning by Doing and the Dynamic Effects of International Trade." *Quarterly Journal of Economics* 106 (2): 369-405.

———. 1994. "Lessons from East Asian NICS: A Contrarian View." *European Economic Review* 38 (3-4): 964-73.

———. 1995. "The Tyranny of Numbers: Confronting the Statistical Realities of the East Asian Growth Experience." *Quarterly Journal of Economics* 110 (3): 641-80.

Zeldes, S. P. 1989. "Consumption and Liquidity Constraints: An Empirical Analysis." *Journal of Political Economics* 97: 305-46.

Zhu, Y. 2012. "Development Trajectories, Emission Profle and Policy Actions: People's Republic of China." Background paper prepared for the Asian Development Bank-Asian Development Bank Institute Study for Climate Change and Green Asia.